高等职业学校"十四五"规划汽车专业群新形态特色教材

丛书主编：张国方

新能源汽车底盘电控系统检修

主　编　张　蕾
副主编　周　晨　段少勇　徐湜清

华中科技大学出版社
中国·武汉

内容简介

本书为新能源汽车专业高素质技能型人才培养教材。本书以新能源汽车底盘技术知识为重点，分 6 个项目系统介绍了电控转向系统、电控制动系统、电控行驶系统、电控自动变速器、无人驾驶汽车底盘控制系统的组成、分类、工作原理、故障诊断与检修操作等内容。

本书可以作为新能源汽车专业、汽车检测与维修专业、汽车电子技术专业、汽车试验技术专业等汽车相关专业的教材，同时适合汽车行业及相关行业的工程技术人员、汽车检测人员及广大汽车爱好者阅读参考。

图书在版编目(CIP)数据

新能源汽车底盘电控系统检修/张蕾主编．—武汉：华中科技大学出版社，2023.12
ISBN 978-7-5772-0019-4

Ⅰ.①新… Ⅱ.①张… Ⅲ.①新能源-底盘-电气控制系统-车辆检修 Ⅳ.①U469.703

中国国家版本馆 CIP 数据核字(2023)第 238498 号

新能源汽车底盘电控系统检修
Xinnengyuan Qiche Dipan Diankong Xitong Jianxiu

张　蕾　主编

策划编辑：胡周昊
责任编辑：吴　晗
封面设计：廖亚萍
责任监印：周治超

出版发行：华中科技大学出版社(中国·武汉)　　电话：(027)81321913
　　　　　武汉市东湖新技术开发区华工科技园　　邮编：430223
录　　排：武汉三月禾文化传播有限公司
印　　刷：武汉科源印刷设计有限公司
开　　本：787mm×1092mm　1/16
印　　张：20.25
字　　数：512 千字
版　　次：2023 年 12 月第 1 版第 1 次印刷
定　　价：49.80 元(含任务工单)

本书若有印装质量问题，请向出版社营销中心调换
全国免费服务热线：400-6679-118　竭诚为您服务
版权所有　侵权必究

高等职业学校"十四五"规划汽车专业群新形态特色教材

/编审委员会/

- **总主编：**

  张国方　　武汉理工大学

- **委　员**（排名不分先后）：

  白树全　　包头职业技术学院

  谢计红　　武汉交通职业学院

  熊其兴　　黄冈科技职业学院

  曾　鑫　　武汉软件工程职业学院

  张红伟　　广州科技贸易职业学院

  张红英　　武汉城市职业学院

  张　蕾　　天津职业技术师范大学

  周广春　　武汉市交通学校

前言

电子技术的迅速发展,带来了新能源汽车底盘技术的变革。底盘技术为提高汽车的动力性、安全性、舒适性、操纵稳定性、平顺性起到了重要的作用。汽车制造业、汽车组装行业、汽车检测行业、汽车维修行业等许多相关行业都需要大量的熟练掌握新能源汽车底盘技术的人才,各大高校、职业院校也都积极开设了汽车及其相关专业,这些专业需要学习先进的新能源汽车底盘技术知识。

为了帮助汽车相关专业的学生以及汽车使用与维修人员全面系统地掌握新能源汽车底盘技术的基本结构、工作原理、检修等方面的内容,适应新能源汽车底盘技术发展的需要,编者根据多年的教学实践、科学研究,并查询相关的国内外文献资料,完成了本书的编写,本书力求全面、系统、简洁地介绍有关新能源汽车底盘技术的结构组成、基本原理以及检修操作。

本书编写内容创新点为:

(1) 具备前沿性。满足新能源汽车专业需求,本书涵盖新能源汽车底盘系统以及无人驾驶汽车技术的内容。

(2) 反复推敲常见工作岗位任务,保证内容与岗位需求相一致。

(3) 内容编写科学、合理。工作岗位任务转化成学习项目,按照适度够用、层层递进原则进行学习项目转化。

(4) 以工匠精神为思政主线,在新能源汽车底盘系统学习中融入精益求精的工匠精神、职业道德等思政元素。

编排形式创新点为:

(1) 新形态。实现信息技术与教育教学深度融合。本书配套资源丰富,包括课件、任务工单、任务工单参考答案等。

（2）增强可读性和实用性，在书中精心设计多种模块，如学习目标、理论知识、任务实施、知识小结、练习题等。

（3）案例分析，学以致用。通过"理论知识""任务工单""任务实施"等模块培养学生的科学探索、分析问题与解决问题的能力。

（4）思政内容通过小贴士等形式表达。

本书包含6个项目，系统介绍了电控转向系统、电控制动系统、电控行驶系统、电控自动变速器、无人驾驶汽车底盘控制系统的组成、分类、工作原理、检修操作等内容。项目1为新能源汽车底盘系统认知；项目2为电控转向系统检修，包括电控液压助力转向系统、电动助力转向系统等；项目3为电控制动系统检修，包括电控防抱死制动系统、车身电子稳定系统等；项目4为电控行驶系统检修，包括空气悬架系统、油气悬架系统、胎压监测系统；项目5为电控自动变速器检修，包括电控液力自动变速器、电控无级自动变速器；项目6为无人驾驶汽车底盘控制系统检修。

本书由天津职业技术师范大学张蕾担任主编。具体编写分工为：项目1由天津职业技术师范大学徐湜清编写；项目2、项目3由新疆生产建设兵团兴新职业技术学院周晨编写；项目4、项目6由张蕾编写；项目5由杨凌职业技术学院段少勇编写。

由于编者水平所限，书中难免存在不足及欠妥之处，恳请读者批评和指正。

编　者

2023年10月

目录

项目1　汽车底盘电控技术认知　1

　　学习任务1.1　汽车底盘电控技术的应用　1

　　学习任务1.2　汽车底盘线控技术的应用　9

项目2　电控转向系统检修　17

　　学习任务2.1　电控液压助力转向（EHPS）系统检修　17

　　学习任务2.2　电动助力转向（EPS）系统检修　22

　　学习任务2.3　线控转向（SBW）系统检修　28

　　学习任务2.4　主动转向（AFS）系统检修　33

项目3　电控制动系统检修　40

　　学习任务3.1　电控防抱死制动系统（ABS）检修　40

　　学习任务3.2　线控制动（BBW）系统检修　44

　　学习任务3.3　制动能量回收系统（BERS）检修　49

　　学习任务3.4　电子驻车制动（EPB）系统检修　51

　　学习任务3.5　电控驱动防滑/牵引力控制（ASR/TRC）系统检修　53

　　学习任务3.6　车身电子稳定（ESP）系统检修　56

项目4 电控行驶系统检修 65

学习任务4.1 电控悬架系统认知 65

学习任务4.2 空气悬架(EMAS)系统检修 76

学习任务4.3 油气悬架(HPS)系统检修 88

学习任务4.4 胎压监测系统(TPMS)检修 93

项目5 电控自动变速器检修 107

学习任务5.1 电控液力自动变速器认知 107

学习任务5.2 电控无级自动变速器检修 150

项目6 无人驾驶汽车底盘控制系统检修 160

学习任务6.1 无人驾驶汽车体系认知 160

学习任务6.2 无人驾驶汽车运动控制系统检修 168

参考文献 198

项目1

汽车底盘电控技术认知

【案例导入】

当前,世界汽车科技发展日新月异,以电子和信息技术为核心的技术革新、技术发明大量涌现,汽车工业步入创新时代。以我国旗帜性轿车红旗轿车为例,其已装备有ABS、EBD、TRC、ESP等一系列电子装备。这些电子控制技术的广泛应用,已经使现代汽车成为"电子控制汽车"。

从上述论述中思考如下问题:

(1) 什么是ABS、EBD、TRC、ESP?
(2) 在现代汽车中应用了哪些底盘电控技术?分别有什么作用?
(3) 各汽车生产厂最新推出的车型都采用了哪些底盘电控技术?

【学习任务】

学习任务1.1　汽车底盘电控技术的应用
学习任务1.2　汽车底盘线控技术的应用

课件1

学习任务1.1　汽车底盘电控技术的应用

【学习目标】

知识目标

1. 掌握电控转向系统应用;
2. 掌握电控制动系统应用;
3. 掌握电控行驶系统的应用;
4. 掌握电控传动系统的应用。

能力目标

1. 能够识别汽车底盘电控系统;
2. 掌握汽车底盘电控系统的安装位置。

情感目标

1. 培养学生对事负责、与人合作的精神,严谨细致的作风,坚持不懈的奋斗精神;
2. 培养学生勇于探索的精神和诚实守信、吃苦耐劳的职业品质;
3. 培养学生爱岗敬业的职业道德意识;
4. 培养学生分析问题、解决问题的能力;
5. 培养安全意识和环保理念。

【理论知识】

汽车工业的飞速发展,以及计算机技术在汽车上广泛应用,使得汽车底盘向电子化、智能化方向快速发展,从而汽车的驾驶更为方便,乘坐更为舒适安全。汽车底盘电子控制系统主要包括电控转向系统、电控制动系统、电控行驶系统以及电控传动系统。

1. 电控转向系统

为了实现在各种行驶条件下汽车转向操纵轻便,提高响应特性,人们开发出了电控转向系统。理想的动力转向系统应在停车和低速状态时提供足够的助力,使转向轻便;而随着车速的增加,助力逐渐减小,在高速行驶时则无助力或助力很小,以保证驾驶员有足够的路感。电控转向系统主要包括电控液压转向系统和电动助力转向系统。

1) 电控液压助力转向系统

电控液压助力转向(electrical hydraulic power steering,EHPS)系统是在液压动力转向系统中增加电子控制和执行元件,将车速引入控制系统,实现转向助力大小随车速变化的转向系统。如图1-1所示,电控液压转向系统主要通过速度传感器将车速传递给电子控制单元(electronic control unit,ECU,简称电控单元),控制电液转换装置改变动力转向的助力特性,助力会随着车速的增加而减小,从而增加高速行驶时的路感,较好地兼顾低速转向的轻便性和高速转向时的路感。

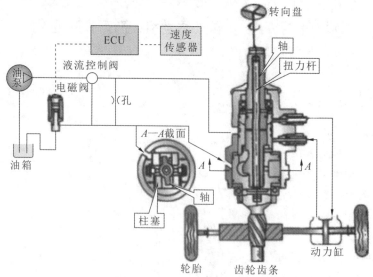

图1-1 电控液压转向系统

> **知行合一**
> 电控液压转向系统的种类很多,但是其原理基本相同,是通过在油泵或转向器上加装电子执行机构或辅助装置,电子执行机构或辅助装置根据车速控制液压系统的流量或压力。系统采用电动机代替发动机驱动油泵,电动机由蓄电池供电。控制器根据车速信号、方向盘转速信号控制电动机转速,从而控制油泵的流量,达到变助力转向的目的。

2) 电动助力转向系统

电动助力转向(electric power steering, EPS)系统是在传统机械转向系统的基础上,利用电动机产生的动力协助驾驶人进行转向的动力转向系统,如图 1-2 所示。

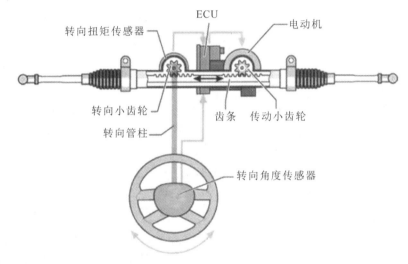

图 1-2 电动助力转向系统

电动助力转向系统由扭矩传感器、车速传感器、ECU、电动机等组成。当转向轴转动时,扭矩传感器开始工作,把输入轴和输出轴在扭杆作用下产生的相对转动角位移变成电信号传给 ECU,ECU 根据车速传感器和扭矩传感器的信号决定电动机的旋转方向和助力电流的大小,从而实现对助力转向系统的实时控制。

> **知行合一**
> 电动助力转向系统在不同的工况下都能提供最佳的助力效果。在原地或低速转向时为驾驶员提供足够的转向助力;高速转向时使驾驶员获得清晰的路感,并可减少不平路面对驾驶员手感的影响,提高驾驶舒适性以及转向操作的安全性和稳定性。

2. 电控制动系统

1) 防抱死制动系统

防抱死制动系统(anti-lock brake system, ABS)如图 1-3 所示,可以防止汽车在各种路面上制动时车轮抱死。该系统自动控制车轮制动力,充分发挥制动器的效能,提高制动效能和缩短制动距离,并能有效提高车辆制动的稳定性,防止车辆制动时侧滑和甩尾。

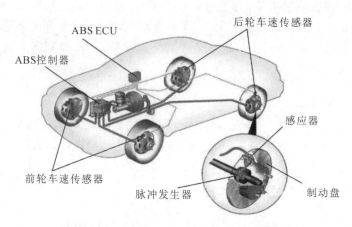

图 1-3 防抱死制动系统

防抱死制动系统以最佳车轮滑移率(或最佳减速度)为控制目标,ABS ECU 根据车速传感器(有的车上还设有减速度传感器)检测到的车轮转速进行控制。在制动过程中,当 ECU 根据车轮转速信号判断到车轮即将被抱死时,便向执行元件发出控制指令,使执行元件动作,调节作用在制动轮缸内的液压,从而控制作用在车轮上的制动力,使车轮始终工作在不被抱死(滑移率为 15%~25%)状态,达到最佳制动效果。

2)驱动防滑系统

驱动轮滑转是指汽车在起步时驱动轮不停地转动,但汽车却原地不动,或者在加速时汽车车速不能随驱动轮转速的提高而提高的现象。驱动轮滑转的根本原因是汽车的驱动力超过了地面的附着力。当驱动轮滑转时,汽车失去方向稳定性和转向控制能力,另外还会加剧轮胎的磨损,为了解决驱动轮滑转问题,驱动防滑系统(acceleration slip regulation,ASR)应运而生。

驱动防滑系统如图 1-4 所示,装有驱动防滑系统的汽车在起步或加速过程中,四个车轮上的轮速传感器不停地向驱动防滑系统 ECU 输送各车轮转速信号,ECU 根据这四个轮速信号计算出车轮的滑转率,并判断滑转率是否在最佳范围内。当 ECU 判断出某车轮的滑转率不在最佳范围内时,便向执行器发出指令,采用调节发动机的输出功率对驱动车轮进行制动,以及对差速器进行锁止控制等控制方式降低滑转率,使车轮的滑转率保持在最佳范围内,充分利用地面附着力,提高汽车在起步、加速等工况下的方向稳定性。

3)车身电子稳定系统

车身电子稳定(electronic stability program,ESP)系统是主动安全系统,由奔驰汽车公司首先应用在其 A 级车上,ESP 系统实际上也是一种防滑控制系统,是 ABS 和 TRC 功能的扩展,如图 1-5 所示。

车身电子稳定系统主要对车辆纵向和横向稳定性进行控制,保证车辆按照驾驶员

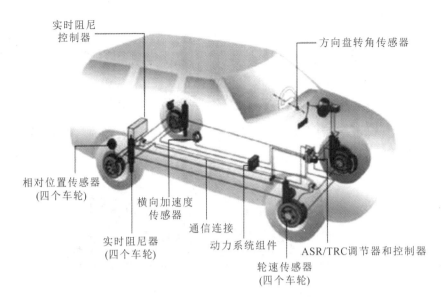

图 1-4 驱动防滑转系统

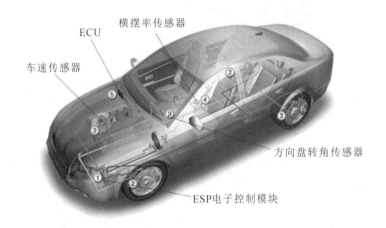

图 1-5 车身电子稳定系统

的意图行驶。其通过对方向盘转角传感器和车速传感器、横摆率传感器的信号做比较,判定车辆在转向时的状态是转向不足还是转向过度,并通过 ECU 控制单个或多个车轮进行制动,从而调整汽车变换车道或在过弯时的车身姿态,确保车辆行驶的侧向稳定性。

3. 电控行驶系统

电控行驶系统包括空气悬架系统、油气悬架系统和胎压监测系统等,其中:悬架系统能够根据不同路面状况和驾驶工况,控制车辆高度,调整悬架的阻尼特性及弹性刚度,改善车辆行驶的稳定性、操纵性和乘坐的舒适性;胎压监测系统能实时监测胎压,确保行车安全。

1)空气悬架系统

空气悬架系统可以控制车身高度、车身倾斜度和减振阻尼系数等,既保证了汽车的舒适性,又兼顾了汽车的通过性,提高了汽车底盘智能化水平。空气悬架系统如图1-6所示。

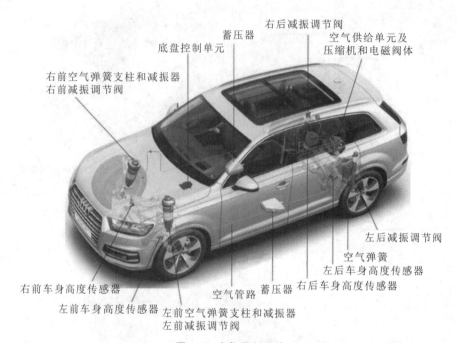

图1-6 空气悬架系统

空气悬架就是利用空气压缩机形成压缩空气,并将压缩空气送到弹簧和减振器的空气室中,以此来改变车辆的高度。在前轮和后轮的附近设有车高传感器,按车高传感器的输出信号,ECU判断出车身高度的变化,再控制压缩机和排气阀,使弹簧压缩或伸长,从而达到减振的效果。同时,在高速行驶时空气悬架可以变硬来提高车身的稳定性;而长时间在低速不平的路面上行驶时,ECU会使空气悬架变软来提高汽车的舒适性。

2)油气悬架系统

油气悬架(hydro pneumatic suspension,HPS)即油气弹簧悬架,如图1-7所示,是一种采用油气弹簧的悬架装置。油气悬架可以是独立悬架也可以是非独立悬架,具有变刚度特性,不但具有良好的缓冲能力,还具有减振作用,同时还可调节车架的高度,适用于重型车辆和大客车。

油气悬架是在密闭的容器中充入压缩气体和油液,以气体作为弹性介质,以油液作为传力介质,一般是由气体弹簧和相当于液力减振器的液压缸组成。油气悬架中的气体通常是惰性气体或者是氮气。

3)胎压监测系统

轮胎是汽车行驶系统重要的组成部分,气压过低或者过高都会影响轮胎的使用性能并且降低其使用寿命,最终影响到行车安全。胎压监测系统(tire pressure monitoring

图 1-7 油气悬架系统

system,TPMS)是在汽车行驶过程中对轮胎气压进行实时自动监测,并对轮胎漏气和低气压进行报警,以确保行车安全的装置,如图 1-8 所示。

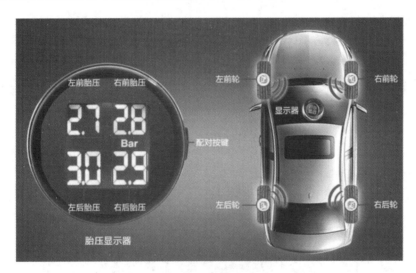

图 1-8 胎压监测系统

胎压监测系统分为两种:一种是间接式胎压监测系统,其通过轮胎的转速差来判断轮胎是否发生异常;另一种是直接式胎压监测系统,其通过在轮胎里面加装四个胎压监测传感器,在汽车静止或者行驶过程中对轮胎气压和温度进行实时自动监测,并对轮胎高压、低压、高温进行及时报警,以确保行车安全。

4. 电控传动系统

1)电控液力自动变速器

电控液力自动变速器(electronic hydraulic automatic transmission,EHAT)通过自动变速器 ECU 对发动机的负荷和汽车车速信号的判断,自动实现挡位的变换,以减轻驾驶员体力消耗,提高汽车行驶的安全性,如图 1-9 所示。

电控液力自动变速器由液力变矩器、变速齿轮和电控液压操纵系统组成,由节气门位置传感器提供负荷信号,由安装在变速器输出轴的转速传感器得到对应的车速信号,

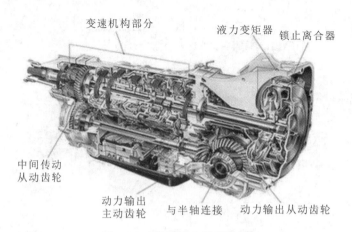

图 1-9 电控液力自动变速器

通过液力传递和齿轮组合的方式达到变速变矩。

2）电控无级变速器

电控无级变速器（electronic continuously variable transmission，ECVT）根据发动机的状况和汽车的车速，连续地改变传动比，通过 V 形金属带实现动力的传递，使发动机处于最佳的稳定转速，得到最佳的动力性、经济性和排放性能。电控无级变速器的结构如图 1-10 所示。

图 1-10 电控无级变速器

电控无级变速器采用金属传动带和可变槽宽的带轮进行动力传递，由电控单元控制带轮变化改变槽宽，相应改变驱动带轮与从动带轮上传动带的接触半径实现连续变速。

3）双离合变速器

双离合变速器（dual clutch transmission，DCT）有两套由电子调节和液压系统驱动的离合器组成。因为其有两组离合器,所以称为双离合变速器,其结构如图 1-11 所示。

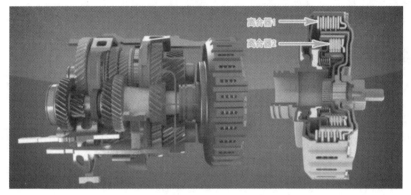

图 1-11 双离合变速器

双离合变速器既能传递动力又能切断动力。它是发动机和变速箱之间动力传递的"开关"。双离合变速器的一套离合器用于控制奇数挡,另一套离合器用于控制偶数挡。例如,离合器 1 负责 1 挡、3 挡、5 挡和倒挡,离合器 2 负责 2 挡、4 挡和 6 挡;挂上奇数挡时,离合器 1 接合,离合器 2 分离。

工匠精神

　　双离合变速箱换挡速度快,传动效率高,可以消除换挡离合时的动力传递停滞现象。

学习任务 1.2　汽车底盘线控技术的应用

【学习目标】

知识目标

1. 掌握线控制动(BBW)系统的应用;
2. 掌握线控转向(SBW)系统的应用。

能力目标

1. 能够识别汽车底盘线控系统;
2. 掌握汽车底盘线控系统的布置。

情感目标

1. 培养学生对事负责、与人合作的精神,严谨细致的作风,坚持不懈的奋斗精神;
2. 培养学生勇于探索的精神和诚实守信、吃苦耐劳的职业品质;
3. 培养学生爱岗敬业的职业道德意识;

4. 培养学生分析问题、解决问题的能力;
5. 培养安全意识和环保理念。

【理论知识】

1. 汽车底盘线控技术概述

汽车电子技术的不断发展和汽车系统的集成化,使得人们传递控制信号可以不需要传统的机械机构,而是通过线控(x-by-wire)方式。"by-wire"可称为电子线控,"x"则代表汽车中各个系统,如线控转向(steering-by-wire,SBW)、线控制动(brake-by-wire,BBW)等。与传统汽车控制系统相比,线控系统具有结构简单、控制灵敏、效率高,容易与以电动机为能源的动力系统相匹配等优点。线控技术的最终发展目标是汽车的集成化控制,它将汽车的各个系统相互结合、相互作用、共享传感器的数据,更好地发挥各系统的作用,以获得最佳的整车性能,提高车辆的操纵性、稳定性、安全性和智能化水平,最终实现无人驾驶。

所谓线控就是利用电子系统取代过去机械、液压或气动连接的机构,如换挡连杆、油门拉线、转向器传动机构、制动油路等来传递控制信号的技术。汽车底盘线控系统如图 1-12 所示。全面线控的实现将意味着汽车控制系统由机械到电子系统的转变。线控技术要求网络的实时性好、可靠性高,要求功能实现的冗余,以保证在线路出现一定的故障时仍可以实现装置的基本功能。例如,ABS 和 SBW 在出现线路故障时仍具有制动和转向的基本功能。

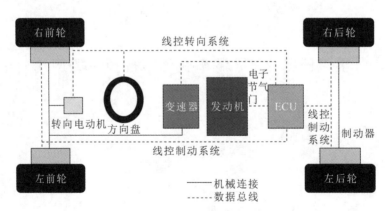

图 1-12 汽车底盘线控系统

2. 线控制动(BBW)系统

线控制动是指采用电线取代部分或全部制动管路,通过控制器操纵电控元件来控制制动力大小的技术。线控制动系统由制动踏板模块、车轮制动作动器、制动控制器等部分组成。制动踏板模块包括制动踏板、踏板行程传感器、踏板力感模拟器。踏板行程传感器通过检测驾驶人的制动意图并将其传递给制动控制器,制动控制器综合纵向/横向加速度传感器、横摆角速度传感器等信号进行计算,并控制车轮制动作动器精确地提供所需的制动压力,同时制动踏板模块接收控制器送来的信号,控制踏板力感模拟器产生力感,以为驾驶员提供相应的路感信息。另外,控制系统也接收其他电控系统(ABS、ESP、ACC等)传感器的信号,从而保证最佳的减速制动和车辆的行驶稳定性。

线控制动系统主要分为电子驻车制动(electronic parking brake,EPB)系统、电子液压制动(electronic hydraulic brake,EHB)系统和电子机械制动(electro-mechanical brake,EMB)系统等类型。

1)电子驻车制动(EPB)系统

电子驻车制动系统是指将行车过程中的临时性制动和停车后的长时性制动功能整合在一起,并且由电子控制方式实现停车制动的技术。电子驻车制动系统的结构如图1-13所示。内置在其控制单元中的纵向加速传感器测算坡度,计算出车辆在斜坡上由于重力而产生的下滑力,控制单元通过电动机对后轮施加制动力平衡下滑力,使车辆停在斜坡上。当车辆起步时,控制单元通过离合器位置传感器以及节气门开度的大小测算需要施加的制动力,同时通过高速CAN与发动机控制单元通信获得发动机牵引力的大小。控制单元自动计算发动机牵引力的增加量,相应地减小制动力。当牵引力足够克服下滑力时,控制单元驱动电动机解除制动,实现车辆顺畅起步。

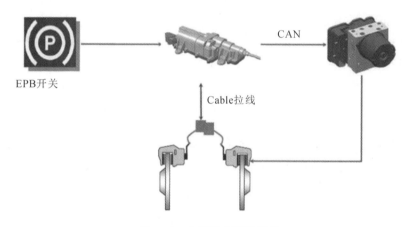

图1-13 电子驻车制动系统

2)电子液压制动(EHB)系统

电子液压制动系统由传统的液压制动系统发展而来,如图1-14所示。操纵机构用电子式制动踏板替代传统的液压制动踏板,取消了体积庞大的真空助力器,通过高压储液缸产生制动力。制动时,EHB ECU根据踏板力的大小,并结合汽车的其他数据(如滑移率等)计算各个车轮所需的制动压力,然后由车轮制动压力调节器控制各车轮的制动压力。在电子液压式制动系统中,仍保留液压的车轮制动器。

> **工匠精神**
> 在正常工作情况下,车轮制动器与制动踏板是相互独立的,而当EHB系统失效时,驾驶员的踏板力会按照传统的液压制动方式经制动主缸传递到前轮制动器。

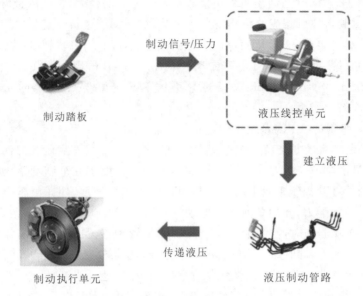

图 1-14 电子液压制动系统

3）电子机械制动（EMB）系统

在传统的制动系统中，驾驶人通过制动踏板操纵液压制动总泵，用液压管路方式传送油液到各个车轮的制动分泵。通过在分泵油缸建立制动压力，产生制动推力，对盘式制动器起制动作用。电子机械制动系统以电子元件替代液压元件，通过电子控制系统对制动电动机实施电流控制，如图 1-15 所示，在原制动分泵处建立机械推力，通过原盘式制动器的夹钳从两侧夹紧摩擦盘，实现车轮制动。采用 EMB 系统后，控制器接收电子制动踏板的制动信号（制动速度和制动力）和 4 个车轮的车速信号，改用电子制动踏板（带行程传感器）通过控制器直接控制分布在 4 个车轮的电动机械制动器，实施车轮制动。

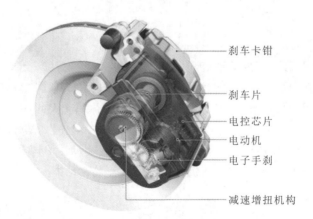

图 1-15 电子机械制动系统

3. 线控转向(SBW)系统

线控转向系统是指取消方向盘与转向车轮之间的机械连接,采用电信号控制车轮转向的系统,如图 1-16 所示。线控转向系统可以自由设计汽车转向时的角传递特性和力传递特性,实现许多传统转向系统不具备的功能。考虑到系统的安全性,有些线控转向系统同时具有两套驱动系统,如采用双电动机或电液复合硬件冗余控制系统,以便其中一套驱动系统发生故障时,及时采用备用驱动系统,保证汽车基本转向功能。

图 1-16 线控转向系统

工匠精神
线控转向系统提高了整车设计的自由度,便于操控系统的布置,转向效率高、响应快、控制灵敏。线控转向系统可以实现传动比的任意设置,从而改善汽车操纵性。由于取消了机械转向柱,有利于提高汽车碰撞安全性和整车主动安全性。

线控转向系统主要由转向盘模块、转向器模块及 ECU 组成。在 SBW 系统中,驾驶员通过转向盘上的传感器将转向信号传递给 ECU,ECU 对采集到的信号进行分析处理后将其作为控制信号传递至转向电动机,从而控制转向电动机转向所需扭矩,带动车轮转向,实现驾驶员的转向意图。同时,转向轮上的传感器将车轮转向角、转向加速度反馈给 ECU,由 ECU 向转向盘回正力矩电动机发送信号,产生转向盘回正力矩,以为驾驶员提供相应的信息。

4. 线控换挡系统

线控换挡系统采用拨片、旋钮或按钮等电子换挡器件,取代杆式换挡杆,如图 1-17 所示,整个变速器换挡系统小巧、轻便、布置灵活。

线控换挡系统主要由传感器、换挡按钮或拨片、旋钮、ECU 组成。当驾驶人操纵换挡按钮时,传感器将这一操作变成电信号传送给 ECU,ECU 会结合其他传感器传送过来的信号进行计算分析,如果判断为驾驶人误操作,ECU 会终止发出指令。

线控换挡系统消除了传统机械部件与变速器联动的约束,提升了设计自由度。换挡齿轮的切换由电动机驱动,减少了操纵力,换挡响应快,操控灵敏。驻车时,只需轻触驻开关就可以实现驻车换挡。

图1-17 线控换挡旋钮

【知识小结】

1. 电控液压助力转向（EHPS）系统将车速引入控制系统，实现转向助力大小随车速变化。

2. 电动助力转向（EPS）系统由扭矩传感器、车速传感器、电控单元（ECU）、电动机和电磁离合器等组成。当转向轴转动时，转矩传感器开始工作，把输入轴和输出轴在扭杆作用下产生的相对转动角位移变成电信号传给ECU，ECU根据车速传感器和转矩传感器的信号决定电动机的旋转方向和助力电流的大小，从而完成实时控制助力转向。

3. 防抱死制动系统（ABS）能防止汽车在各种路面上制动时车轮抱死。该系统可以提高制动效能，防止汽车在制动或转弯时产生侧滑，是保证行车安全、防止事故发生的重要措施。

4. 驱动防滑（ASR/TRC）系统是解决汽车在起步时驱动轮不停地转动，但汽车却原地不动，或者在加速时汽车车速不能随驱动轮转速的提高而提高问题的控制系统。

5. 车身电子稳定（ESP）系统主要对车辆纵向和横向稳定性进行控制，保证车辆按照驾驶人的意图行驶。当汽车发生转向不足或转向过度时，系统将控制单个或是多个车轮进行制动，从而调整汽车变换车道或在过弯时的车身姿态，使汽车能够更加平稳而安全。

6. 空气悬架系统根据路况的不同以及车身高度传感器的信号，控制空气压缩机和排气阀门，使弹簧自动压缩或伸长，从而降低或升高底盘离地间隙，以增加高速车身稳定性或复杂路况的通过性。

7. 油气悬架（HPS）系统具有变刚度特性，还具有减振作用，同时还可调节车架的高度，具有良好的缓冲能力，适用于重型车辆和大客车使用。

8. 胎压监测系统（TPMS）分为两种：一种是间接式胎压监测系统，其通过轮胎的转速差来判断轮胎是否异常；另一种是直接式胎压监测系统，其通过在轮胎里面加装四个胎压监测传感器，在汽车静止或者行驶过程中对轮胎气压和温度进行实时自动监测。胎压监测系统对轮胎高压、低压、高温进行及时报警，避免因轮胎故障引发的交通事故，以确保行车安全。

9. 电控液力自动变速器(EHAT)由液力变矩器、变速齿轮和电控液压操纵系统组成,由节气门位置传感器提供负荷信号,由安装在变速器输出轴的转速传感器得到对应的车速信号,通过液力传递和齿轮组合的方式达到变速变矩。

10. 电控无级变速器(ECVT)根据发动机的状况和汽车的车速,可以连续地改变传动比,通过 V 形金属带实现动力的传递,使发动机处于最佳的稳定转速,得到最佳的动力性、经济性和排放性能。

11. 双离合变速器(DCT)既能传递动力又能切断动力。它是发动机和变速箱之间动力传递的"开关"。双离合变速器的一套离合器用于控制奇数挡,另一套离合器用于控制偶数挡。

12. 电子驻车制动(EPB)系统是指将行车过程中的临时性制动和停车后的长时性制动功能整合在一起,并且由电子控制方式实现停车制动的技术。

13. 电子液压制动(EHB)系统用电子式制动踏板替代传统的液压制动踏板,取消了体积庞大的真空助力器,通过高压储液缸产生制动力。在电控液压制动系统中,仍保留液压的车轮制动器。

14. 电子机械制动(EMB)系统以电子元件替代液压元件,通过电子控制系统对制动电动机实施电流控制,在原制动分泵处建立机械推力,通过原盘式制动器的夹钳从两侧夹紧摩擦盘,实现车轮制动。

15. 线控转向(SBW)系统中,驾驶员通过转向盘上的传感器将转向信号传递给 ECU,ECU 对采集信号进行分析处理后将控制信号传递至转向电动机,从而控制转向电动机转向所需扭矩,带动车轮转向,实现驾驶员的转向意图。

思考题

1. 汽车底盘电子控制技术的应用对汽车的动力性、燃油经济性、安全性有哪些影响?
2. 你还知道哪些先进的汽车底盘电子控制技术?它们有什么作用?

练习题

1. 填空题

(1) 电控液压动力转向系统是在液压动力转向系统中增加电子控制和执行元件,将_____引入系统,实现转向助力大小随车速变化的技术。

(2) 电动助力转向系统的工作原理是:当转向轴转动时,_____开始工作,把输入轴和输出轴在扭杆作用下产生的相对转动角位移变成电信号传给 ECU,ECU 根据车速传感器和转矩传感器的信号决定_____的旋转方向和助力电流的大小,从而完成实时控制助力转向。

(3) _____能防止汽车在各种路面上制动时车轮抱死,该系统可以提高制动效能,防止汽车在制动和转弯时产生_____。

(4) ESP 系统主要对车辆纵向和_____稳定性进行控制,保证车辆按照驾驶员的意图行驶。当汽车发生转向不足或转向过度时,系统将控制单个或是_____个车轮进行制动。

(5) 胎压监测系统可以分为两类:一种是间接式胎压监测系统,其通过_____来判断轮胎是否异常;另一种是直接式胎压监测系统,其通过在轮胎里面加装四个_____,在汽车静止或者行驶过程中对轮胎气压和温度进行实时自动监测。

(6) 自动变速器 ECU 通过对_____信号和_____信号的分析,得出最佳的换挡时刻,控制电磁阀使相应的油路通断,实现不同的齿轮组合,得到适合的挡位。

(7) 无级变速器通过 V 形金属带实现动力的传递,根据发动机的状况和汽车的车速,可以连续地改变_____,使发动机处于最佳的稳定转速。

(8) 电子驻车制动系统是指将行车过程中的_____制动和停车后的长时性制动功能整合在一起,并且由电子控制方式实现停车制动的技术。

(9) 电子机械制动系统以电子元件替代液压元件,通过电子控制系统对_____实施电流控制,在原制动分泵处建立机械推力,通过原盘式制动器的夹钳从两侧夹紧_____,实现车轮制动。

2. 简答题

(1) 电控自动变速器有什么作用?

(2) 防抱死制动系统有什么作用?

(3) 驱动防滑转系统有什么作用?

(4) 电控悬架系统有什么作用?

(5) 车身电子稳定系统有什么作用?

项目2 电控转向系统检修

【案例导入】

一辆大众迈腾2017款330 TSI DSG舒适型轿车,装有电控转向系统,行驶里程约7.8万千米。驾驶员反映该车在行驶过程中转向盘比以前沉重,助力效果变差,要求进厂维修。经维修技师初步检查,该车的轮胎、悬架、车架及前桥等技术状况都正常,故障可能是由电控转向系统引起,需对电控转向系统进行检查。

根据上述案例,请思考下列问题:

(1) 电控液压助力转向(EHPS)系统中有哪些电子控制系统?

(2) 车速传感器在电控液压助力转向(EHPS)系统中有何作用?

【学习任务】

学习任务2.1　电控液压助力转向(EHPS)系统检修

学习任务2.2　电动助力转向(EPS)系统检修

学习任务2.3　线控转向(SBW)系统检修

学习任务2.4　主动转向系统(ASS)检修

学习任务2.1　电控液压助力转向(EHPS)系统检修

【学习目标】

知识目标

1. 掌握电控液压助力转向(EHPS)系统的结构组成;
2. 掌握电控液压助力转向(EHPS)系统的工作原理;
3. 掌握电控液压助力转向(EHPS)系统的工作过程。

能力目标

1. 能够检修电控液压助力转向(EHPS)系统总成;
2. 能够检修车速传感器。

课件2.1

情感目标

1. 培养学生对事负责、与人合作的精神,严谨细致的作风,坚持不懈的奋斗精神;
2. 培养学生勇于探索的精神和诚实守信、吃苦耐劳的职业品质;
3. 培养学生爱岗敬业的职业道德意识;
4. 培养学生分析问题、解决问题的能力;
5. 培养安全意识和环保理念。

【理论知识】

1. EHPS 系统概述

汽车转向器是影响汽车主动安全性和操纵稳定性的重要部件,EHPS 系统不仅能保证汽车低速行驶时转向的轻便性,还可以保证高速时驾驶员有一定的路感,从而提高汽车行驶的安全性和操纵稳定性,节约发动机的能量,提高燃油的经济性,有利于保护环境,与传统液压助力转向系统相比,EHPS 系统可以实时调节助力。

EHPS 系统是在传统的液压动力转向系统的基础上增设了电子控制装置而构成,主要包括传感器(车速传感器和转向盘转角传感器,转向盘转角传感器也称转角速度传感器)、电控单元(ECU)、动力转向油泵(转向助力泵)、普通动力转向系统(转向盘、转向柱、转向机及转向横拉杆)等。ECU 根据车辆的行驶速度和转向角度等输入信号计算出理想的输出信号,通过控制动力转向油泵的流量(有的车型是控制流量电磁阀)向普通动力转向装置的转向机提供适当的液压助力,使转向动力的放大倍率连续可调。

2. EHPS 的分类

根据控制方式的不同,EHPS 系统可分为流量控制式、反力控制式和阀灵敏控制式三种形式。目前应用广泛的是流量控制式 EHPS。

1) 流量控制式 EHPS 系统

流量控制式 EHPS 系统是一种根据车速传感器信号调节动力转向装置中油液的输入、输出量,以控制转向助力大小的控制系统,可分为分流控制式和旁流控制式。

(1) 分流控制式。

分流控制式 EHPS 系统主要由车速传感器、电磁阀、整体式动力转向控制阀、动力转向油泵和电控单元等组成,如图 2-1 所示。

(2) 旁流控制式。

旁流控制式 EHPS 系统是在一般液压动力转向系统上增加了旁通流量控制阀、车速传感器、转向盘转角传感器、ECU 和控制开关等构成。在动力转向油泵与转向器之间设有旁通管路,在旁通管路中又设有旁通流量控制阀,如图 2-2 所示。

2) 反力控制式 EHPS 系统

反力控制式 EHPS 是根据车速信号控制反力室油压,改变输入、输出增益幅度从而控制转向力大小的动力转向系统。车辆的转向机构和助力转向系统通过机械连接在一起,传感器检测车辆转向角度和速度的变化,将信号发送给控制器。伺服阀调整助力转

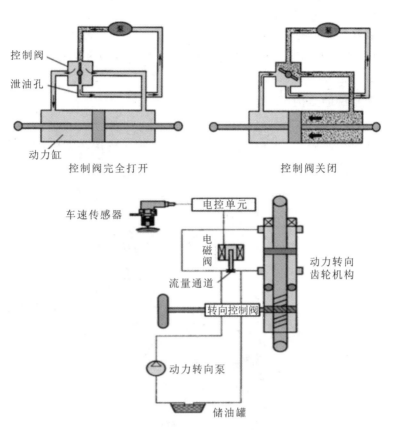

图 2-1 流量控制式 EHPS 系统

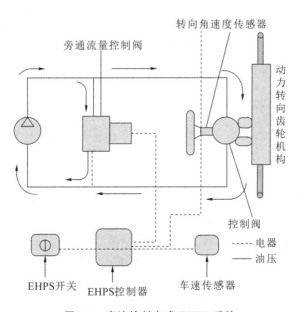

图 2-2 旁流控制室式 EHPS 系统

向装置的输出压力,控制车辆的转向。

3) 阀灵敏控制式 EHPS 系统

阀灵敏度控制式 EHPS 是根据车速控制电磁阀,直接改变动力转向控制阀的油压增益来控制油压的。

3. EHPS 系统的结构

EHPS 系统主要由储液罐、电动液压泵、机械转向器、助力传感器、转向助力控制单元等组成,如图 2-3 所示。其中转向助力控制单元和电动液压泵通常采用整体结构。

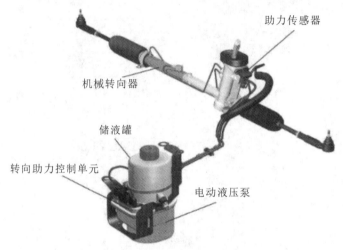

图 2-3 EHPS 系统的结构

4. EHPS 系统的特点

EHPS 系统的液压泵由独立于发动机的直流无刷电动机供油。EHPS 系统能根据转向时车速的高低,采用不同的电动机转速来给液压泵提供不同的油量,从而产生不同大小的转向助力,使驾驶人在低速转向或者原地转向时不费力,在高速转向时没有"发飘"的感觉。

5. EHPS 系统的工作原理

电控单元(ECU)实时根据车速传感器和转矩传感器等信号计算出合适的电动机转速,并通过控制器调节电动机达到合适的转速,进而驱动液压泵为系统供油。液压泵将高压油从出油口泵出,经过出油管进入转向阀,当有转向操作时,转阀利用阀芯与阀套的相对运动控制高压油进入转向助力缸的一侧,使转向助力缸左右两缸产生压力差,从而产生助力,推动活塞向压力比较小的液压缸运动,另一侧液压缸的低压油流入储油罐。同时,液压助力缸活塞运动产生适当的助力带动齿轮齿条式转向器的传动装置运动,帮助车轮转向。当无转向操作时,高压油不进入液压助力油缸,会直接被压出来流入储油罐。

【任务实施】

1. 检查转向助力液压系统的密封性

（1）将汽车停在平坦的地面上。

（2）在发动机怠速时，转动转向盘数次，使转向油液达到正常工作温度（50～80 ℃）。

（3）将转向盘快速转到左或右极限位置并保持不动（时间不能超过 15 s），检查液压系统的密封性，视情紧固或更换密封元件。

2. 检查储液罐油液

（1）将汽车停在平坦的地面上。

（2）在发动机怠速时，转动转向盘数次，使转向油液达到正常工作温度（50～80 ℃）。

（3）左右转动转向盘数次，检查储液罐内的油液是否起泡或乳化。如果有起泡或乳化现象，则表示转向油液内已渗入空气，此时应进行排气操作。

（4）检查转向液油质，若转向油液变质或使用期限已到，则应更换油液。

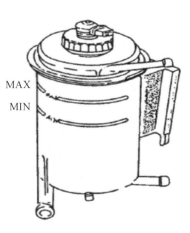

图 2-4　储液罐

（5）在发动机怠速时，检查储液罐油位高度。确保油位在储液罐的油位上限和油位下限之间，并以油液 80 ℃ 时不超过上限为准。储液罐示意图如图 2-4 所示。

3. 检查 ECU 线束连接器

关闭点火开关，脱开 ECU 线束连接器，用万用表测量电磁阀两端子之间的电阻，应为 5.7～7.7 Ω。各端子对地（转向器壳体）的电阻应为无穷大，否则更换电磁阀。ECU 线速连接器如图 2-5 所示。

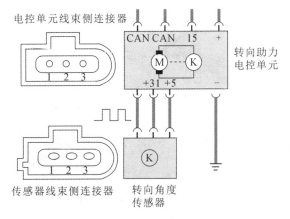

图 2-5　ECU 线束连接器

学习任务 2.2　电动助力转向（EPS）系统检修

【学习目标】

知识目标

1. 掌握电动助力转向（EPS）系统的结构组成；
2. 掌握电动助力转向（EPS）系统的工作原理；
3. 掌握电动助力转向（EPS）系统的工作过程。

能力目标

1. 能够检修电动助力转向（EPS）系统电动机；
2. 能够检修轮速传感器。

情感目标

1. 培养学生对事负责、与人合作的精神，严谨细致的作风，坚持不懈的奋斗精神；
2. 培养学生勇于探索的精神和诚实守信、吃苦耐劳的职业品质；
3. 培养学生爱岗敬业的职业道德意识；
4. 培养学生分析问题、解决问题的能力；
5. 培养安全意识和环保理念。

课件 2.2

【理论知识】

1. EPS 系统的组成

EPS 系统通常由转向角传感器、转向力矩传感器、转向助力电控单元、电动机、减速器、机械转向器、蓄电池等组成，如图 2-6 所示，但各元件的位置因车而异。

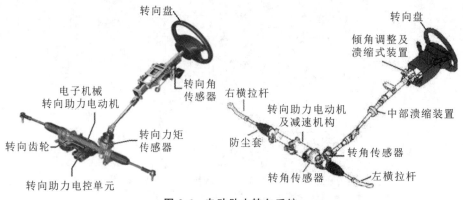

图 2-6　电动助力转向系统

汽车转向时，转向助力控制单元根据转向角度传感器、转向力矩传感器和车速传感器等信号,分析计算出转动方向和所需转向助力力矩,通过数据总线向转向助力电动机发出动作指令,从而控制电动机输出转矩大小,实现可变助力转向功能。车速低时,助力转矩大,转向盘轻便;车速高时,助力转矩小,转向盘沉重;不转向时,助力系统不工作,处于伺服状态。

2. EPS系统的主要部件及其工作原理

1)转向力矩传感器

常用的转向力矩传感器有磁阻式和磁感应式两种。

(1)磁阻式转向力矩传感器。

当转动转向盘时,转向柱连接块和转向小齿轮连接块经扭转杆传递转矩并出现相对反向运动,即磁性转子和磁阻传感元件反向相对运动,如图2-7所示。转动的方向和转矩的大小可以通过霍尔传感器输出电压的高低电位变化和相位变化被测量出来并传递给助力转向电控单元。

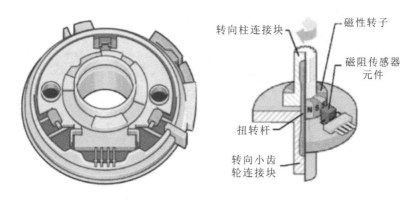

图2-7 磁阻式转向力矩传感器

(2)磁感应式转向力矩传感器。

当实施转向时,施加在转向盘上的转矩经传感器输入轴、扭杆、输出轴传至转向小齿轮。传感器上层转子与下层转子间由于扭杆变形而产生相对角位移,且角位移的大小与转向力矩成正比。安装在定子内的电磁线圈将角位移转换成电信号传送至动力转向电控单元,如图2-8所示。

2)转向盘转角传感器

常用的转向盘转角传感器有光电式、磁阻式和电容式三种。

(1)光电式转向盘转角传感器。

光电式转向盘转角传感器安装于转向柱上,当驾驶员转动转向盘时,转向柱带动转向盘转角传感器的转子随转向盘一起转动,光源通过转子缝隙照在传感器的感光元件上产生信号电压。由于转子缝隙间隔大小不同,故产生的信号电压变化也不同,如图2-9所示。

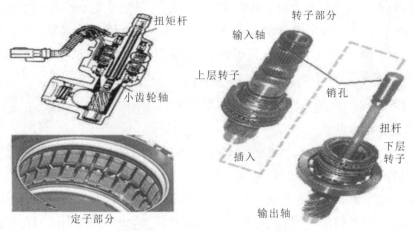

图 2-8　磁感应式转向力矩传感器

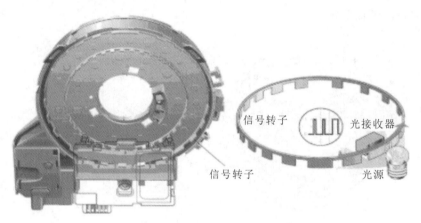

图 2-9　电光式转向盘转角传感器

（2）磁阻式转向盘转角传感器。

磁阻式转向盘转角传感器齿轮随转向盘转动，带动两测量齿轮旋转，主测量齿轮比次测量齿轮多两个齿，故两个测量齿轮转速不同，如图 2-10 所示。

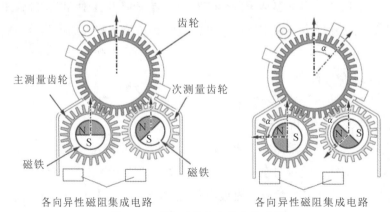

图 2-10　磁阻式转向盘转角传感器

（3）电容式转向盘转角传感器。

电容式转向盘转角传感器安装在转向轴上，转向轴带动转子在 9 个小型平板电容器之间旋转，平板电容器的电容将顺序发生变化，由此可以得到输入轴的旋转信息，如图 2-11 所示。

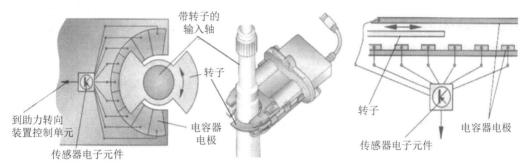

图 2-11　电容式转向盘转角传感器

3）助力转向电动机

助力电动机为无刷三相交流电动机，定子线圈为三相双星形连接，电动机转子是强永磁式的，将三相电源任意两相间进行换接即能迅速改变电动机旋转（转向助力）方向。为获得更大的力矩，采用与电动机转子内壳配套的循环滚珠式减速装置，如图 2-12 所示。

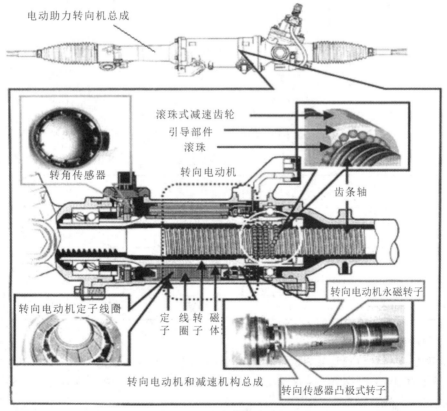

图 2-12　助力转向电动机

极小的钢珠在四个极光滑的槽内循环滚动减速,将动力传递给转向齿条轴,推动两转向轮左右摆动实现转向。由于钢珠极小,传动噪声极微。助力电动机的电源为27～34 V的三相交流电压,此电压由电动转向助力控制单元中的电源逆变器提供。当驾驶员操纵转向盘时,转向助力控制单元则会自动根据转向阻力大小向助力电动机输出27～34 V的交流可变电压;当驾驶员未打方向或车辆直线行驶时,电动机不运转,此时电动机的工作电压为0 V。

【任务实施】

1. 检测转向力矩传感器的电路及电路参数(锐志)

如图 2-13 所示为车辆转向力矩传感器的电路图及插孔位置图,使用汽车万用表按照插孔位置检测其电阻情况,检测的数据如表 2-1 所示。

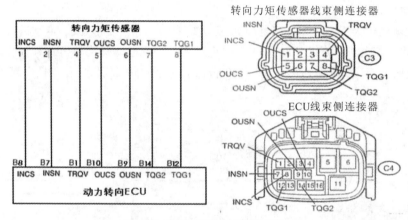

图 2-13 转向力矩传感器电路图

表 2-1 转向力矩传感器检测数据

端子号	检测条件	标准参数
C3-1(INCS)—C3-7(TQG2)	始终	90～170 Ω
C3-2(INSN)—C3-7(TQG2)	始终	300～430 Ω
C3-4(TRQV)—C3-8(TQG1)	始终	4～14 Ω
C3-5(OUCS)—C3-7(TQG2)	始终	90～170 Ω
C3-6(OUSN)—C3-7(TQG2)	始终	300～430 Ω

检测转向力矩传感器输出信号波形。

启动发动机并怠速运转,用示波器分别检测 ECU 连接器端子 C4-7、C4-8、C4-9、C4-10 的波形,如图 2-14 所示。左右转动转向盘时,测得波形符合图 2-14 所示,否则应进一步检查传感器线路。

检测转向力矩传感器电阻。

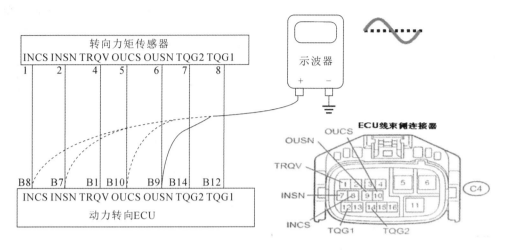

图 2-14 检测转向力矩传感器输出信号

关闭点火开关,脱开转向力矩传感器的线束连接器,用万用表检测传感器相应端子之间的电阻,测量结果应符合图 2-15 所示参数,否则应更换转向力矩传感器。

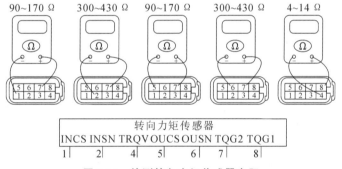

图 2-15 检测转向力矩传感器电阻

2. 检测转向盘转角传感器的电路及电路参数(波罗)

转向盘转角传感器电路图如图 2-16 所示,工作电压为 12 V,输出信号为矩形脉冲。

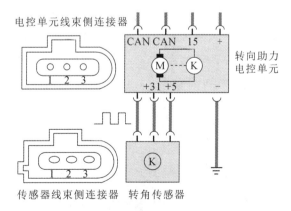

图 2-16 转向盘转角传感器电路图

关闭点火开关,脱开转向角传感器的线束连接器,在传感器"3"、"2"端子施加蓄电池电压(12 V),转动转向盘,用示波器检测"1"号端子的波形应如图2-17所示,否则更换传感器。

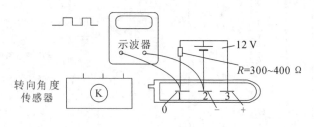

图2-17 "1"号端子波形

学习任务2.3 线控转向（SBW）系统检修

【学习目标】

知识目标

1. 掌握线控转向(SBW)系统的结构组成；
2. 掌握线控转向(SBW)系统的工作原理；
3. 掌握线控转向(SBW)系统的工作过程。

能力目标

1. 能够检修线控转向(SBW)系统通信故障；
2. 能够检修扭矩转角传感器。

情感目标

1. 培养学生对事负责、与人合作的精神,严谨细致的作风,坚持不懈的奋斗精神；
2. 培养学生勇于探索的精神和诚实守信、吃苦耐劳的职业品质；
3. 培养学生爱岗敬业的职业道德意识；
4. 培养学生分析问题、解决问题的能力；
5. 培养安全意识和环保理念。

课件2.3

【理论知识】

1. 线控转向系统的发展

转向系统的发展如图2-18所示。

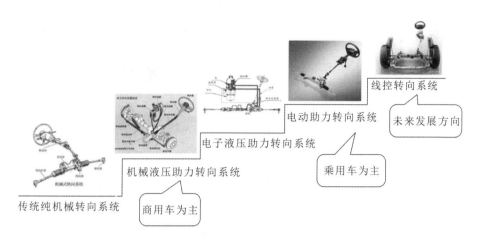

图 2-18 转向系统的发展

SBW 就是将依靠转向管柱连接转向机构来实现转向的传统方式，改变为由电控系统直接进行转向控制，完全由电信号实现转向的技术。最显著的特征是去掉了传统转向系统中从方向盘到转向轮间的机械连接，采用机电执行器代替了传统的机械控制机构，机电执行机构由路感反馈总成、转向执行总成、控制器以及相关传感器组成。转向角传感器获取驾驶员对方向盘的操纵信息，即方向盘旋转角度数据、车速传感器得到车速、加速度等汽车行驶工况信息。这两个传感器将记录的信息传递给 ECU，ECU 将收到的信息折算为具体的驱动力数据，并控制伺服电动机，用电动机推动转向机转动车轮，来实现转向。并由方向盘中的路感反馈总成提供转动阻尼和回馈作出路面信息反馈。

2. 线控转向系统的组成

SBW 系统一般由转向盘模块、转向执行模块和主控制器 ECU、自动防故障系统以及电源等模块组成，如图 2-19 所示。转向盘模块包括路感反馈总成、扭矩转角传感器等，转向盘模块向驾驶员提供合适的转向感觉并为前轮转角提供参考信号。转向执行模块包括转向执行总成、电动机、电动机位置传感器等，实现 2 个功能：跟踪参考前轮转角、向转向轮模块反馈轮胎所受外力的信息以反馈车辆行驶状态。主控制器控制转向盘模块和转向执行模块的协调工作。

3. 线控转向系统的工作原理

当转向盘转动时，转向传感器和转向角传感器检测到转向盘转矩和转角并转变成电信号输入 ECU，ECU 根据车速传感器和安装在转向传动机构上的位移传感器信号来控制转矩电动机的旋转方向，并根据转向力模拟生成反馈转矩，控制转向电动机的旋转方向、转矩大小和旋转角度，通过机械转向装置控制转向轮的转向位置，使汽车沿着驾驶员期望的轨迹行驶。线控转向系统的工作原理如图 2-20 所示。

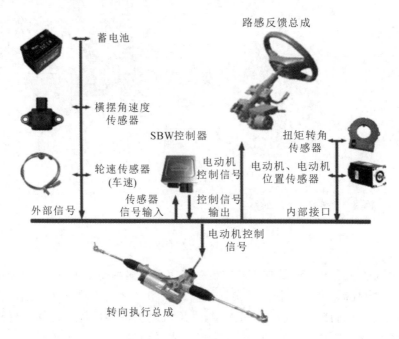

图 2-19 线控转向系统的组成

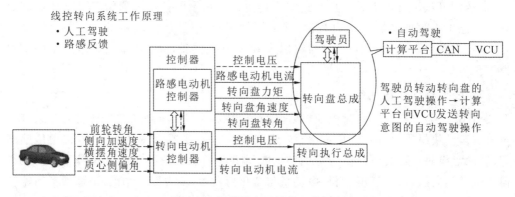

图 2-20 线控转向系统的工作原理

4. 线控转向系统的特点

(1) 取消了方向盘和转向轮之间的机械连接(见图 2-21),通过软件协调它们之间的运动关系,因而消除了机械约束和转向干扰问题,可以根据车速和驾驶人喜好由程序实时设置传动比。

(2) 去掉了原来转向系统各个模块之间的刚性机械连接,采用柔性连接,使转向系统在汽车上的布置更加灵活,可以方便地布置在需要的位置。

(3) 提高了汽车的操控性。可以实现传动比的任意设置,并针对不同的车速、转向状况进行参数补偿,从而提高了汽车的操控性。

(4) 改善驾驶人的"路感"。由于转向盘和转向轮之间无机械连接,驾驶员"路感"通

电控转向系统检修 项目2

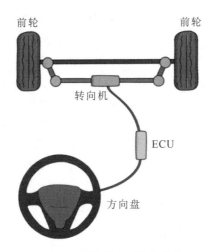

图 2-21　线控转向系统的连接

过模拟生成,使得在回正力矩控制方面可以从信号中提出最能反映汽车实际行驶状态和路面状况信息,作为转向盘回正力矩的控制变量,使转向盘仅仅向驾驶员提供有用信息,从而为驾驶员提供更为真实的"路感"。

(5)减少了机构部件数量,从而减少了从执行机构到转向车轮之间的传递环节,使系统惯性、系统摩擦和传动部件之间的总间隙都得以降低,使系统响应的准确性得以提高。

【任务实施】

SBW 系统部件插接器针脚编号及定义如图 2-22 所示,其电路如图 2-23 所示。

名称	针脚编号	针脚定义
信号连接器	3	CAN-L
	4	ON12+
	8	CAN-H
电源连接器	1	BATT+
	2	BATT-
传感器连接器	1	PWM
	2	PWM
	3	GND
	4	5V
	5	5V
	6	GND
	7	TQ
	8	TQ

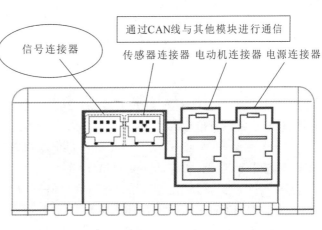

图 2-22　线控转向系统部件插接器针脚编号及定义

31

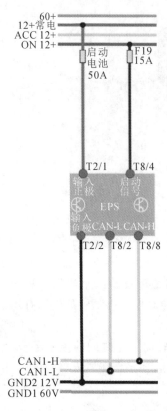

图 2-23 线控转向系统电路

1. 线控转向系统控制器 SBW ECU 电源故障检查

(1) 取下钥匙,分别拔下 SBW ECU 信号插头和供电插头,插上钥匙并置于 ON 挡位。

(2) 用万用表蜂鸣挡测量 SBW ECU 供电插头搭铁 T2/2 号针脚和搭铁间通断,正常为导通状态。

(3) 使用万用表电压挡,黑表笔接 SBW ECU 供电插头搭铁 T2/2 号针脚,红表笔接 SBW ECU 信号插头 ON 供电 T8/4 号针脚,正常测量值应为 12 V 左右。

(4) 拔下 F19 SBW ECU 熔丝,使用万用表电压挡,黑表笔接搭铁,红表笔接 F19 电压输入插座,正常测量值应为 12 V 左右。

(5) 使用万用表蜂鸣挡,测量 F19 熔丝是否导通,正常为导通状态。如不导通,说明熔丝存在问题,需要更换。

(6) 使用万用表蜂鸣挡,测量 F19 熔丝电压输出插座和 SBW ECU 信号插头 ON 供电 T8/4 号针脚之间线路,正常为导通状态。

(7) 经万用表测量,若 F19 熔丝电压输出插座和 SBW ECU 信号插头 ON 供电 T8/4 号针脚之间线路无穷大,存在断路故障,为线控转向系统控制器(SBW ECU)电源故障。

2. 线控转向系统 CAN 通信故障检查

(1) 取下钥匙,分别拔下 SBW ECU 信号插头和供电插头,插上钥匙并置于 ON 挡位。

(2) 使用万用表电压挡,黑表笔接 SBW ECU 供电插头搭铁 T2/2 号针脚,红表笔接 SBW ECU 信号插头 ON 供电 T8/4 号针脚,正常测量值应为 12 V 左右。

(3) 使用万用表电压挡,红表笔接 SBW ECU 信号插头 CAN-H T8/8 号针脚,黑表笔接搭铁,正常测量值应为 2.55 V 左右。

(4) 使用万用表电压挡,红表笔接 SBW ECU 信号插头 CAN-L T8/3 号针脚,黑表笔接搭铁,正常测量值应为 2.46 V 左右。

(5) 若测量 SBW ECU 的 CAN 总线、供电和搭铁都无异常,则需检查是否有 SBW ECU 对应升级,若无,则需要更换 SBW ECU。

(6) 经示波器或万用表测得,SBW ECU 信号插头 CAN-H T8/8 号线路存在断路故障,为 SBW ECU CAN 通信故障。

3. 线控转向系统扭矩转角传感器检测

(1) 使用万用表电压挡,红表笔接 SBW ECU 信号插头 CAN-H T8/8 号针脚,黑表笔接搭铁,正常测量值应为 2.55 V 左右。

(2) 使用万用表电压挡,红表笔接 SBW ECU 信号插头 CAN-L T8/3 号针脚,黑表笔接搭铁,正常测量值应为 2.46 V 左右。

(3) 若测量 SBW ECU 的 CAN 总线、供电和搭铁都无异常,则需检查是否有 SBW ECU 对应升级,若无,则需要更换 SBW ECU。

学习任务 2.4 主动转向(AFS)系统检修

【学习目标】

知识目标

1. 掌握主动转向(AFS)系统的结构组成;
2. 掌握主动转向(AFS)系统的工作原理;
3. 掌握主动转向(AFS)系统的工作过程。

能力目标

1. 能够检修主动转向(AFS)系统总泵;
2. 能够检修轮速传感器。

情感目标

1. 培养学生对事负责、与人合作的精神,严谨细致的作风,坚持不懈的奋斗精神;
2. 培养学生勇于探索的精神和诚实守信、吃苦耐劳的职业品质;
3. 培养学生爱岗敬业的职业道德意识;
4. 培养学生分析问题、解决问题的能力;
5. 培养安全意识和环保理念。

课件 2.4

【理论知识】

1. AFS 系统的作用

汽车在曲线行驶或紧急转向过程中,由于离心力作用使得汽车前、后轮达到轮胎与路面之间附着极限的先后顺序有可能不同,因此汽车会失去侧向稳定性,严重时,后轴的侧滑将使汽车发生激转和甩尾的危险状况,AFS 系统使其得以解决。

2. AFS 系统的结构、组成与工作原理

AFS 系统的结构:如图 2-24 所示,在转向盘系统中装置一套根据车速调整转向传动的变速箱即构成 AFS 系统。这个系统包含一个拳头大小的行星齿轮,以及两根输入轴。其中一根输入轴连接到方向盘,另一根则通过螺旋齿轮,由助力电动机进行控制。

组成:转向盘、转向柱、齿轮齿条转向机以及转向横拉杆。在转向盘和齿轮齿条转向机之间的转向柱上集成了一套双行星齿轮机构,用于向转向轮提供叠加转向角。

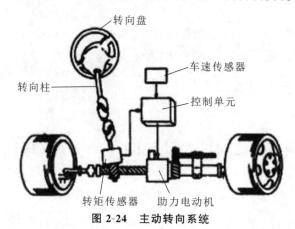

图 2-24 主动转向系统

工作原理:当车速较低时,控制马达与转向柱呈同方向转动,以增加转向角度;而当高速行驶时,转向柱与助力电动机呈反方向转动,从而减小转向角度。AFS 系统的工作原理如图 2-25 所示。

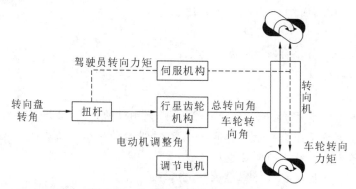

图 2-25 主动转向系统的工作原理

3. AFS 系统的特点

该系统能够降低高速下的转向灵敏度,减轻由外在因素所造成的方向盘震动。面对突发的转向动作,系统动作依然很平顺自然。此外,搭配原有的转向动力伺服系统,转向扭矩会配合车速提供更多的动力,以避免方向盘失控。

4. 齿轮机构工作的驱动方式

(1) 伺服电动机固定不动时,转向盘转角通过主动太阳轮将动力传递给双行星齿轮机构中间的行星架,再由从动太阳轮输出。同时前轴上的地面反力也通过相同的途径为驾驶人提供转向路感。

(2) 转向盘不动,即主动太阳轮固定时,可由伺服电动机通过行星齿轮将动力传递给从动太阳轮。

(3) 在通常情况下,主动太阳轮和伺服电动机是共同工作的,车轮转角是驾驶员转向角和伺服电动机调节转向角的叠加。

【任务实施】

1. 车速传感器的检测

车速传感器的主要作用是检测车轮的转速，并将车轮的转速转化为电信号，传递给 AFS 控制单元。

1) 检测

检测车速传感器时，主要检查其电阻（电磁式）、电压、安装间隙等。除此之外，还应检查信号发生器有无变形、缺齿，齿隙有无污物等。

2) 数据流读取

对传感器检测时，还应使用专用解码器对 AFS 中轮速传感器和制动开关状态进行读取。

2. 转向力矩传感器检测

1) 检测转向力矩传感器线圈电阻

从转向器总成上拔开力矩传感器插接器，测量力矩传感器 3 号与 5 号之间、8 号和 10 号之间电阻，其标准值应为 2.18 kΩ。若不符合要求，则转向力矩传感器异常。

2) 检测转向力矩传感器电压

用万用表直流电压挡测量图 2-26 中各端子之间的电压，将转向盘置于中间位置，电压为 2.5 V 左右为良好，4.7 V 以上为短路，0.3 V 以下为断路。

　　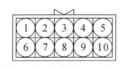　　

(a) 电动机插接器　　(b) 转向力矩传感器与电磁离合器　　(c) 车速传感器

图 2-26　转向力矩传感器端子

3. 助力电动机检测

1) 助力电动机的电路及电路参数（锐志）

助力电动机的电路及电路参数如图 2-27 所示。

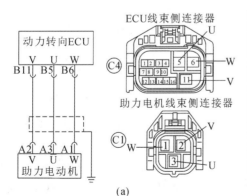

端子号	检测条件	标准参数
C1-3(U)—C1-2(V)	始终	小于1 Ω
C1-2(V)—C1-1(W)	始终	小于1 Ω
C1-2(W)—C1-3(U)	始终	小于1 Ω
C1-3(U)—车身搭铁	始终	10 kΩ或更大
C1-2(V)—车身搭铁	始终	10 kΩ或更大
C1-1(W)—车身搭铁	始终	10 kΩ或更大

(a)　　(b)

图 2-27　助力电动机的电路及电路参数

2）检测助力电动机工作电流

启动发动机并怠速运转，原地左右转动转向盘，用钳形电流表测量电动机工作电流（交流），如图 2-28 所示。电流应按图示规律变化，否则应进一步检查相关线路。

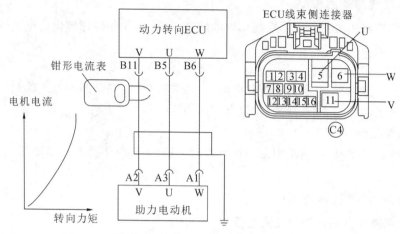

图 2-28 检测助力电动机工作电流

3）检测助力电动机线圈

关闭点火开关，脱开助力电动机线束连接器 C1，用万用表检测助力电动机有关端子之间的电阻，如图 2-29 所示。检测结果应符合图 2-27(b)所示值，否则应更换助力电动机。

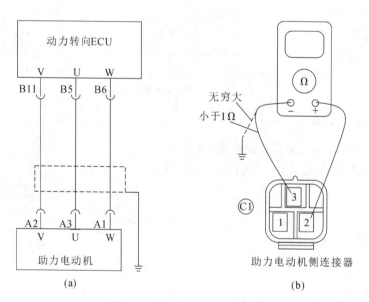

图 2-29 检测助力电动机线圈

4）检测助力电动机线路

脱开助力电动机线束连接器 C1 及电控单元线束连接器 C4，用万用表检测 C4-11—C1-2、C4-5—C1-3、C4-6—C1-1 之间的电阻，如图 2-30 所示，其值应小于 1 Ω，任一端子的对地电阻应为无穷大,否则应进一步检查相关线路是否有短路、断路或搭铁故障。

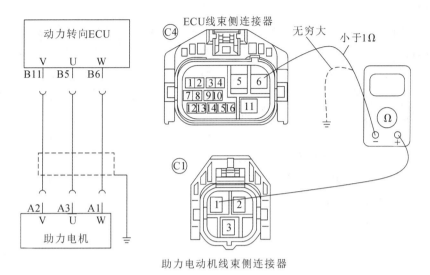

图 2-30 检测助力电动机供电

5) 检测助力电动机供电

装回电控单元线束连接器 C4,保持助力电动机线束连接器脱开,点火开关置于 ON,在转向盘静止不动和左右转动转向盘时分别测量 C1-1、C1-2、C1-1、C1-3 与搭铁之间的电压,测量结果应如图 2-27(b)所示。否则应进一步检查 C4 连接器相关端子是否接触不良或电控单元是否有故障。

【知识小结】

1. 电控液压助力转向(EHPS)系统根据控制方式的不同,可分为流量控制式、反力控制式和阀灵敏控制式三种形式。

2. 电控液压助力转向(EHPS)系统主要由储液罐、电动液压泵、机械转向器、助力传感器、转向助力控制单元等组成。

3. 电控液压助力转向(EHPS)系统的工作原理:ECU 实时根据车速传感器和转矩传感器等信号计算出合适的电动机转速,并通过控制器调节电动机达到合适的转速,进而驱动转向油泵为系统供油。

4. 电动转向助力(EPS)系统通常由转向角传感器、转向力矩传感器、ECU、电动机、减速器、机械转向器、蓄电池等组成。

5. 线控转向(SBW)系统一般由转向盘模块、转向执行模块和主控制器 ECU、自动防故障系统以及电源等模块组成。

6. 线控转向 SBW 系统的工作原理

当转向盘转动时,转向传感器和转向角传感器检测到转向盘的转矩和转角并转变成电信号输入 ECU,ECU 根据车速传感器和安装在转向传动机构上的位移传感器信号来控制转矩电动机的旋转方向,并根据转向力模拟生成反馈转矩,控制转向电动机的旋

37

转方向、转矩大小和旋转角度,通过机械转向装置控制转向轮的转向位置,使汽车沿着驾驶员期望的轨迹行驶。

7. 主动转向(AFS)系统的结构:AFS是在方向盘系统中装置了一套根据车速调整转向传动的变速箱。这个系统包含一个拳头大小的行星齿轮,以及两根输入轴。其中一根输入轴连接到方向盘,另一根则通过螺旋齿轮,由电动马达进行控制。AFS系统由转向盘、转向柱、齿轮齿条转向机以及转向横拉杆组成。在转向盘和齿轮齿条转向机之间的转向柱上集成了一套双行星齿轮机构,用于向转向轮提供叠加转向角。

8. AFS系统工作原理:方向盘系统中装置了一套根据车速调整转向传动的变速箱。这个系统包含了一个拳头般大小的行星齿轮,以及两根输入轴。其中一根输入轴连接到方向盘,另一根则通过螺旋齿轮,由电动马达进行控制。当车速较低时,控制马达与转向柱呈同方向转动,以增加转向角度;而当高速行驶时,控制马达呈反方向转动,从而减小转向角度。

思考题

1. 电控液压助力转向系统和传统汽车转向系统有哪些区别?
2. 电控液压助力转向系统的特点有哪些?
3. 电控液压转向系统和传统汽车转向系统有哪些区别?
4. 电控液压转向系统的特点有哪些?
5. 主动转向系统和传统汽车转向系统有哪些区别?
6. 主动转向系统的特点有哪些?

练习题

1. 填空题

(1) 电控液压助力转向系统是在传统的_____的基础上增设了_____而构成。主要包括传感器(车速传感器和转向盘转角传感器,转向盘转角传感器也称转角速度传感器)、_____、_____(转向助力泵)、_____(转向盘、转向柱、转向机及转向横拉杆)等。

(2) 电控液压转向助力系统主要由_____、_____、_____、_____、_____等组成。

(3) 主动转向系统是在方向盘系统中装置了一套根据车速调整转向传动的_____。这个系统包含一个拳头大小的行星齿轮,以及两根输入轴。其中一根输入轴连接到_____,另一根则通过螺旋齿轮,由_____进行控制。

(4) 主动转向系统的组成:_____、_____、_____以及转向横拉杆。在转向盘和齿轮齿条转向机之间的转向柱上集成了一套_____,用于向转向轮提供叠加转向角。

(5) 线控转向就是依靠转向管柱连接转向机构来实现转向的传统方式,改变为由_____直接进行转向控制,完全由_____实现转向的信息传递和控制。

（6）线控转向系统一般由_____、_____和_____、_____系统以及电源等模块组成。

2．问答题

（1）电控液压助力转向系统的优点有哪些？
（2）主动转向系统的优点有哪些？
（3）转向力矩传感器的作用是什么？
（4）主动转向系统齿轮机构有哪些驱动方式？
（5）转矩传感器是如何检测转矩的？
（6）助力电动机的作用是什么？
（7）转向力矩传感器的作用是什么？
（8）转角传感器的作用是什么？

3．论述题

（1）电控液压助力转向系统的工作原理是怎样的？
（2）线控转向系统和传统汽车转向系统有哪些区别？
（3）线控转向系统的特点有哪些？
（4）简述主动转向系统工作原理。
（5）线控转向系统的优点有哪些？
（6）简述线控转向系统工作原理？

项目3 电控制动系统检修

【案例导入】

一台捷达王轿车 ABS 报警灯点亮,急刹车时脚下无原来 ABS 起作用时的反弹感,ABS 系统不起作用。

根据上述案例思考下列问题:

(1) ABS 中有哪些电子控制系统?

(2) 转速传感器在 ABS 控制系统中有何作用?

【学习任务】

学习任务 3.1　电控防抱死制动系统(ABS)检修

学习任务 3.2　线控制动(BBW)系统检修

学习任务 3.3　制动能量回收系统(BERS)检修

学习任务 3.4　电子驻车制动(EPB)系统检修

学习任务 3.5　电控驱动防滑/牵引力控制(ASR/TRC)系统检修

学习任务 3.6　车身电子稳定(ESP)系统检修

学习任务 3.1　电控防抱死制动系统(ABS)检修

【学习目标】

知识目标

1. 掌握电控防抱死制动系统(ABS)的结构组成;
2. 掌握电控防抱死制动系统(ABS)的工作原理;
3. 掌握电控防抱死制动系统(ABS)的工作过程。

能力目标

1. 能够检修电控防抱死制动系统(ABS)总泵;
2. 能够检修轮速传感器。

课件 3.1

情感目标

1．培养学生对事负责、与人合作的精神,严谨细致的作风,坚持不懈的奋斗精神;
2．培养学生勇于探索的精神和诚实守信、吃苦耐劳的职业品质;
3．培养学生爱岗敬业的职业道德意识;
4．培养学生分析问题、解决问题的能力;
5．培养安全意识和环保理念。

【理论知识】

电控防抱死制动系统(ABS)是在传统的制动系统之上多加了一套电子辅助控制装置的制动系统,其主要由 ABS 总成(液压调节器)和轮速传感器组成,如图 3-1 所示。

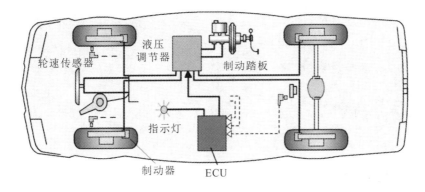

图 3-1　ABS 的基本结构

1．ABS 的发展

(1) 20 世纪 80 年代:ABS 由于其卓越的安全性能,成为当时高档轿车的标志性配置。

(2) 20 世纪 90 年代以后:汽车安装 ABS 已经非常普遍,包括国内的一些经济型轿车。

2．ABS 系统的作用

(1) 缩短制动距离(除雪地和沙石路面外)。

(2) 提高制动时汽车的方向稳定性。

(3) 提高制动时转向控制能力。ABS 根据控制通道不同来分类,可分为单通道控制、双通道控制、三通道控制和四通道控制四种类型,各类型的作用如下。

单通道控制:只是控制后轮抱死,防止汽车甩尾现象。

双通道控制:分别对两个前轮和两个后轮采用同时液压控制,防止两个前轮和两个后轮同时抱死。

三通道控制：对两个前轮采用独立液压控制，对两个后轮采用同时控制，防止两个前轮抱死，并且防止两个后轮同时抱死。

四通道控制：对四个车轮采用独立液压控制，制动时，防止所有车轮抱死。

3. ABS总成的作用

ABS总成主要由ABS泵、ABS阀体和ABS ECU三部分组成，各部分的作用如下。

（1）ABS泵：为ABS系统液压泵提供动力。

（2）ABS阀体：也称液压调节器，对施加在四个车轮上的制动力进行增压、保压和泄压的调节。

（3）ABS ECU：接收来自轮速传感器的信号，从而准确判断车轮的滑移率，再对电磁阀和液压泵进行控制。

> **小贴士**
>
> 连续踩动制动踏板，使车轮抱死→松开→抱死往复循环。那么，首先车辆会在车轮滚动时，恢复方向性；其次，再次施加制动力时，车轮在抱死之前又受到一次与地面较大的静摩擦力，增加了制动的有效性。ABS系统就是基于此原理产生的。
>
> 习近平总书记提出："惟创新者进，惟创新者强，惟创新者胜。"创新是一个民族进步的灵魂，是一个国家兴旺发达的不竭动力。

4. ABS的工作特性

当实施制动时，ABS ECU接收轮速传感器的转速信号，从而对车轮转速进行检测，并且向液压调节装置发布释放制动力或增加制动力的指令，从而完成对车轮制动→释放制动→再制动的过程。

（1）不制动时，控制车轮制动油路的压力阀和吸入阀均不通电，进油阀处于打开状态，出油阀处于关闭状态，如图3-2(a)所示。

（2）刚开始实施制动时，ABS不介入工作，在常规制动情况下，刹车液经制动总泵加压，经过进油阀，将压力作用在车轮内制动分泵上，如图3-2(b)所示。

（3）当车轮转速明显下降时，说明制动力起到了很大的作用，此时，ABS系统控制进油阀通电关闭。车轮内制动分泵处于保持压力状态，如图3-2(c)所示。

（4）随着静摩擦力的增大，车轮逐渐趋于抱死状态，此时，为了防止车轮抱死，出油阀通电打开，释放部分制动液到蓄压器中。为车轮内制动分泵减压，直到车轮恢复转动，如图3-2(d)所示。

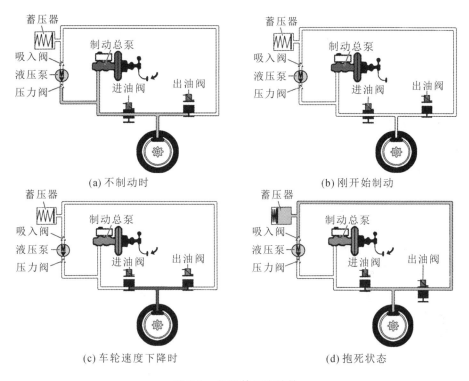

图 3-2　ABS 的工作特性

> **小贴士**
> 从制动器的发展过程(机械制动器—液力制动器—带有防抱死系统的液力制动器)可以得出:人要终身学习,不断超越自己。就如袁枚所说:学如弓弩,才如箭镞。(袁枚《续诗品·尚识》)
> 学问的基础就像是一张弓,而人的才能就像是箭,真知灼见引导箭头射出,才能命中目标。反之没学问,才能就不能发挥,没学识指导人生,就没有正确的方向,就会变得迷茫不知所措,进而变得颓废。

【任务实施】

1. ABS 总成的检修

(1) 目视检查　检查 ABS 泵的外部有无损坏和裂纹,是否由于制动液腐蚀而导致外表发暗,是否有明显的腐蚀现象。检查连接螺栓,如有损坏,则予以更换。检查电磁阀是否损坏,表面是否有锈蚀,如果有,要进行清理。检查蓄压器密封圈密封情况,更换损坏的密封圈。检查蓄压器弹簧的弹性,检查蓄压器密封圈卡簧位置及弹性是否符合要求。检查柱塞液压泵及泵油情况,如果电磁阀损坏,需更换,必要时更换阀体,阀体表面轻度的擦痕或损伤可以用细砂纸磨光。

(2) 清洗　清洗时,可加入专用的去污剂,也可使用清洗剂进行清洗。使用压缩空气吹阀体表面小孔,以便使清洗液作用彻底。电磁阀要取下来进行清洗,蓄压器和弹簧及卡簧清洗干净。蓄压器密封圈和电磁阀密封圈都是一次性的,应及时更换。所有阀体孔洞彻底清洗干净。

2. 轮速传感器的检修

1）传感器的检查

检查轮速传感器时,主要检查其电阻(电磁式)、电压、安装间隙等。除此之外,还应检查信号发生器有无变形、缺齿、齿隙有无污物等。

2）制动开关检查

检查制动开关时,主要检查安装是否到位,固定是否牢固。除此之外,还应检查制动开关与制动踏板之间的定位是否准确,即制动开关接通时,制动踏板踩下的行程是否合适。

3）传感器数据流读取

检查传感器时,应使用专用解码器对 ABS 中轮速传感器和制动开关状态进行读取。

学习任务 3.2　线控制动（BBW）系统检修

【学习目标】

知识目标

1. 掌握线控制动（BBW）系统的结构组成；
2. 掌握线控制动（BBW）系统的工作原理；
3. 掌握线控制动（BBW）系统的工作过程。

能力目标

1. 能够对线控制动（BBW）系统供电电源进行测试；
2. 能够对线控制动（BBW）系统的 CAN 通信信号进行测量。

情感目标

1. 学习培养对事负责、与人合作的精神,严谨细致的作风,坚持不懈的奋斗精神；
2. 培养学生不断向上的敬业精神和诚实守信、吃苦耐劳的职业品质；
3. 具有爱岗敬业的职业道德意识；
4. 培养学生分析问题、解决问题的能力；
5. 有较强的安全意识和环保理念。

课件 3.2

【理论知识】

1. 线控制动系统的发展

在 1999 年法兰克福车展上,Bosch 公司展出了被认为是电子机械线控制动(EMB)系统前身的电子液压线控制动(EHB)系统。此后 Bosch 和 Daimler-Chrysler 公司开始研究商用 EHB 系统,摩托罗拉公司进行了嵌入式软件方面的研究。2002 年福特汽车公司的 Focus FCV 制动系统采用了制动踏板与制动系统非机械方式连接的线控制动。

20 世纪 90 年代开始,国外的一些著名汽车零部件制造商相继进行了 EMB 研发工作,取得了相关研究成果,申请了专利,并进行了实车试验。国内仅部分高校以及浙江亚太机电股份有限公司、万向集团等零部件企业做了一些研究工作。

EHB 技术成熟,市场前景广阔,目前已成为研发和应用的主流。EMB 受技术条件限制,还未在智能网联汽车上批量应用。但 EHB 的制动响应快、布局空间灵活,加上安全性、舒适性、稳定性好等优点,使 EHB 技术成为无人驾驶线控制动的趋势。

2. 线控制动系统的分类

线控制动系统分为电子液压式线控制动系统和电子机械式线控制动系统,如图 3-3 所示。

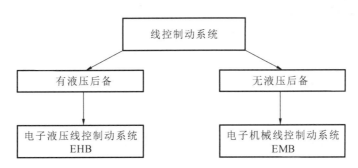

图 3-3 线控制动系统的分类

3. 线控制动系统的组成

1)电子液压线控制动系统组成

电子液压线控制动系统的组成见图 3-4 所示,系统主要由踏板、储油杯、电控单元(ECU)(电动机泵、高压蓄能器)、液压控制单元(HCU)(切换电磁阀、FR、FL、RR、RL 减压阀、增压阀)以及一系列的传感器(FR、FL、RR、RL 轮缸压力传感器)组成。在电子液压式线控制动系统中,制动踏板和制动器之间的液压连接是断开的。带有踏板感觉模拟器和电子传感器的电子踏板模块代替了传统的制动踏板。制动时,制动力由 ECU 和执行器控制,踏板行程传感器将信息传给 ECU,ECU 汇集轮速传感器、转向传感器等各路信号,根据车辆行驶状态计算出每个车轮的最大制动力,并发出指令给执行器的蓄能器提供制动轮缸所需的制动力。应急系统中,当控制器处于故障时备份阀打开,常规液压制动系统起作用,可进行制动。

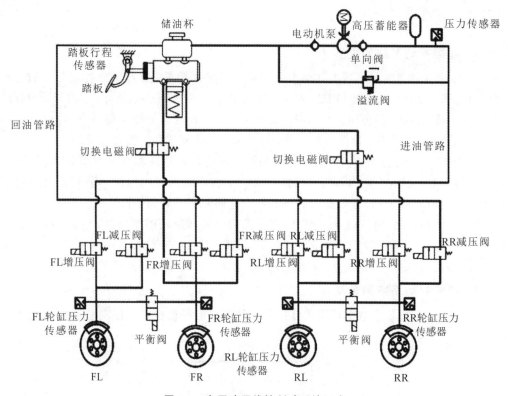

图 3-4 电子液压线控制动系统组成

2）电子机械线控制动系统的组成

电子机械线控制动（EMB）系统由制动踏板传感器、EMB ECU、车轮制动模块及线路组成，如图 3-5 所示。

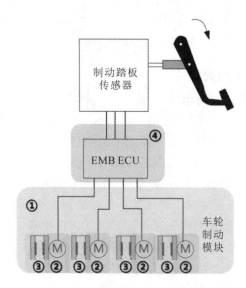

图 3-5 电子机械线控制动系统的组成

4. 电子机械线控制动(EMB)系统的工作原理

电子机械线控制动(EMB)系统与常规的液压制动系统截然不同,电子机械线控制动系统以电能为能量来源,通过电动机驱动制动垫块,由电线传递能量,数据线传递信号,电子机械线控制动系统是线控制动系统的一种。整个系统中没有连接制动管路,结构简单,体积小,信号通过电传播,反应灵敏,减小制动距离,工作稳定,维护简单,没有液压油管路,不存在液压油泄漏问题,通过 ECU 直接控制,易于实现 ABS、TCS、ESP、ACC 等功能。电子机械线控制动系统主要由制动踏板单元、EMB ECU 和车轮制动模块组成。

制动踏板单元:制动踏板传感器把制动力和制动速度传给制动踏板,制动踏板再以电信号的形式将信息传给 EMB ECU。

EMB ECU:制动踏板把电信号传给 ECU,同时也将车轮打滑及抱死的过程反馈给 ECU,ECU 控制车轮的制动力。

车轮制动模块:ECU 接收车轮的制动力信息,车轮把制动情况反馈给 ECU。

5. 电子液压线控制动(EHB)系统的工作原理

电子液压线控制动与传统制动方式有很大的不同,电子液压线控制动以电子元件替代了原有的部分机械元件,它将电子系统和液压系统相结合,是一个先进的机电一体化系统。电子液压线控制动系统主要由制动踏板单元、液压驱动单元、EHB ECU、制动执行单元组成。

制动踏板单元:制动踏板单元是由制动踏板和踏板传感器(踏板位移传感器)组成。踏板传感器用于检测踏板行程,然后将位移信号转化成电信号传给 ECU,实现踏板行程和制动力按比例进行调控。

液压驱动单元:液压泵控制制动执行单元。

EHB ECU:制动踏板单元把电信号传给 ECU,ECU 驱动液压泵进行工作。

制动执行单元:完成制动动作。

6. 线控制动系统的传递路线

线控制动系统的传递路线如图 3-6 所示。

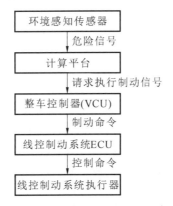

图 3-6 线控制动系统的传递路线

7. 线控制动系统的特点

线控制动系统优点：

（1）响应速度比传统制动系统大大提高；

（2）简化了制动系统的结构，便于装配和维护；

（3）制动液的取消降低了环境污染。

线控制动系统缺点：

（1）对可靠性要求很高，需要备份系统来保证可靠性；

（2）电动机功率限制导致动力不足；

（3）工作环境恶劣，刹车片附近的半导体部件无法承受高温。

从目前整个市场来看，线控制动系统尚处于发展早期阶段，渗透率较低，仅有少量车型配备，新能源汽车配置率相对较高。

【任务实施】

1. 制动踏板单元的检测

（1）目视检查：检查制动踏板控制单元线路有无破损；检查线路各接头是否连接可靠；有无松脱现象；制动踏板有无变形，踏板传感器线路表面有无裸露，插接是否牢固。

（2）信号检测：踩下制动踏板，用汽车万用表进行信号检测。缓慢踩下制动踏板时，制动踏板信号会发生变化。

2. 液压驱动单元的检测

（1）目视检查：液压泵表面有无裂痕，管路连接处有无泄漏，液压管表面有无滴漏，对管路进行压力测试，达到其工作压力时，液压管路无液体流出。

（2）液压泵检测：液压泵通电后，压力是否符合要求，工作有无异响，能否快速达到工作压力，泵压力的强弱。

3. EHB ECU 的检测

（1）目视检查：线路表面有无锈蚀，线路连接是否完整，正常工作是否发热，线路有无脱落及松动现象。

（2）制动踏板电信号及液压泵信号检测：踩下制动踏板，ECU 接收信号，液压泵进行动作，则正常。

4. 制动执行单元的检测

（1）目视检查：制动器表面有无锈蚀、油污，制动器螺栓连接是否可靠无松动，制动盘表面有无锈蚀、沟槽，制动管路有无损坏，接头有无渗漏现象。

（2）检测过程：踩下制动踏板，液压泵工作，制动片在制动分泵的液压力作用下把制动片推向制动盘，松开制动踏板，制动片离开制动盘，恢复原来的位置。

学习任务 3.3　制动能量回收系统（BERS）检修

【学习目标】

知识目标
1. 掌握制动能量回收系统（BERS）的结构组成；
2. 掌握制动能量回收系统（BERS）的工作原理；
3. 掌握锁止离合器的工作过程。

课件 3.3

能力目标
1. 能够检修电动机；
2. 能够检修动力电池；
3. 能够检修传感信号。

情感目标
1. 培养学生对事负责、与人合作的精神，严谨细致的作风，坚持不懈的奋斗精神；
2. 培养学生勇于探索的精神和诚实守信、吃苦耐劳的职业品质；
3. 培养学生爱岗敬业的职业道德意识；
4. 培养学生分析问题、解决问题的能力；
5. 培养安全意识和环保理念。

【理论知识】

1. 制动能量回收系统的作用

制动能量回收系统（braking energy recovery system，BERS）回收车辆在制动或惯性滑行中释放出的多余能量，在发电机控制单元的调节和控制下，将发电机的电压升高，给电池系统充电，将多余的能量以电能的形式回收储存在电池中。

2. 制动能量回收系统的组成及其作用

制动能量回收系统由与车型相适配的发电机、电池以及可以监视电池电量的智能电池管理系统组成，如图 3-7 所示。

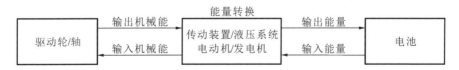

图 3-7　制动能量回收系统原理

1）发电机

组成：发电机通常由定子、转子、端盖及轴承等部件构成。定子由定子铁芯、线包绕组、机座以及固定这些部分的其他结构件组成。转子由转子铁芯（或磁极、磁轭）绕组、护环、中心环、滑环、风扇及转轴等部件组成。

作用：在发动机正常运转时，向除启动机外的所有用电设备供电，同时给电池充电。

2）电池

组成：电池由正（负）极板、隔板、电解液、槽壳、连接条和极桩等组成。

作用：在启动发动机时，为发动机提供强大的启动电流，同时为点火系统、电子燃油喷射系统、仪表系统等电气设备供电。

3）智能电池管理系统

组成：智能电池管理系统包括控制模组、显示模组、无线通信模组、电气设备、用于为电气设备供电的电池组以及用于采集电池组的电池信息的采集模组。

作用：① 准确估测电池组的剩余电量，保证剩余电量维持在合理的范围内，防止过度充放电对电池造成损伤。

② 动态监测电池组的工作状态，实时采集电池组及单体电芯的电压、电流和温度，防止电池发生过充电或过放电现象。

③ 单体电池间的均衡充电。

【任务实施】

驱动电动机的检修

（1）目视检查　检查驱动电动机的外部有无损坏和裂纹，是否由于高温而导致外表发蓝，是否有明显的高温烧灼现象。检查驱动电动机的连接螺栓，如有损坏，则予以更换。检查驱动电动机的传动毂是否光滑，如果磨损，则仔细检查电动机电枢轴和定子线圈部分，必要时更换电枢轴，驱动电动机轴表面轻度的擦痕或损伤可以用细砂纸磨光。

（2）清洁　清洁时，也可加入专用的去污剂，在清洗台上清洗电动机外壳表面，用毛刷进行刷洗；定子部分清洁时要仔细检查线圈有无破损，检查线圈绝缘情况，清洁电枢轴及电枢表面时，一边清洗一边旋转；用清洁剂或挥发性好的汽油进行电动机内部清洗。反复作业2~3次，最后用压缩空气吹干。

学习任务 3.4　电子驻车制动（EPB）系统检修

【学习目标】

知识目标
1. 掌握电子驻车制动（EPB）系统的结构组成；
2. 掌握电子驻车制动（EPB）系统的工作原理。

能力目标
能够检修驻车制动器。

情感目标
1. 培养学生对事负责、与人合作的精神，严谨细致的作风，坚持不懈的奋斗精神；
2. 培养学生勇于探索的精神和诚实守信、吃苦耐劳的职业品质；
3. 培养学生爱岗敬业的职业道德意识；
4. 培养学生分析问题、解决问题的能力；
5. 培养安全意识和环保理念。

课件 3.4

【理论知识】

电子驻车制动（EPB）是将行程过程中的临时性制动与停车后的长时性制动功能整合在一起，并由电子控制方式实现制动的技术。

1. 电子驻车系统的组成

电子驻车系统主要由以下三个部分组成。

1) 驻车钳

电子驻车制动系统中的驻车钳的主要作用就是在车辆停车时锁住刹车盘，从而停住车辆。与普通的钳式刹车系统不同的是，电子驻车系统的驻车钳具有定位和断电功能。

2) 控制单元

电子驻车系统的控制单元通过指令控制驻车钳的力矩，进而控制车辆停车及启动。此外，控制器还会接收来自车辆传感器等信息，保证系统的工作状态。

3) 按钮或开关

电子驻车系统的启动及停车还需要通过车上的按键或者开关进行控制，该按键/开关将指令发送给电子控制器，控制器再根据指令控制驻车钳的力矩。

2. 电子驻车系统的工作原理

电子驻车系统的工作原理如图 3-8 所示。

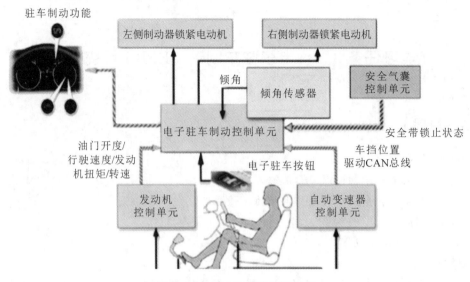

图 3-8 电子驻车制动系统原理

静态驻车制动:车辆在停止时,按下电子驻车按钮,电子驻车制动系统工作,自动锁止车辆。需要释放驻车制动时,点火开关处于 ON 位置(发动机工作或熄火均可),踩下行车制动踏板,拉起电子驻车按钮,EPB 系统停止制动锁止。

动态应急制动:车辆在行驶过程中,按下电子驻车按钮,控制单元收到信号后通过数据总线要求 EPB 系统控制行车制动。

制动间隙自动调整:对鼓式制动为主的电子驻车制动系统,当制动蹄因磨损而导致间隙过大时,EPB 控制单元在每次执行驻车制动操作时会通过执行电动机内的传感器感知这一变化,然后执行电动机就会适时收紧拉线,从而调整间隙。对于以盘式制动为主的电子驻车制动系统,则是通过每次执行驻车制动操作时测量电动机旋转圈数来感知制动间隙变化,利用电动机齿轮箱工作推动螺杆来自动调整间隙。

系统自诊断:EPB 控制单元通过 CAN 数据总线与其他单元实现数据交换,可以使用诊断仪进行自诊断、数据流的读取及系统的一些功能设置。

【任务实施】

刹车片的检修

(1) 目视检查　检查刹车片的外部有无损坏和裂纹,看刹车片的厚度。一般一个新的刹车片总厚度在 1.5 cm 左右,刹车片的厚度如果低于或等于 0.3 cm 时,就已经达到了它的磨损临界点,说明刹车片需要更换。

(2) 踩刹车检查　踩刹车的时候感受力度的变化。如果踩刹车时总是感觉很吃力,且没有以前灵敏,或当紧急制动时感觉踏板位置变低、刹车踏板行程变长,说明刹车片必须要尽快检查或更换;踩刹车时刹车片发出与以往不同的声音,比如轻点刹车时出现金属摩擦音,或尖锐的金属剐蹭音。出现这种情况,排除新刹车片磨合期,说明刹车片情况异常,甚至已经超过了磨损极限,必须立即更换。

(3)清洁　清洁时,用清洁剂把制动片表面油污清洗干净,用抹布擦干后,用砂纸打磨制动片表面,使制动片与制动盘接触面积增大。

学习任务3.5　电控驱动防滑/牵引力控制（ASR/TRC）系统检修

【学习目标】

知识目标

1. 掌握电控驱动防滑/牵引力控制（ASR/TRC）系统的结构组成；
2. 掌握电控驱动防滑/牵引力控制（ASR/TRC）系统的工作原理；
3. 掌握电控驱动防滑/牵引力控制（ASR/TRC）系统的工作过程。

课件3.5

能力目标

1. 能够检修泵总成；
2. 能够检修制动执行器。

情感目标

1. 培养学生对事负责、与人合作的精神,严谨细致的作风,坚持不懈的奋斗精神；
2. 培养学生勇于探索的精神和诚实守信、吃苦耐劳的职业品质；
3. 培养学生爱岗敬业的职业道德意识；
4. 培养学生分析问题、解决问题的能力；
5. 培养安全意识和环保理念。

【理论知识】

驱动防滑（acceleration slip regulation,ASR）系统或称牵引力控制（traction control system,TRC）系统。其功用是防止汽车在起步、加速时和在滑溜路面行驶时的驱动轮滑转,以获得最大驱动力和良好的行驶稳定性。当驱动轮转动而车速低于驱动轮轮缘速度时,轮胎与地面之间就有相对的滑动,这种滑动称为"滑转"。驱动防滑系统是在驱动轮出现滑转时,通过对滑转的车轮施以制动或控制发动机的动力输出来抑制驱动轮的滑转,以避免汽车牵引力和行驶稳定性下降。

1. ASR/TRC 与 ABS 的区别

(1) ASR/TRC 与 ABS 都是用来控制车轮相对于地面滑动的,使车轮与地面的附着力不下降,但 ABS 控制的是制动时车轮的"滑移",而 ASR/TRC 控制的是驱动时车轮的"滑转"。

(2) ASR/TRC 只对驱动车轮实施制动控制。

(3) ABS 是在汽车制动后车轮出现抱死时起作用,当车速很低(低于 8 km/h)时不起作用;而 ASR/TRC 则是在起步或汽车行驶过程中车轮出现滑转时起作用,当车速很高(80~120km/h)时一般不起作用。

2. ASR/TRC 系统的组成

ASR/TRC 系统主要由 ECU、执行器、传感器和选择开关等组成,包括轮速传感器、ABS 执行器、ASR 执行器、副节气门控制步进电动机和主、副节气门位置传感器、节气门开度传感器、液压调节器(电磁阀)、节气门驱动装置和 ASR/TRC 选择开关等。

1) 传感器

(1) 轮速传感器:ASR/TRC 系统的轮速传感器一般与 ABS 系统共用,主要完成驱动轮和从动轮车速的检测,产生与轮速成正比的交流信号,经过处理后将轮速信号传送给 ECU。

(2) 节气门开度传感器:用于检测主、副节气门的开启角度和位置并将这些信号传送给发动机和自动变速器的 ECU。

2) ASR/TRC ECU

ASR/TRC ECU 是 ASR/TRC 系统的核心,具有运算功能。ASR/TRC ECU 通过传感器输入和实车状态计算驱动车轮的滑转率,综合发动机和自动变速器的 ECU 中节气门开度信号来判断汽车的行驶条件,经过分析确定控制方式,对副节气门执行器、制动执行器发出指令,执行器完成对发动机供油系统或点火系统的控制,或对制动压力进行调整,将驱动车轮的滑转率控制在目标范围之内。

3) 执行机构

ASR/TRC 系统的执行器主要包括 ASR/TRC 制动执行器和副节气门执行器。前者根据从 ASR/TRC 系统 ECU 传来的信号,为制动执行提供液压;后者根据 ECU 传来的信号,控制副节气门的开启角。

3. ASR/TRC 系统的控制方式

1) 发动机输出功率控制

通过限制发动机的转矩输出,以达到抑制驱动轮滑转的目的。当驾驶员在光滑路面上过度踩下油门时,会造成驱动轮的过度滑转。滑转率达到受控的限值时,ECU 控制减小发动机输出功率、转速,直至驱动轮滑转率回到限值以内。

通常采用三种控制方法进行发动机功率控制:一是节气门开度调节,在发动机原节气门的基础上,串联一个副节气门,或者通过电子节气门,由 ASR/TRC 系统或者发动机控制系统控制其开度;二是减少或切断喷油量;三是减小点火提前角。

高等职业学校"十四五"规划汽车专业群新形态特色教材

新能源汽车底盘电控系统检修任务工单

主　编　张　蕾
副主编　周　晨　段少勇　徐湜清

姓　名 _____

学　号 _____

班　级 _____

学　院 _____

华中科技大学出版社
中国·武汉

高等职业学校"十四五"规划汽车专业群新形态特色教材

新能源汽车底盘电控系统检修任务工单

主　编　张　蕾
副主编　周　晨　段少勇　徐湜清

姓　名 _____

学　号 _____

班　级 _____

学　院 _____

华中科技大学出版社
中国·武汉

项目 1 汽车底盘电控技术认知

任务工单 1-1

任务名称	汽车底盘电控系统认知	学时	4	班级	
学生姓名		学生学号		任务成绩	
实训设备		实训场地		日期	
客户任务	汽车底盘电控系统认知				
任务目的	掌握汽车底盘电控系统的构成以及安装位置				

一、资讯

1. 电动助力转向系统,当转向轴转动时,_____开始工作,把输入轴和输出轴在扭杆作用下产生的相对转动角位移变成电信号传给 ECU,ECU 根据车速传感器和转矩传感器的信号决定_____的旋转方向和助力电流的大小,从而完成实时控制助力转向。

2. _____能防止汽车在各种路面上制动时车轮抱死,该系统可以提高制动效能,防止汽车在制动和转弯时产生_____。

3. ESP 系统主要对车辆纵向和_____稳定性进行控制,保证车辆按照驾驶人的意识行驶。当汽车发生转向不足或转向过度时,系统将控制单个或是_____车轮进行制动。

4. 胎压监测系统可以分为两类:一种是间接式胎压监测系统,是通过_____来判断轮胎是否异常;另一种是直接式胎压监测系统,通过在轮胎里面加装四个_____,在汽车静止或者行驶过程中对轮胎气压和温度进行实时自动监测。

5. 电控液力自动变速器由_____、变速齿轮和电控液压操纵系统组成,由_____提供负荷信号,由安装在变速器输出轴的_____得到对应的车速信号,通过液力传递和齿轮组合的方式达到变速变矩。

6. 无级变速器通过 V 形金属带实现动力的传递,根据发动机的状况和汽车的车速,可以连续地改变_____,使发动机处与最佳的稳定转速。

二、决策与计划

（一）实训要求

1. 爱护实训设备,包括实训台及内部的各个传感器元件;
2. 积极参与实训项目,并通过实际操作加强认知;
3. 结合课程内容思考底盘电控系统构成;
4. 注意实训过程中的用电安全。

（二）实训内容

1. 实训设备认知；
2. 实训设备开机检查及上电；
3. 熟悉底盘电控系统的部件。

（三）实训决策

请根据故障现象和任务要求，确定所需要的检测仪器、工具，并对小组成员进行合理分工，制定详细的诊断和修复计划。

1. 需要的检测仪器、工具

2. 小组成员分工

3. 诊断和修复计划

三、实施

（一）电动转向系统的认识

1. 写出电动转向系统各部分名称。

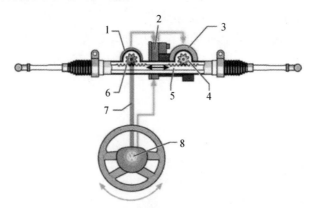

(1) _____　　(2) _____　　(3) _____
(4) _____　　(5) _____　　(6) _____
(7) _____　　(8) _____

2. 写出各部分安装位置。
(1) 安装在 _____
(2) 安装在 _____
(3) 安装在 _____
(4) 安装在 _____
(5) 安装在 _____
(6) 安装在 _____
(7) 安装在 _____
(8) 安装在 _____

(二) ABS 认知

1. 写出 ABS 各部分名称。

(1) _____　　(2) _____　　(3) _____
(4) _____　　(5) _____　　(6) _____
(7) _____

2. 写出各部分安装位置。
(1) 安装在 _____
(2) 安装在 _____
(3) 安装在 _____
(4) 安装在 _____
(5) 安装在 _____
(6) 安装在 _____
(7) 安装在 _____

（三）胎压监测系统

1. 检测汽车是否安装胎压监测系统。

是否安装胎压监测系统： □是　　　□否

2. 识别胎压。

（1）左前胎压_____

（2）右前胎压_____

（3）左后胎压_____

（4）右后胎压_____

四、实训总结

1. 总结检测汽车所安装的电控系统。

2. 请简述实训过程中存在的问题及改进建议。

五、评价

考核项目	考核内容	分值	得分
实训态度	是否积极认真	15	
操作过程	1.实训设备及传感器的保护 2.元件存取及摆放规范性 3.实训完成后实训设备及元件的整理	30	
实训任务	1.底盘电控系统检测是否完成 2.实训工单填写是否完成,是否规范	20	
实训纪律	是否遵守课堂纪律	10	
主观得分	个人自评	10	
	教师评价	15	
总分			

教师签名：_____　　_____年____月____日

任务工单 1-2

任务名称	汽车底盘线控系统认知	学时	4	班级	
学生姓名		学生学号		任务成绩	
实训设备		实训场地		日期	
客户任务	汽车底盘线控系统认知				
任务目的	掌握底盘线控系统构成以及布置				

一、资讯

1. 电子驻车制动系统是指将行车过程中的_____制动和停车后的_____制动功能整合在一起,并且由电子控制方式实现停车制动的技术。

2. 电子机械制动系统以电子元件替代液压元件,通过电子控制系统对_____实施电流控制,在_____建立机械推力,通过原盘式制动器的夹钳从两侧夹紧摩擦盘,实现车轮制动。

3. 线控转向系统中,驾驶员通过转向盘上的传感器将转向信号传递给 ECU,ECU 将采集信号进行分析处理后将控制信号传递至_____,从而控制转向电动机转向所需_____,带动车轮转向,实现驾驶员的转向意图。

4. 线控制动系统可分为哪几类?

二、决策与计划

(一)实训要求

1. 爱护实训设备,包括实训台及内部的各个传感器元件;
2. 积极参与实训项目,并通过实际操作加强认知;
3. 结合课程内容思考底盘线控系统构成;
4. 注意实训过程中的用电安全。

(二)实训内容

1. 实训设备认知;
2. 实训设备开机检查及上电;
3. 熟悉底盘线控系统的部件。

(三)实训决策

请根据故障现象和任务要求,确定所需要的检测仪器、工具,并将小组成员合理分工,制定详细的诊断和修复计划。

1. 需要的检测仪器、工具

2. 小组成员分工

3. 诊断和修复计划

三、实施

（一）电控液压制动系统的认识

1. 写出电控液压制动系统 EHB 各部分名称。

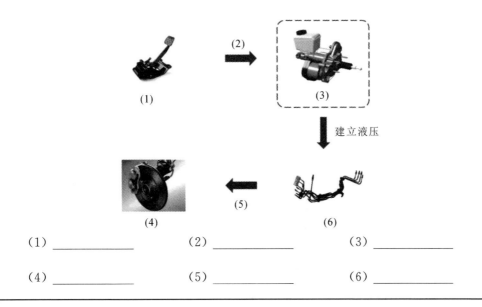

(1) _____ (2) _____ (3) _____

(4) _____ (5) _____ (6) _____

2. 写出各部分安装位置。

(1) 安装在_____

(2) 安装在_____

(3) 安装在_____

(4) 安装在_____

(5) 安装在_____

(6) 安装在_____

(二) 线控系统认知

写出所检测汽车安装的线控系统。

(1) 是否安装线控转向系统： □是　　　□否

线控转向的类型：_____

各部件的安装位置：_____

_____

_____

_____

(2) 是否安装线控制动系统： □是　　　□否

线控制动的类型：_____

各部件的安装位置：_____

_____

_____

_____

(3) 是否安装线控换挡系统： □是　　　□否

线控换挡系统的类型：_____

各部件的安装位置：_____

_____

_____

四、实训总结

1. 总结检测汽车所安装的线控系统。

2. 简述实训过程中存在的问题及改进建议。

五、评价

考核项目	考核内容	分值	得分
实训态度	是否积极认真	15	
操作过程	1.实训设备及传感器的保护 2.元件取放及摆放整齐程度 3.实训完成后实训设备及元件的整理	30	
实训任务	1.底盘线控系统检测是否完成 2.实训工单填写是否完成,是否规范	20	
实训纪律	是否遵守课堂纪律	10	
主观得分	个人自评	10	
	教师评价	15	
总分			

教师签名:＿＿＿＿＿　＿＿＿＿年＿＿月＿＿日

项目 2 电控转向系统检修

任务工单 2-1

任务名称	电控液压助力转向（EHPS）系统检修	学时	2	班级	
学生姓名			学生学号		任务成绩	
实训设备			实训场地		日期	
客户任务	认知 EHPS 系统，掌握检修方法					
任务目的	制定工作计划，识别 EHPS 系统					

一、资讯

1. EHPS 系统是在传统的液压动力转向系统的基础上增设了_____而构成。主要包括传感器（车速传感器和转向盘转角传感器）、_____、动力转向油泵、_____（转向盘、转向柱、转向机及转向横拉杆）等。

2. EHPS 的类型主要有：_____、_____、_____、_____。

3. 电控液压助力和机械液压助力的原理大致相同，但不同的是油泵由_____驱动，助力强度是可变的。

4. 为什么要采用 EHPS 系统，常规转向系统有什么特点？

5. EHPS 系统的组成及基本工作原理。

二、决策与计划

（一）实训要求

1. 爱护实训设备，包括实训台及内部的各个传感器元件；

2. 积极参与实训项目，并通过实际操作加强认知；

3. 结合课程内容思考传感器原理及使用场景；
4. 注意实训过程中的用电安全。

（二）实训内容
1. 实训台认知；
2. 实训台开机检查及上电；
3. 熟悉联合标定软件；
4. 完成传感器的联合标定。

（三）实训决策
请根据故障现象和任务要求，确定所需要的检测仪器、工具，并对小组成员进行合理分工，制定详细的诊断和修复计划。

    1. 需要的检测仪器、工具

    2. 小组成员分工

    3. 诊断和修复计划

三、实施

（一）识别 EHPS 系统
观察仪表盘是否有 EHPS 指示灯：　□是　　□否
（二）鉴定 EHPS 系统的技术状况
1. 检查 EHPS 指示灯的闪烁情况：
2. 检查车辆制动功能：
3. 检查 EHPS 系统管路是否漏油：　□是　　□否
（三）在实车上查找 EHPS 系统
1. EHPS 系统总成的查找。
在不同型号的车辆上找到 EHPS 系统总成及各制动管路，并理解它们之间的相互关系。

(1) 准备工作　将车辆停于水平地面上,关闭点火开关,将车轮挡块放到前后轮位置,以使车辆稳定不能移动;前后推动汽车,确保车轮处于稳定状态;将变速器杆置于空挡;松开驻车制动器,固定好车轮。

(2) 将发动机舱盖打开,找到转向油泵、转向器总成及各管路、储油罐等。

(3) 根据资讯内容在实践车辆上找出 EHPS 系统元件,并根据资讯内容辨别 EHPS 系统类型。

(4) 根据资讯和教师讲解内容,小组讨论,然后通过口述或表演形式完成对 EHPS 系统控制过程进行描述。

2. 根据资讯内容检测。

EHPS 系统总成拆装及传感器拆装完成后,对安装结果进行检查。并将检查结果填入检查表单。EHPS 系统检查完成后先进行试车,对车辆进行实车试验,然后对 EHPS 电控单元进行再次检查,查看有无故障码,同时检查控制单元编码是否正确。

车速传感器电阻检测:

检测内容		针脚	标准值	检测值	备注
车速传感器	左前	___与___	___Ω	___Ω	
	右前	___与___	___Ω	___Ω	
	左后	___与___	___Ω	___Ω	
	右后	___与___	___Ω	___Ω	
检查其他针脚之间有无短路现象(关闭点火开关)		___与___	∞Ω	___Ω	
		___与___	∞Ω	___Ω	
		___与___	∞Ω	___Ω	
		___与___	∞Ω	___Ω	

四、实训总结

1. 请按照联合标定结果填写下表。

序号	车速传感器	转矩传感器
1		
2		
3		
4		
5		

2. 请简述实训过程中存在的问题点及改进建议。

五、评价

考核项目	考核内容	分值	得分
实训态度	是否积极认真	15	
操作过程	1. 实训台及传感器的保护 2. 元件取放及摆放整齐程度 3. 实训完成后实训台及元件的整理	30	
实训任务	1. 传感器的联合标定是否完成 2. 实训工单填写是否完成,是否规范	20	
实训纪律	是否遵守课堂纪律	10	
主观得分	个人自评	10	
	教师评价	15	
总分			

教师签名:_____ _____年___月___日

任务工单 2-2

任务名称	电动助力转向(EPS)系统检修	学时	2	班级	
学生姓名			学生学号		任务成绩	
实训设备			实训场地		日期	
客户任务	认知 EPS 系统,掌握检修方法
任务目的	制定工作计划,识别 EPS 系统

一、资讯

  1. 电动助力转向系统是利用电动机产生的动力协助驾驶者进行动力转向,一般由_____、_____、_____、_____、_____、_____和_____组成。

  2. 电动转向助力系统根据电动转向助力单元在电动转向系统中安装位置的不同,可分为_____、_____、_____、_____、_____。

  3. EPS 系统主要在原有的转向系统基础上增加了_____、_____、_____等。

  4. 电动式电控转向系统和机械液压助力的原理大致相同,不同的是转向器由_____驱动,助力强度是可变的。

  5. 为什么要采用 EPS 系统,常规转向系统相比有什么特点?

  6. EPS 系统的组成及基本工作原理。

二、决策与计划

  (一)实训要求

  1. 爱护实训设备,包括实训台及内部的各个传感器元件;

  2. 积极参与实训项目,并通过实际操作加强认知;

  3. 结合课程内容思考传感器原理及使用场景;

  4. 注意实训过程中的用电安全。

  (二)实训内容

  1. 实训台认知;

  2. 实训台开机检查及上电;

3. 熟悉联合标定软件；

4. 完成传感器的联合标定。

(三) 实训决策

请根据故障现象和任务要求，确定所需要的检测仪器、工具，并对小组成员进行合理分工，制定详细的诊断和修复计划。

1. 需要的检测仪器、工具

2. 小组成员分工

3. 诊断和修复计划

三、实施

(一) 识别 EPS 系统

观察仪表盘是否有 EPS 指示灯： □是　　□否

(二) 鉴定 EPS 的技术状况

1. 检查 EPS 指示灯的闪烁情况：

2. 检查车辆转向功能：

3. 检查 EPS 系统线路路是否损坏： □是　　□否

(三) 检测 EPS 系统

1. EPS 系统总成的查找。

在不同型号的车辆上找到 EPS 系统总成及各制动管路，并理解它们的相互关系。

(1) 准备工作　将车辆停于水平地面上，关闭点火开关，将车轮挡块放到车前后轮位置，以使车辆稳定不能移动；前后推动汽车，确保车轮处于稳定状态；将变速器杆置于空挡；松开驻车制动器，固定好车轮。

(2)将发动机舱盖打开,找到电动机、转向器总成及转矩传感器等。

(3)根据资讯内容在实践车辆上找出 EPS 系统元件,并根据资讯内容辨别 EPS 系统类型。

(4)根据资讯和教师讲解内容,小组讨论,然后通过口述或表演形式完成对 EPS 系统控制过程的描述。并将描述内容或表演过程填入项目单中。

2. 根据资讯内容检测。

EPS 系统总成拆装及传感器拆装完成后,对安装结果进行检查,并将检查结果填入检查表。EPS 系统检查完成后先进行试车,对车辆进行实车试验,然后对 EPS 电控单元进行再次检查,查看有无故障码,同时检查控制单元编码是否正确。

转矩传感器检测表:

诊断步骤名称	诊断部位	诊断方法	检测结果
1.用诊断仪访问 EPS 控制单元		1.打开启动开关; 2.连接诊断仪,读取故障码; 3.确认是否存在故障代码	
2.检测蓄电池		测量蓄电池电压,电压标准值为 11~14 V	
3.检测 EPS 线束模块控制连接器		检查线束连接器是否正确连接	
4.检测 EPS 线束模块连接器端子电压		测量 EPS 线束连接器正极端子与车身接地之间的电压,标准值为 11~14 V	
5.检测 EPS 控制模块线束连接器(接地端子导通性)	IP36-EPS模块电源线束连接器 1:电源,颜色R	EPS 连接器与车身接地之间的电阻,电阻标准小于 1 Ω	
6.检查 EPS 控制模块与方向盘扭矩传感器之间的线路	IP37-EPS模块电源线束连接器 1:电源,颜色B	1.关闭点火开关; 2.测量 EPS 控制模块与方向盘扭矩输入传感器线路电阻小于 1 Ω	

3. EPS通信检修。

按照 EPS 通信检测过程对 EPS 模块各端子进行检测,将检测结果填入表中。

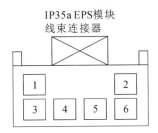

IP35a EPS模块线束连接器

EPS 通信检测过程:

诊断步骤名称	诊断部位	诊断方法	检测结果
1.用诊断仪访问 EPS 模块		1.打开点火开关; 2.连接诊断仪,读取故障码; 3.确认系统是否存在故障代码	
2.检查熔断器		1.关闭点火开关; 2.拔下 EPS 电源熔断器,检查熔丝是否熔断,熔断器额定容量为 10 A	
3.检查 EPS 控制单元 IG1 电路	IP35a EPS模块线束连接器	1.打开启动开关; 2.测量 IP35a 端子与车身接地电压,电压标准值为11~14 V	
4.检查 EPS 控制模块通信电路	IP35a EPS-3线束连接器 IP19 诊断接口连接器	1.关闭电源; 2.断开 IP35a; 3.测量 EPS-IP35a 端子 2 与诊断接口 IP19 端子 6 之间的电阻,电阻标准小于 1 Ω	

端子号	端子定义	颜色
1		
2		
3		
4		
5		
6		

四、实训总结

1. 请按照联合标定结果填写下表。

序号	车速传感器	转矩传感器
1		
2		
3		
4		
5		

2. 请简述实训过程中存在的问题点及改进建议。

五、评价

考核项目	考核内容	分值	得分
实训态度	是否积极认真	15	
操作过程	1. 实训台及传感器的保护 2. 元件取放及摆放整齐程度 3. 实训完成后实训台及元件的整理	30	
实训任务	1. 传感器的联合标定是否完成 2. 实训工单填写是否完成,是否规范	20	
实训纪律	是否遵守课堂纪律	10	
主观得分	个人自评	10	
	教师评价	15	
总分			

教师签名:_____ _____年___月___日

任务工单 2-3

任务名称	线控转向(SBW)系统检修	学时	2	班级	
学生姓名		学生学号		任务成绩	
实训设备		实训场地		日期	
客户任务	认知 SBW 系统,掌握检修方法				
任务目的	制定工作计划,识别 SBW 系统				

一、资讯

　　1. SBW 系统是在按照预设的轨迹_____汽车的_____。

　　2. SBW 系统主要的分类主要有_____和_____。

　　3. SBW 系统主要在原有的转向系统基础上增加了_____和_____等。

　　4. SBW 和机械液压助力的原理大致相同,但不同的是电控单元根据_____驱动转向电动机动作,助力是变化的。

　　5. 为什么要采用 SBW 系统,常规转向系统有什么特点?

　　6. SBW 系统的组成及基本工作原理。

二、决策与计划

　　(一)实训要求

　　1. 爱护实训设备,包括实训台及内部的各个传感器元件;

　　2. 积极参与实训项目,并通过实际操作加强认知;

　　3. 结合课程内容思考传感器原理及使用场景;

　　4. 注意实训过程中的用电安全。

　　(二)实训内容

　　1. 实训台认知;

　　2. 实训台开机检查及上电;

　　3. 熟悉联合标定软件;

4. 完成传感器的联合标定。

(三) 实训决策

请根据故障现象和任务要求,确定所需要的检测仪器、工具,并对小组成员进行合理分工,制定详细的诊断和修复计划。

1. 需要的检测仪器、工具

2. 小组成员分工

3. 诊断和修复计划

三、实施

(一) 识别 SBW 系统

观察仪表盘是否有 SBW 指示灯: □是　　□否

(二) 鉴定 SBW 系统的技术状况

1. 检查 SBW 系统指示灯的闪烁情况:
2. 检查车辆制动功能:
3. 检查 SBW 系统线路是否损坏: □是　　□否

(三) 检测 SBW 系统

1. SBW 系统总成的查找。

在不同型号的车辆上找到 SBW 系统总成及各线路,并弄懂它们的相互关系。

(1) 准备工作　将车辆停于水平地面上,关闭点火开关,将车轮挡块放到车前后轮位置,以使车辆稳定不能移动;前后推动汽车,确保车轮处于稳定状态;将变速器杆置于空挡;松开驻车制动器,固定好车轮。

(2) 将发动机舱盖打开,找到转向电动机泵、转向器总成及各线路、连接机构等。

(3) 根据资讯内容在实践车辆上找出 SBW 系统元件,并根据资讯内容辨别 SBW 系统类型。

(4) 根据资讯内容和教师讲解内容,小组讨论,然后通过口述或表演形式完成对 SBW 系统控制过程的描述。并将描述内容或表演过程填入表单中。

2. 根据资讯内容检测。

SBW 系统总成拆装及传感器拆装完成后,对安装结果进行检查。并将检查结果填入检查表单。SBW 系统检查完成后先进行试车,对车辆进行实车试验,然后对 SBW 系统电控单元进行再次检查,查看有无故障码,同时检查控制单元编码是否正确。

(1) 供电故障检修:

序号	检测部位	标准值	检测结果	备注(处理方法)
1	EPS ECU 供电插头搭铁 T2/2 号针脚和搭铁间通断	导通		
2	使用万用表电压挡,黑表笔接 EPS ECU 供电插头搭铁 T2/2 号针脚,红表笔接 EPS ECU 信号插头 ON 供电 T8/4 号针脚	12 V		
3	拔下 F19 熔丝,使用万用表电压挡,黑表笔接搭铁,红表笔接 F19 电压输入插座进行测量	12 V		
4	使用万用表蜂鸣挡,测量 F19 熔丝是否导通	导通		
5	测量 F19 熔丝电压输出插座和 EPS ECU 信号插头 ON 供电 T8/4 号针脚之间线路	导通		

(2) 通信故障检修:

序号	检测内容	标准值	检测结果	备注(处理方法)
1	使用万用表电压挡,黑表笔接 EPS ECU 供电插头搭铁 T2/2 号针脚,红表笔接 EPS ECU 信号插头 ON 供电 T8/4 号针脚进行测量	12 V		
2	万用表电压挡,红表笔接 EPS ECU 信号插头 CAN-H T8/8 号针脚,黑表笔接搭铁进行测量	2.55 V		
3	用万用表电压挡,红表笔接 EPS ECU 信号插头 CAN-L T8/3 号针脚,黑表笔接搭铁进行测量	2.46 V		

（3）扭矩转角传感器故障检修：

序号	检测部位	标准值	检测结果	备注（处理方法）
1	使用万用表电压挡，黑表笔接 EPS ECU 供电插头搭铁 T2/2 号针脚，红表笔接 EPS ECU 信号插头 ON 供电 T8/4 号针脚进行测量	12 V		
2	使用万用表电压挡，红表笔接 EPS ECU 信号插头 CAN-H T8/8 号针脚，黑表笔接搭铁进行测量	2.55 V		
3	用万用表电压挡，红表笔接 EPS ECU 信号插头 CAN-L T8/3 号针脚，黑表笔接搭铁，进行测量	2.46 V		

四、实训总结

1. 请按照联合标定结果填写下表。

序号	供电故障	通信故障
1		
2		
3		
4		
5		

2. 请简述实训过程中存在的问题点及改进建议。

五、评价

考核项目	考核内容	分值	得分
实训态度	是否积极认真	15	
操作过程	1.实训台及传感器的保护 2.元件取放及摆放整齐程度 3.实训完成后实训台及元件的整理	30	
实训任务	1.传感器的联合标定是否完成 2.实训工单填写是否完成,是否规范	20	
实训纪律	是否遵守课堂纪律	10	
主观得分	个人自评	10	
	教师评价	15	
总分			

教师签名:_____　_____年___月___日

任务工单 2-4

任务名称	主动转向(AFS)系统检修	学时	2	班级	
学生姓名		学生学号		任务成绩	
实训设备		实训场地		日期	
客户任务	认知 AFS,掌握检修方法				
任务目的	制定工作计划,识别 AFS 系统				

一、资讯

1. AFS 是在 _____ 系统中装置了一套根据 _____ 调整转向传动的 _____。

2. AFS是在方向盘系统中装置了一套根据车速调整转向传动的 _____。这个系统包含一个拳头大小的 _____,以及两根输入轴。其中一根输入轴连接到 _____,另一根则通过 _____,由电动马达进行控制。

3. AFS 主要在原有的转向系统基础上增加了 _____、_____、_____ 等。

4. 主动转向系统和机械液压助力转向系统的原理大致相同,但不同的是 _____ 由 _____ 驱动,助力强度是可变的。

5. 为什么要采用 AFS,常规转向系统有什么特点?

6. AFS 的组成及基本工作原理。

二、决策与计划

(一)实训要求

1. 爱护实训设备,包括实训台及内部的各个传感器元件;
2. 积极参与实训项目,并通过实际操作加强认知;
3. 结合课程内容思考传感器原理及使用场景;
4. 注意实训过程中的用电安全。

（二）实训内容

1. 实训台认知；
2. 实训台开机检查及上电；
3. 熟悉联合标定软件；
4. 完成传感器的联合标定。

（三）实训决策

请根据故障现象和任务要求，确定所需要的检测仪器、工具，并对小组成员进行合理分工，制定详细的诊断和修复计划。

1. 需要的检测仪器、工具

2. 小组成员分工

3. 诊断和修复计划

三、实施

（一）识别 AFS

观察仪表盘是否有 AFS 指示灯： □是　　□否

（二）鉴定 AFS 的技术状况

1. 检查 AFS 指示灯的闪烁情况：
2. 检查车辆制动功能：

3. 检查 AFS 液压管路是否漏油： □是　　□否

（三）AFS 检测

1. AFS 总成的查找。

在不同型号的车辆上找到 AFS 总成及各管路，并弄懂它们的相互关系。

（1）准备工作　将车辆停于水平地面上，关闭点火开关，将车轮挡块放到车前后轮位置，以使车辆稳定不能移动；前后推动汽车，确保车轮处于稳定状态；将变速器杆置于空挡；松开驻车制动器，固定好车轮。

（2）将发动机舱盖打开，找到转向油泵、转向器总成及各管路、储油罐等。

（3）根据资讯内容在实践车辆上找出 AFS 元件，并根据资讯内容辨别 AFS 类型。

（4）根据资讯和教师讲解内容，小组讨论，然后通过口述或表演形式完成对 AFS 控制过程的描述。并将描述内容或表演过程填入表单中。

2. 根据资讯内容检测。

AFS 总成拆装及传感器拆装完成后，对安装结果进行检查。并将检查结果填入检查表单。AFS 检查完成后先进行试车，对车辆进行实车试验，然后对 AFS 电控单元进行再次检查，查看有无故障码，同时检查控制单元编码是否正确。

转向角度传感器检测：在压入转向轴的遮光盘上有一定数量的窄槽，遮光盘的两端分别有两个发光二极管和两个光敏三极管，组成两对光电耦合器（信号发生器）。

转向角度传感器检测：

序号	检测位置	标准值	检测值	处理方法
1	转动方向盘时,转向轴带动遮光盘旋转,当转到窄槽处时	"ON"		
2	遮光盘转到除窄槽以外的其他位置时	"OFF"		

执行电动机检测：

序号	检测位置	标准值	检测值	处理方法
1	电动机两接线端子之间	导通		
2	端子与接地之间	无穷大		
3	电动机两端子之间电阻	一定值		

四、实训总结

1. 请按照联合标定结果填写下表。

序号	转角传感器	执行电动机
1		
2		
3		
4		
5		

2. 请简述实训过程中存在的问题点及改进建议。

五、评价

考核项目	考核内容	分值	得分
实训态度	是否积极认真	15	
操作过程	1.实训台及传感器的保护 2.元件取放及摆放整齐程度 3.实训完成后实训台及元件的整理	30	
实训任务	1.传感器的联合标定是否完成 2.实训工单填写是否完成,是否规范	20	
实训纪律	是否遵守课堂纪律	10	
主观得分	个人自评	10	
	教师评价	15	
总分			

教师签名:_____ _____年___月___日

项目 3　电控制动系统检修

任务工单 3-1

任务名称	电控防抱死制动系统（ABS）认识	学时	2	班级	
学生姓名		学生学号		任务成绩	
实训设备		实训场地		日期	
客户任务	认知 ABS				
任务目的	制定工作计划，识别 ABS				

一、资讯

1. ABS 是在传统的制动系统之上多加了一套_____。主要由_____和_____。

2. ABS 主要的分类方式为控制通道的分类，根据控制通道不同，可分为单_____、_____、_____和_____四种类型。

3. ABS 总成主要由_____、_____和_____三部分组成。

4. 当实施制动时，_____接收_____的转速信号，从而对车轮转速进行检测，并且向液压调节装置发布释放制动力或增加制动力的指令，从而完成对车轮制动—释放制动—再制动的过程。

5. 为什么要采用 ABS，常规制动系统有什么特点？

6. ABS 的组成及基本工作原理。

二、决策与计划

（一）实训要求

1. 爱护实训设备，包括实训台及内部的各个传感器元件；
2. 积极参与实训项目，并通过实际操作加强认知；
3. 结合课程内容思考传感器原理及使用场景；
4. 注意实训过程中的用电安全。

（二）实训内容

1. 实训台认知；
2. 实训台开机检查及上电；
3. 熟悉联合标定软件；
4. 完成传感器的联合标定。

（三）实训决策

请根据故障现象和任务要求，确定所需要的检测仪器、工具，并对小组成员进行合理分工，制定详细的诊断和修复计划。

1. 需要的检测仪器、工具

2. 小组成员分工

3. 诊断和修复计划

三、实施

（一）识别 ABS

观察仪表盘是否有 ABS 指示灯： □是　　□否

（二）鉴定 ABS 的技术状况

1. 检查 ABS 指示灯的闪烁情况：

2. 检查车辆制动功能：
3. 检查 ABS 管路是否漏油： □是　　　□否
（三）在实车上查找 ABS
1. ABS 总成的查找
在不同车型上找到 ABS 系统总成及各制动管路相互关系。按照步骤完成检查并填表：

车型：		VIN：			ABS 类型：	
元件名称	数量	安装位置	元件名称	数量	安装位置	
ABS 总成			轮速传感器			

将车辆停于水平地面上,关闭点火开关,将车轮挡块放到车前后轮位置,以使车辆稳定不能移动;前后推动汽车,确保车轮处于稳定状态;将变速器杆置于空档;松开驻车制动器,固定好车轮。

将发动机舱盖打开,找到制动总泵、ABS 总成及各管路。

根据资讯内容在实践车辆上找出 ABS 元件,并根据资讯内容辨别 ABS 类型。

根据资讯和教师讲解内容,小组讨论,然后小组通过口述或表演形式完成对 ABS 控制过程的描述。并将描述内容或表演过程填入下表。

ABS 工作原理描述

元件（角色）	车轮和轮速传感器	控制单元	液压调节装置
作用（任务）			
控制原理（讲解过程）			

2. 检查 ABS 传感器,将结果填入表中

ABS 传感器检查项目表

检查内容		标准数据	检测数据	检查内容	检测数据	对比是否一致
轮速传感器	间隙 左前	___ mm	___ mm	信号电压（电磁式：怠速/1挡）	左前	
	右前	___ mm	___ mm		右前	
	左后	___ mm	___ mm		左后	
	右后	___ mm	___ mm		右后	
	阻值 左前	___ Ω	___ Ω	信号发生器	左前 正常□/损坏□/污物□	
	右前	___ Ω	___ Ω		右前 正常□/损坏□/污物□	
	左后	___ Ω	___ Ω		左后 正常□/损坏□/污物□	
	右后	___ Ω	___ Ω		右后 正常□/损坏□/污物□	
制动开关		阻值	踏下制动踏板		松开制动踏板	
		数据流	踏下制动踏板		松开制动踏板	
		踏板自由高度			开关接通时踏板高度	

ABS 总成拆装及信号发生器拆装完成后,对安装结果进行检查。并将检查结果填入检查表单。

ABS 拆装项目检查表

检查项目		检查内容	检查结果	检查内容	检查结果
ABS 总成安装		油管安装位置		制动液有无喷洒	
		插接器安装		固定情况	
信号发生器安装	前轮	安装是否牢固		传感器固定情况	
		间隙是否正常		是否松旷或变形	
	后轮	安装是否牢固		传感器固定情况	
		间隙是否正常		是否松旷或变形	

ABS 检查完成后先进行试车,对车辆进行实车试验,然后对 ABS 电控单元进行再次检查,查看有无故障码,同时检查控制单元编码是否正确。

ABS 系统检查项目表

检查项目	检查内容	检查结果	检查内容	检查结果
ABS 控制单元	控制单元编码		有无故障码	
	故障码内容		故障码内容	
制动情况	踏板高度		踏板振感	
	是否制动跑偏		制动距离	
	制动甩尾		制动方向性	

四、实训总结

1. 请按照联合标定结果填写下表。

序号	车速传感器	转矩传感器
1		
2		
3		
4		
5		

2. 请简述实训过程中存在的问题点及改进建议。

五、评价

考核项目	考核内容	分值	得分
实训态度	是否积极认真	15	
操作过程	1. 实训台及传感器的保护 2. 元件取放及摆放整齐程度 3. 实训完成后实训台及元件的整理	30	
实训任务	1. 传感器的联合标定是否完成 2. 实训工单填写是否完成,是否规范	20	
实训纪律	是否遵守课堂纪律	10	
主观得分	个人自评	10	
	教师评价	15	
总分			

教师签名：＿＿＿＿＿＿　＿＿＿＿年＿＿月＿＿日

任务工单 3-2

任务名称	电控防抱死制动系统(ABS)检修	学时	2	班级	
学生姓名		学生学号		任务成绩	
实训设备		实训场地		日期	
客户任务	检修 ABS					
任务目的	制定工作计划,检修 ABS					

一、资讯

1. 液压调节装置主要由 _____、_____、_____、_____ 及蓄压器等组成。

2. ABS _____ 上一共有 _____ 个电磁阀,每个 _____ 的液压控制都需要一个常开和一个常闭电磁阀,用来对 _____ 的油压进行泄压和保压控制。

3. ABS 控制单元的主要作用是收集 _____ 的信号,判断制动时刻和制动状态,监测车轮的运动状态(滑移率),从而对 _____ 和 _____ 进行控制,以达到对车轮制动力的精确控制。

4. 按照车轮传感器的工作原理不同,可分为 _____ 和 _____ 两种。

5. 电磁式轮速传感器的工作原理是怎样的?

6. 霍尔式轮速传感器工作原理是怎样的?

二、决策与计划

（一）实训要求

1. 爱护实训设备，包括实训台及内部的各个传感器元件；
2. 积极参与实训项目，并通过实际操作加强认知；
3. 结合课程内容思考传感器原理及使用场景；
4. 注意实训过程中的用电安全。

（二）实训内容

1. 实训台认知；
2. 实训台开机检查及上电；
3. 熟悉联合标定软件；
4. 完成传感器的联合标定。

（三）实训决策

请根据故障现象和任务要求，确定所需要的检测仪器、工具，并对小组成员进行合理分工，制定详细的诊断和修复计划。

1. 需要的检测仪器、工具

2. 小组成员分工

3. 诊断和修复计划

三、实施

（一）识别 ABS 轮速传感器类型

观察仪表盘是否有 ABS 指示灯： □是　　□否

（二）鉴定 ABS 的技术状况

1. 检查 ABS 指示灯的闪烁情况：
2. 检查车辆制动功能：

3. 检查ABS系统管路是否漏油： □是　　□否

（三）检测ABS轮速传感器

ABS系统电器及电路检查。

（1）为保证ABS电控系统能够正常运行,必须保证ABS系统电器线路无短路、断路、搭铁现象。还应检查线束有无破损和明显折痕,线束插接器是否进水、腐蚀等。

（2）关闭点火开关,拔下ABS系统插接器,打开点火开关,检查相应端子的电压是否正常。

根据资讯内容,并查阅电路图或维修手册,标出实践车辆ABS系统各个针脚定义,填入表中。

ABS控制单元针脚定义

针脚	定义	针脚	定义
1		14	
2		15	
3		16	
4		17	
5		18	
6		19	
7		20	
8		21	
9		22	
10		23	
11		24	
12		25	
13		26	

利用之前所学知识,根据资讯内容完成对ABS系统电路部分的检查,并将检查结果填入表中。

电压检测：

检测内容	针脚	检测方法		检测数据	是否正常
电源电压	与地线之间电压	打开点火开关		____ V	
		关闭点火开关		____ V	
记忆电源电压	与地线之间电压	打开点火开关		____ V	
		关闭点火开关		____ V	
制动信号电压	与地线之间电压	踏下制动踏板		____ V	
		松开制动踏板		____ V	

电阻检测：

检测内容		针脚	标准值	检测值	备注/处理意见
轮速传感器	左前	____与____	____ Ω	____ Ω	
	右前	____与____	____ Ω	____ Ω	
	左后	____与____	____ Ω	____ Ω	
	右后	____与____	____ Ω	____ Ω	
检查其他针脚之间有无短路现象（关闭点火开关）		____与____	∞ Ω	____ Ω	
		____与____	∞ Ω	____ Ω	
		____与____	∞ Ω	____ Ω	
		____与____	∞ Ω	____ Ω	
各个端子与车架之间有无搭铁（关闭点火开关检查）			∞ Ω	____ Ω	
			∞ Ω	____ Ω	
			∞ Ω	____ Ω	
			∞ Ω	____ Ω	

插接器检测：

插接器	有无进水腐蚀	采取措施	插接器	有无进水腐蚀	采取措施
控制单元			右前轮速传感器		
液压泵			左后轮速传感器		
左前轮速传感器			右后轮速传感器		

四、实训总结

1. 请按照检测结果填写下表。

序号	车速传感器	转矩传感器
1		
2		
3		
4		

2. 请简述实训过程中存在的问题点及改进建议。

五、评价

考核项目	考核内容	分值	得分
实训态度	是否积极认真	15	
操作过程	1. 实训台及传感器的保护 2. 元件取放及摆放整齐程度 3. 实训完成后实训台及元件的整理	30	
实训任务	1. 传感器的联合标定是否完成 2. 实训工单填写是否完成,是否规范	20	
实训纪律	是否遵守课堂纪律	10	
主观得分	个人自评	10	
	教师评价	15	
总分			

教师签名：_____　_____年___月___日

任务工单 3-3

任务名称	线控制动(BBW)系统检修	学时	2	班级	
学生姓名		学生学号		任务成绩	
实训设备		实训场地		日期	
客户任务	识别线控制动(BBW)系统				
任务目的	制定工作计划,识别线控制动(BBW)系统				

一、资讯

1. 线控制动系统即电子控制制动系统,分为_____线控制动系统和_____线控制动系统。

2. EMB系统以_____为能量来源,通过_____驱动制动垫块,由_____传递能量,数据线传递信号,EMB系统是线制动系统的一种。

3. EHB系统主要由_____、_____、_____组成。电子踏板是由制动踏板和踏板传感器(踏板位移传感器)组成。

4. 踏板传感器用于检测踏板_____,然后将_____转化成_____传给ECU,实现踏板行程和制动力按比例进行调控。

5. 为什么要采用线控制动系统,传统制动系统有什么特点?

6. 线控制动系统的组成及基本工作原理。

二、决策与计划

(一)实训要求

1. 爱护实训设备,包括实训台及内部的各个传感器元件;
2. 积极参与实训项目,并通过实际操作加强认知;
3. 结合课程内容思考传感器原理及使用场景;
4. 注意实训过程中的用电安全。

（二）实训内容

1. 实训台认知；

2. 实训台开机检查及上电；

3. 熟悉联合标定软件；

4. 完成传感器的联合标定。

（三）实训决策

请根据故障现象和任务要求，确定所需要的检测仪器、工具，并对小组成员进行合理分工，制定详细的诊断和修复计划。

1. 需要的检测仪器、工具

2. 小组成员分工

3. 诊断和修复计划

三、实施

（一）识别线控制动系统各部件名称及作用

观察仪表盘是否有线控制动指示灯： □是　　　□否

（二）鉴定线控制动的技术状况

1. 检查线控制动指示灯的闪烁情况：

2. 检查车辆制动功能：

3. 检查线控制动系统管路是否漏油： □是　　　□否

（三）检测

1. 线控制动系统供电电源。

2. CAN 通信测量。

3. 旋变编码器测量。

操作设备:底盘线控系统测试装调实验实训台。

准备工作:个人防护,维修人员需穿着防护手套。实训台防护,需铺上格栅和翼子板防护。

准备工具与设备:汽车专用万用表,汽车底盘线控试验台。

(1) 供电电源测试。

名称	状态	标准值	测量值
供电电压			
熔丝			
插座和EHB插头ON供电线路			

(2) CAN通信测量。

名称	状态	标准值	测量值
EHB插头ON电压值		12 V	
EHB ECU插头CAN-H电压		2.55 V	
EHB ECU插头CAN-L电压		2.48 V	
EHB ECU插头线路测量		通路	

(3) 旋变编码器测量。

名称	状态	标准值	测量值
制动旋变编码器插头搭铁针脚与搭铁		通路	
制动旋变编码器供电针脚与搭铁		5 V	
制动旋变编码器插头信号针脚T4-2		1.48 V	
制动旋变编码器插头信号针脚T4-3		3.5 V	
制动旋变编码器本体T4-1和T4-2		47 Ω	
制动旋变编码器本体T4-1和T4-3		47 Ω	
制动旋变编码器本体T4-1和T4-4		6.3 Ω	

四、实训总结

1. 请按照联合标定结果填写下表。

序号	供电电压	CAN通信	旋变编码器
1			
2			
3			
4			
5			

2. 请简述实训过程中存在的问题点及改进建议。

五、评价

考核项目	考核内容	分值	得分
实训态度	是否积极认真	15	
操作过程	1.实训台及传感器的保护 2.元件取放及摆放整齐程度 3.实训完成后实训台及元件的整理	30	
实训任务	1.各零部件的联合标定是否完成 2.实训工单填写是否完成,是否规范	20	
实训纪律	是否遵守课堂纪律	10	
主观得分	个人自评	10	
	教师评价	15	
总分			

教师签名：_____   ____年____月____日

任务工单 3-4

任务名称	制动能量回收系统检修	学时	2	班级	
学生姓名		学生学号		任务成绩	
实训设备		实训场地		日期	
客户任务	制动能量回收系统及检修方法				
任务目的	制定工作计划,掌握制动能量回收系统原理及检修				

一、资讯

1. 制动能量回收系统是指一种应用于汽车或者轨道交通上的,能够将_____时产生的_____转换成机械能,并将其存储在_____中,在使用时可迅速将能力释放的系统。

2. 制动能量回收系统包括与车型相适配的_____、_____以及可以监视电池电量的_____。

3. 一般认为,在车辆非紧急制动的普通制动场合,约_____的能量可以通过制动回收。

4. 采用电子控制的_____制动与_____回收的组合方式,也称为电液制动伺服控制系统。

5. 制动能量回收系统工作过程是怎样的?

6. 制动能量回收系统的组成及工作原理是怎样的?

二、决策与计划

(一)实训要求

1. 爱护实训设备,包括实训台及内部的各个传感器元件;
2. 积极参与实训项目,并通过实际操作加强认知;
3. 结合课程内容思考传感器原理及使用场景;
4. 注意实训过程中的用电安全。

（二）实训内容

1. 实训台认知；
2. 实训台开机检查及上电；
3. 熟悉联合标定软件；
4. 完成传感器的联合标定。

（三）实训决策

请根据故障现象和任务要求，确定所需要的检测仪器、工具，并对小组成员进行合理分工，制定详细的诊断和修复计划。

1. 需要的检测仪器、工具

2. 小组成员分工

3. 诊断和修复计划

三、实施

（一）识别能量回收实训台架

观察仪表盘是否有能量回收指示灯： □是　　□否

（二）鉴定能量回收实训台架的技术状况

1. 检查能量回收指示灯的闪烁情况；
2. 检查整车控制器功能；
3. 检查动力电池是否漏液体： □是　　□否

(三) 检测

1. 电动机检查。

该项检查的目的是通过测量制动器制动力是否在标准范围以内,根据需要进行适当调整。按照步骤完成检查。

(1) 准备工作　将实训台架固定于水平地面上,将 LRC 开关置于"NORM"位置,将制动踏板踩几次,使制动电动机处于稳定工作状态;打开点火开关让电动机运转,进行速度调整,在不同的速度下踩下制动踏板,对电动机控制器向动力电池进行充电电压进行检测。

电动机通电运转,通过油门踏板、制动踏板、离合踏板等驾驶员操作,检测电动机控制器向动力电池充电电压。

经过上述准备工作,使电动机运转正常,整车控制器运行正常,油门信号、踏板信号、离合信号正常,可以进行能量回收电动机控制器对动力电池充电的测量。

(2) 测量电动机电压。

编号	1500 r/min	2500 r/min	3000 r/min	4000 r/min
X(A)				
Y(A)				
Z(A)				

2. 动力电池检测。

检测动力电池,准备完成后先检测动力电池电量,通过仪表显示读取动力电池的剩余电量,在进行实验时,分别使电动机转速为 1000 r/min、1500 r/min、2500 r/min,完成后再读取动力电池电量值。

序号	名称	1000 r/min	1500 r/min	2500 r/min
1	动力电池(SOC)剩余电量/(A·h)			
2	动力电池到整车控制器充电电流/A			
3	动力电池到电动机控制器放电电流/A			
4	电动机控制器到动力电池充电电流/A			

3. 信号检测。

检测驾驶员向整车控制器输出的油门、制动、离合信号及整车控制器向电动机控制器输出扭矩信号。在不同的转速下进行制动,检测信号值。

序号	名称	1000 r/min	1500 r/min	2500 r/min
1	油门信号(A)			
2	制动信号(A)			
3	离合信号(A)			

四、实训总结

1. 请按照联合标定结果填写下表。

序号	车速传感器	转矩传感器
1		
2		
3		
4		
5		

2. 请简述实训过程中存在的问题点及改进建议。

五、评价

考核项目	考核内容	分值	得分
实训态度	是否积极认真	15	
操作过程	1.实训台及传感器的保护 2.元件取放及摆放整齐程度 3.实训完成后实训台及元件的整理	30	
实训任务	1.传感器的联合标定是否完成 2.实训工单填写是否完成,是否规范	20	
实训纪律	是否遵守课堂纪律	10	
主观得分	个人自评	10	
	教师评价	15	
总分			

教师签名:_____　_____年___月___日

任务工单 3-5

任务名称	电子驻车制动(EPB)系统检修	学时	2	班级	
学生姓名		学生学号		任务成绩	
实训设备		实训场地		日期	
客户任务	电子驻车制动(EPB)系统检修				
任务目的	制定工作计划,电子驻车制动系统(EPB)检修				

一、资讯

1. EPB 系统通过_____控制停车制动,功能同_____。起步时可不用手动关闭_____,踩油门起步时电子手刹会自动关闭。

2. 电子驻车制动系统展现给我们的就是取代_____的电子手刹按钮,比_____更安全,不会因_____的力度而改变制动效果,把_____变成了一个触手可及的按钮。

3. 什么是电子驻车系统,电子驻车系统有什么特点?

4. 电子驻车系统的组成及基本工作原理。

二、决策与计划

（一）实训要求

1. 爱护实训设备,包括实训台及内部的各个传感器元件；
2. 积极参与实训项目,通过实际操作加强认知；
3. 结合课程内容思考传感器原理及使用场景；
4. 注意实训过程中的用电安全。

（二）实训内容

1. 实训台认知；
2. 实训台开机检查及上电；
3. 熟悉联合标定软件；
4. 完成传感器的联合标定。

（三）实训决策

请根据故障现象和任务要求,确定所需要的检测仪器、工具,并对小组成员进行合理分工,制定详细的诊断和修复计划。

1. 需要的检测仪器、工具

2. 小组成员分工

3. 诊断和修复计划

三、实施

（一）识别电子驻车制动系统台架

观察仪表盘是否有电子驻车制动系统(EPB)指示灯：　□是　　　□否

（二）鉴定电子驻车制动系统(EPB)的技术状况

1. 检查电子驻车制动系统(EPB)指示灯的闪烁情况：
2. 检查车辆制动功能：
3. 检查制动系统管路是否漏油：□是　　　□否

（三）检测

信号检测。

该项检查的目的是通过测量驻车按钮开启后车辆是否在标准范围以内,根据需要进行适当调整。按照步骤完成检查并填表。

(1) 准备工作　将车辆停于水平地面上,前后推动汽车,确保车轮处于稳定状态；将变速器杆置于空挡；松开驻车制动器,固定好车轮,起动发动机。

将驻车按钮进行拉动放开,重复上述操作1~2次。

经过上述准备工作,使汽车和其他各部分处于稳定状态后,方可进行驻车制动的测量。

序号	名称	标准值	测量值	结论
1	驻车按钮信号			
2	车速信号			
3	发动机转速信号			
4	节气门开度			

(2) CAN线信号检测。

用汽车万用表电压挡对CAN-H和CAN-L进行电压检测或是用示波器进行波形检测。

序号	名称	标准值	测量值	结论
1	CAN-H			
2	CAN-L			

(3) 驱动部分检测。

序号	名称	标准值	测量值	结论
1	左后轮电动机供电电压			
2	右后轮电动机供电电压			

四、实训总结

1. 请按照联合标定结果填写下表。

序号	车速传感器	转矩传感器
1		
2		
3		
4		
5		

2. 请简述实训过程中存在的问题点及改进建议。

五、评价

考核项目	考核内容	分值	得分
实训态度	是否积极认真	15	
操作过程	1. 实训台及传感器的保护 2. 元件取放及摆放整齐程度 3. 实训完成后实训台及元件的整理	30	
实训任务	1. 传感器的联合标定是否完成 2. 实训工单填写是否完成,是否规范	20	
实训纪律	是否遵守课堂纪律	10	
主观得分	个人自评	10	
	教师评价	15	
总分			

教师签名:＿＿＿＿＿＿　＿＿＿年＿＿月＿＿日

任务工单 3-6

任务名称	电子液压制动(EHB)系统检修	学时	2	班级	
学生姓名		学生学号		任务成绩	
实训设备		实训场地		日期	
客户任务	电子液压制动(EHB)系统检修				
任务目的	制定工作计划,电子液压制动(EHB)系统检修				

一、资讯

1. EHB系统主要由_____、_____、_____以及一系列的_____组成。

2. 制动过程中,车轮制动力由_____和_____控制,_____不断地将_____转换为_____,并将其输入到_____。

3. EHB系统采用电子踏板取代_____用来接收驾驶员的制动意图,产生并传递_____给_____和_____。

4. 在制动过程中,_____还可以根据_____等其他各种信号进行分析计算,实现_____、_____等功能。

5. 为什么要使用电子液压制动(EHB)系统,制动系统有什么特点?

6. 电子液压制动(EHB)系统的组成及基本工作原理。

二、决策与计划

(一)实训要求

1. 爱护实训设备,包括实训台及内部的各个传感器元件;
2. 积极参与实训项目,并通过实际操作加强认知;
3. 结合课程内容思考传感器原理及使用场景;
4. 注意实训过程中的用电安全。

（二）实训内容

1. 实训台认知；
2. 实训台开机检查及上电；
3. 熟悉联合标定软件；
4. 完成传感器的联合标定。

（三）实训决策

请根据故障现象和任务要求，确定所需要的检测仪器、工具，并对小组成员进行合理分工，制定详细的诊断和修复计划。

1. 需要的检测仪器、工具

2. 小组成员分工

3. 诊断和修复计划

三、实施

（一）识别电子液压制动（EHB）系统

观察电子液压制动（EHB）系统指示灯： □是　　□否

（二）鉴定电子液压制动（EHB）系统的技术状况

1. 检查电子液压制动（EHB）系统指示灯的闪烁情况：
2. 检查车辆制动功能：
3. 检查电子液压制动（EHB）系统管路是否漏油： □是　　□否

（三）检测

传感器检测。

该项检查的目的是通过测量汽车制动距离是否在标准范围以内，根据需要进行适当调整。按照步骤完成检查并填表：

(1) 准备工作 将车辆停于水平地面上,将 LRC 开关置于"NORM"位置,踩下制动踏板几次;前后推动汽车,确保车轮处于稳定状态;将变速器杆置于空挡;松开驻车制动器,固定好车轮,启动发动机。

踩下制动踏板,观察车辆车轮制动状况,重复上述操作 1～2 次。

经过上述准备工作,使汽车各部分处于稳定状态后,方可进行制动蹄片的测量。

(2) 测量传感器 测量制动踏板位移传感器、车速传感器、车轮压力传感器、温度传感器。

序号	名称	标准值	测量值	结论
1	位移传感器			
2	轮速传感器			
3	压力传感器			
4	温度传感器			

(3) 制动蹄片厚度检测。

迈腾轿车制动蹄片厚度为 14 mm,极限为 12 mm,制动盘厚度前为 25 mm,后为 12 mm。

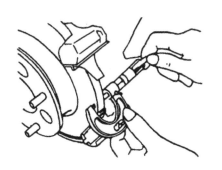

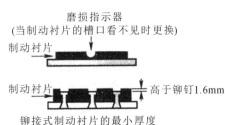

若测量结果与标准值不符,则应进行调整。

序号	名称	标准	极限	测量
1	前制动蹄片厚度			
2	后制动蹄片厚度			
3	制动盘厚度			

四、实训总结

1. 请按照联合标定结果填写下表。

序号	车速传感器	转矩传感器
1		
2		
3		
4		
5		

2. 请简述实训过程中存在的问题点及改进建议。

五、评价

考核项目	考核内容	分值	得分
实训态度	是否积极认真	15	
操作过程	1. 实训台及传感器的保护 2. 元件取放及摆放整齐程度 3. 实训完成后实训台及元件的整理	30	
实训任务	1. 传感器的联合标定是否完成 2. 实训工单填写是否完成,是否规范	20	
实训纪律	是否遵守课堂纪律	10	
主观得分	个人自评	10	
	教师评价	15	
总分			

教师签名:_____   ____年___月___日

任务工单 3-7

任务名称	ASR/TRC 系统的检修	学时	2	班级	
学生姓名		学生学号		任务成绩	
实训设备		实训场地		日期	
客户任务	ASR/TRC 系统的检修				
任务目的	制定工作计划，ASR/TRC 系统的检修				

一、资讯

1. ASR/TRC 系统在进行防滑控制过程中，如果驾驶员踩下_____进行制动，_____将会自动退出防滑控制，而不影响汽车的正常_____。

2. ASR/TRC 通常只在一定车速范围内进行_____控制，当车速达到_____以后（如 120 km/h 或 80 km/h），ASR/TRC 会自动退出_____控制。

3. ASR/TRC 系统可由驾驶员通过_____选择开关对_____是否进入工作状态进行选择。

4. _____在汽车起步及一般行驶过程中工作当车轮出现滑转时即可起作用，_____则是汽车在制动时工作。

5. ASR/TRC 系统的组成有哪些？ASR/TRC 系统有什么特点？

6. ASR/TRC 系统的基本工作原理。

二、决策与计划

（一）实训要求

1. 爱护实训设备，包括实训台及内部的各个传感器元件；
2. 积极参与实训项目，并通过实际操作加强认知；
3. 结合课程内容思考传感器原理及使用场景；
4. 注意实训过程中的用电安全。

（二）实训内容

1. 实训台认知；
2. 实训台开机检查及上电；
3. 熟悉联合标定软件；
4. 完成传感器的联合标定。

（三）实训决策

请根据故障现象和任务要求，确定所需要的检测仪器、工具，并对小组成员进行合理分工，制定详细的诊断和修复计划。

1. 需要的检测仪器、工具

2. 小组成员分工

3. 诊断和修复计划

三、实施

（一）识别 ASR/TRC 系统

观察仪表盘是否有 ASR/TRC 指示灯： □是　　□否

（二）鉴定 ASR/TRC 的技术状况

1. 检查 ASR/TRC 指示灯的闪烁情况：
2. 检查车辆制动功能：
3. 检查制动系统管路是否漏气： □是　　□否

（三）检测
1. 安全检查。
该项检查的目的是通过测量汽车制动防滑距离是否在标准范围以内，根据需要进行适当调整。按照步骤完成检查并填表：
（1）准备工作　检查手制动是否完全释放，检查制动液是否渗漏、制动液面是否在规定的范围内。检查蓄电池电压是否在规定范围内，正、负极柱的导线是否连接可靠。
（2）检查所有 ASR/TRC 系统的熔丝、继电器是否完好、插接是否牢固。
将 ASR/TRC 实训台架通电，检查制动液、蓄电池、开关等是否正常，各导线连接是否良好。
经过上述准备工作，使实训台架固定，各部分处于稳定状态后，方可进行相关数据的测量。
2. 副节气门传感器及执行器的检测。
该项检查的目的是通过操纵油门踏板加油，ASR/TRC ECU 的信号控制副节气门开度，从而控制发动机输出功率。检测发动机功率变化情况、副节气门传感器及执行器是否符合操作要求。

名称	标准值	测量值	结论
副节气门执行器电压			
副节气门位置传感器电压			
ASR 制动执行器（电动机继电器、电动机）电压			
压力传感开关（压力值）			
ASR/TRC ECU（是否正常）			

3. ASR/TRC 系统电磁阀检查。
该项检查的目的是通过操作 ASR/TRC 系统，检查汽车 ASR/TRC 各部分控制电磁阀变化的情况是否符合操作的要求和标准值：

名称	标准值	测量值	结论
储液室电磁阀			
储压器切断电磁阀			
总泵切断电磁阀			
三位置电磁阀			

四、实训总结

1. 请按照联合标定结果填写下表。

序号	车速传感器	转矩传感器
1		
2		
3		
4		
5		

2. 简述实训过程中存在的问题点及改进建议。

五、评价

考核项目	考核内容	分值	得分
实训态度	是否积极认真	15	
操作过程	1. 实训台及传感器的保护 2. 元件取放及摆放整齐程度 3. 实训完成后实训台及元件的整理	30	
实训任务	1. 传感器的联合标定是否完成 2. 实训工单填写是否完成,是否规范	20	
实训纪律	是否遵守课堂纪律	10	
主观得分	个人自评	10	
	教师评价	15	
总分			

教师签名：_____ ____年___月___日

任务工单 3-8

任务名称	车身电子稳定(ESP)系统检修	学时	2	班级	
学生姓名		学生学号		任务成绩	
实训设备		实训场地		日期	
客户任务	检修 ESP 系统				
任务目的	制定工作计划,检修 ESP 系统				

一、资讯

1. ESP 系统全称为_____,它是在_____的基础之上,添加了 ASR 驱动力防滑控制、EDS 电子差速锁以及 ESP 电子控制车身稳定系统等,一系列功能,从而大大提高了车辆行驶时的主动安全性能。

2. ESP 系统工作时,ESP 控制单元通过收集_____、_____的信号和其他系统电控单元传递的附加信号,来判断车辆行驶状态是否需要进行工作。

3. 工作时,ESP 控制单元不断接收轮速各个_____的信号,并根据_____个轮速信息计算出车辆规定的_____及行驶特性。

4. _____向电控单元发送车辆侧滑信息,_____向控制单元发送车辆离心趋势信息,_____根据这两种信息计算出车辆的实际运行状态。

5. ESP 系统控制原理是怎样的?

6. ESP 系统的液压控制过程是怎样的?

二、决策与计划

（一）实训要求

1. 爱护实训设备，包括实训台及内部的各个传感器元件；

2. 积极参与实训项目，并通过实际操作加强认知；

3. 结合课程内容思考传感器原理及使用场景；

4. 注意实训过程中的用电安全。

（二）实训内容

1. 实训台认知；

2. 实训台开机检查及上电；

3. 熟悉联合标定软件；

4. 完成传感器的联合标定。

（三）实训决策

请根据故障现象和任务要求，确定所需要的检测仪器、工具，并对小组成员进行合理分工，制定详细的诊断和修复计划。

1. 需要的检测仪器、工具

2. 小组成员分工

3. 诊断和修复计划

三、实施

（一）识别 ESP 类型

观察仪表盘是否有 ESP 指示灯： □是　　□否

（二）鉴定 ESP 的技术状况

1. 检查 ESP 指示灯的闪烁情况：

2. 检查车辆制动功能：

3. 检查 ESPS 系统管路是否漏油： □是　　□否

小组成员内学员分组(2人一组),分别向对方讲解 ESP 控制系统的控制原理,讲解完毕后,根据对方讲解过程和内容,对讲解做出评价。

ESP 功能讲解项目单

ESP 控制功能	描述讲解过程评定			
ESP 正常工作	内容准确		表达清晰	
	传感器名称		理解程度	
ESP 开关功能	内容准确		表达清晰	
	传感器名称		理解程度	

根据 ABS 系统中所掌握的方法,分析 ESP 系统工作时,液压控制装置的控制过程。并将描述内容填入下表中。

ESP 液压控制装置工作描述项目单

控制过程	描述内容
建立压力	
保持压力	
泄压	

(三) ESP 系统各个传感器的拆装及设定

车型:

ESP 传感器的拆装及设定

传感器	所需工具	拆装及匹配过程
转向角传感器		
组合传感器 (横向加速度传感器/偏摆率传感器)		
制动压力传感器		

四、实训总结

1. 请按照检测结果填写下表。

序号	车速传感器	转矩传感器
1		
2		
3		
4		
5		

2. 简述实训过程中存在的问题点及改进建议。

五、评价

考核项目	考核内容	分值	得分
实训态度	是否积极认真	15	
操作过程	1. 实训台及传感器的保护 2. 元件取放及摆放整齐程度 3. 实训完成后实训台及元件的整理	30	
实训任务	1. 传感器的联合标定是否完成 2. 实训工单填写是否完成,是否规范	20	
实训纪律	是否遵守课堂纪律	10	
主观得分	个人自评	10	
	教师评价	15	
总分			

教师签名:_____ ____年___月___日

项目 4　电控行驶系统检修

任务工单 4-1

任务名称	识别电控悬架系统	学时	2	班级	
学生姓名		学生学号		任务成绩	
实训设备		实训场地		日期	
客户任务	识别电控悬架系统				
任务目的	制定工作计划,识别电控悬架系统				

一、资讯

1. 电控悬架系统的基本目的是通过控制＿＿＿＿和＿＿＿＿,突破传统被动悬架的局限区域,使＿＿＿＿与＿＿＿＿相适应,以保证＿＿＿＿和＿＿＿＿两个相互排斥的性能要求都能得到满足。

2. 电控悬架系统的基本功能有＿＿＿＿、＿＿＿＿和＿＿＿＿。

3. 根据电控悬架是否包含动力源,将其分为＿＿＿＿和＿＿＿＿。其中,＿＿＿＿不考虑改变悬架的刚度,而只改变＿＿＿＿;可根据汽车的运动状态和路面状况,实时调节悬架的＿＿＿＿,使其处于最佳减振状态。

4. 主动悬架系统主要对＿＿＿＿、＿＿＿＿、＿＿＿＿三个方面进行控制。

5. 简述电控悬架系统的组成及基本工作原理。

6. 电控悬架系统的基本功能有哪些?

二、决策与计划

（一）实训要求

1. 爱护实训设备,包括实训台及内部的各个传感器元件;
2. 积极参与实训项目,并通过实际操作加强认知;
3. 结合课程内容思考电控悬架原理;
4. 注意实训过程中的用电安全。

（二）实训内容

1. 实训设备认知;
2. 实训设备开机检查及上电;
3. 熟悉电控悬架部件。

（三）实训决策

请根据故障现象和任务要求,确定所需要的检测仪器、工具,并对小组成员进行合理分工,制定详细的诊断和修复计划。

1. 需要的检测仪器、工具

2. 小组成员分工

3. 诊断和修复计划

三、实施

（一）识别电控悬架

观察仪表盘是否有电控悬架指示灯： □是　　□否

（二）鉴定电控悬架的技术状况

1. 检查电控悬架指示灯的闪烁情况： □正常　　□异常

具体闪烁情况：

2. 检查车辆高度功能： □正常 □异常
可以调整的级别：_____
_____
3. 检查空气悬架系统管路是否漏气： □是 □否

(三) 检测

车身高度检查。
测量汽车车身高度是否在标准范围以内，根据需要进行适当调整。
按照步骤完成检查并填表：

1) 准备工作。
(1) 将车辆停于水平地面上，将LRC开关置于"NORM"位置，将车身上下跳振几次，以使悬架处于稳定状态；

填写：□完成　　□未完成

(2) 前后推动汽车，确保车轮处于稳定状态；

填写：□完成　　□未完成

(3) 将变速器杆置于空挡；

填写：□完成　　□未完成

(4) 松开驻车制动器，固定好车轮，起动发动机。

填写：□完成　　□未完成

(5) 将车身高度控制开关拨到"HIGH"位置，等车身升高后停留60 s，再拨至"NORM"位置，等车身下降后停留50 s，重复上述操作1~2次。

填写：□完成　　□未完成

经过上述准备工作，使汽车和悬架各部分处于稳定状态后，进行车身高度的测量。

2) 测量车身高度。

测量从地面到下悬架臂安装螺栓中心之间的距离，雷克萨斯LS400轿车正常的车身高度值见表所示，请填写所测车型的标准值和检测值。

车身高度测量

部位	车前端	车后端	左右误差	前后误差
LS400轿车标准值/mm	228±10	210.5±10	<10	17.5±15
标准值/mm				
检测值/mm				

3) 车身高度调整。
(1) 测量结果：_____、_____。

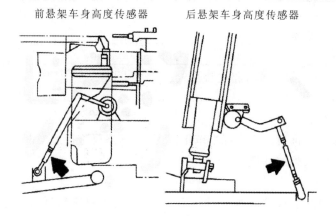

前悬架车身高度传感器　　后悬架车身高度传感器

(2) 车轮定位参数检查。

在车身高度调整完毕后,应检查车轮定位。雷克萨斯LS400轿车标准值如下表所示,请填写所测车型的标准值和检测值。

前轮定位	车轮外倾角	主销后倾角	主销内倾角	前束
标准值	−0.05°±0.45	9.5°±0.45	8.5°±0.45	1±2 mm
检测值				

(3) 车身高度调整功能检查。

该项检查的目的是通过操作高度控制开关,检查汽车高度变化的情况是否符合操作的要求和高度值,分为车身升高(NORM→HIGH)功能的检查和车身降低(HIGH→NORM)功能的检查,检查步骤如下:

① 车身升高功能。

a. 将车身高度控制开关置于NORM位置,启动发动机,测量车身高度。

车身高度:＿＿＿＿＿＿

b. 将高度控制开关从NORM位置切换到HIGH位置,检查完成高度调整所需的时间和汽车高度变化量。

调整时间:从高度控制开关拨到HIGH位置开始到压缩机起动时止,所需时间应约为$T_1=2$ s;从压缩机起动时到完成高度调整止,所需时间应为$T_2=20\sim40$ s。汽车高度的变化量应为$H_1=10\sim30$ mm。

T_1:＿＿＿＿＿＿

T_2:＿＿＿＿＿＿

H_1:＿＿＿＿＿＿

若不符合,应对车身高度调整系统进行检查。

② 车身降低功能。

a. 将车身高度控制开关置于HIGH位置,启动发动机,测量车身高度。

车身高度：_____

　　b. 将高度控制开关从 HIGH 位置切换到 NORM 位置，检查完成高度调整所需的时间和汽车高度变化量。

　　调整时间：从高度控制开关拨到 HIGH 位置开始到压缩机启动时止，所需时间约为 $T_1=2$ s；从压缩机启动时到完成高度调整止，所需时间约为 $T_2=20\sim 40$ s。汽车高度的变化量应为 $H_1=10\sim 30$ mm。

　　　　T_1：_____
　　　　T_2：_____
　　　　H_1：_____

　　若不符合，应对车身高度调整系统进行检查。

　　（4）漏气检查。

　　管路中一旦有漏气，将直接影响系统气压的建立和保持，影响悬架的正常调节功能，因此要经常检查系统的密封性能。

　　漏气一般发生在管路接头处，检查的步骤如下：

　　① 起动发动机，将高度控制开关拨到 HIGH 位置，使车身升高。
　　　填写：□正常　　　□异常
　　② 车身升至最高位后，将发动机熄火。
　　　填写：□正常　　　□异常
　　③ 用肥皂水涂在管路接头处及怀疑漏气处，观察是否有气泡产生。
　　　填写：□正常　　　□异常

　　若有气泡，则证明此处漏气，应及时修复或更换。

四、实训总结

1. 总结评价电控悬架的技术状况。

2. 简述实训过程中存在的问题点及改进建议。

五、评价

考核项目	考核内容	分值	得分
实训态度	是否积极认真	15	
操作过程	1. 实训设备及传感器的保护 2. 元件取放及摆放整齐程度 3. 实训完成后实训设备及元件的整理	30	
实训任务	1. 电控悬架检测是否完成 2. 实训工单填写是否完成,是否规范	20	
实训纪律	是否遵守课堂纪律	10	
主观得分	个人自评	10	
	教师评价	15	
总分			

教师签名:_____   _____年___月___日

任务工单 4-2

任务名称	空气悬架系统认知	学时	4	班级	
学生姓名		学生学号		任务成绩	
实训设备		实训场地		日期	
客户任务	空气悬架系统认知				
任务目的	掌握空气悬架系统的构成以及检测方法、技术参数				

一、资讯

1. 空气悬架作用时_____工作，将空气源源不断地输送到气管之内。由 ECU 根据_____反馈回来的数据，对分配器进行控制将气体分配到四个车轮的减振器中，使之产生变化。同时，减振器内还设有_____，在不需要的时候，可以排除悬架里面的气体。

2. 主动式空气悬架系统主要由_____、干燥器、空气电磁阀、_____、带有减振器的空气弹簧、悬架控制执行器、悬架控制选择开关及 ECU 等组成。

3. 对于空气悬架系统，空气压缩机由_____驱动产生压缩空气，压缩空气经_____干燥后由空气管道经空气电磁阀送至空气弹簧的_____气室。

4. 对于空气悬架系统，ECU 根据各传感器输出信号，控制悬架执行器，一方面使空气弹簧主、辅气室之间的_____发生改变，使主、辅气室之间的_____发生变化，因此改变悬架的弹簧刚度；另一方面，执行器驱动减振器的阻尼力调节杆，改变减振器的阻尼力。

5. 空气压缩机采用_____作为动力源驱动压缩机工作。气缸顶端装有进、排气阀。_____通常关闭，用来给系统排气；当需要给空气弹簧排气时，空气弹簧阀和排气阀必须同时通电，且压缩机关闭。

6. 空气悬架工作原理是什么？

二、决策与计划

（一）实训要求

1. 爱护实训设备，包括实训设备及内部的各个传感器元件；
2. 积极参与实训项目，并通过实际操作加强认知；
3. 结合课程内容思考空气悬架构成、工作原理；
4. 注意实训过程中的用电安全。

（二）实训内容

1. 实训设备认知；
2. 实训设备开机检查及上电；
3. 熟悉空气悬架构成、安装位置。

（三）实训决策

请根据故障现象和任务要求，确定所需要的检测仪器、工具，并对小组成员进行合理分工，制定详细的诊断和修复计划。

1. 需要的检测仪器、工具

2. 小组成员分工

3. 诊断和修复计划

三、实施

1. 写出下面空气悬架系统各开关的作用及其检测。

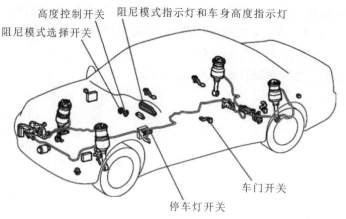

（1）高度控制开关作用：
检测步骤：

(2) 阻尼模式选择开关作用：_____
　　检测步骤：

(3) 车门开关作用：_____
　　检测步骤：

(4) 停车灯开关作用：_____
　　检测步骤：

2. 写出下面空气悬架系统各传感器的作用及其检测。

转向盘转角传感器　　　　　　　　加速度传感器

车身高度传感器

车身高度传感器
加速度传感器

(1) 转向盘转角传感器作用：_____
　　检测步骤：

(2) 加速度传感器作用：_____
　　检测步骤：

(3) 车身高度传感器作用：_____
　　检测步骤：

四、实训总结

1. 总结空气悬架状况。

2. 简述实训过程中存在的问题点及改进建议。

五、评价

考核项目	考核内容	分值	得分
实训态度	是否积极认真	15	
操作过程	1. 实训台及传感器的保护 2. 元件取放及摆放整齐程度 3. 实训完成后实训台及元件的整理	30	
实训任务	1. 空气悬架检测是否完成 2. 实训工单填写是否完成,是否规范	20	
实训纪律	是否遵守课堂纪律	10	
主观得分	个人自评	10	
	教师评价	15	
总分			

教师签名：_____   _____年___月___日

任务工单 4-3

任务名称	油气悬架系统故障检修	学时	4	班级	
学生姓名		学生学号		任务成绩	
实训设备		实训场地		日期	
客户任务	油气悬架系统故障检修				
任务目的	制定工作计划,利用诊断设备确定故障位置,并对故障部件进行检测和更换				

一、资讯

1. 在密闭的容器中充入_____和_____,利用气体的可压缩性实现弹簧作用的装置称为油气悬架。

2. 油气弹簧以_____作为弹性介质,而用_____作为传力介质。

3. 油气弹簧一般由_____和相当于液力减振器的_____组成。它通过油液压缩气室中的空气实现变_____特性,而通过电磁阀控制油液管路中的小孔节流实现_____特性。

4. 试述油气悬架系统加油及充气方法。

5. 油气悬架系统油泵的检修步骤是怎样的?

二、决策与计划

(一)实训要求

1. 爱护实训设备,包括实训设备及内部的各个传感器元件;
2. 积极参与实训项目,并通过实际操作加强认知;
3. 结合课程内容思考油气悬架的检修;
4. 注意实训过程中的用电安全。

(二)实训内容

1. 实训设备认知;

2. 实训设备开机检查及上电；
3. 熟悉油气悬架的检修方法。
(三) 实训决策

请根据故障现象和任务要求,确定所需要的检测仪器、工具,并对小组成员进行合理分工,制定详细的诊断和修复计划。

1. 需要的检测仪器、工具

2. 小组成员分工

3. 诊断和修复计划

三、实施

1. 观察油气悬架系统的工作状况：_____

2. 基本检查。
(1) 悬架高度检查：_____

(2) 悬架漏油检查：_____

(3) 悬架功能检查：_____

3. 悬架系统加油：_____

4. 悬架系统充气：_____

5. 车高水平控制阀检查：_____

四、实训总结

1. 请评定油气悬架状况。

2. 简述实训过程中存在的问题点及改进建议。

五、评价

考核项目	考核内容	分值	得分
实训态度	是否积极认真	15	
操作过程	1. 实训设备及传感器的保护 2. 元件取放及摆放整齐程度 3. 实训完成后实训设备及元件的整理	30	
实训任务	1. 油气悬架系统的检测是否完成 2. 实训工单填写是否完成，是否规范	20	
实训纪律	是否遵守课堂纪律	10	
主观得分	个人自评	10	
	教师评价	15	
总分			

教师签名：_____ ____年__月__日

任务工单 4-4

任务名称	胎压监测系统检修	学时	2	班级	
学生姓名		学生学号		任务成绩	
实训设备		实训场地		日期	
客户任务	认知胎压监测系统检修,掌握检修方法				
任务目的	制定工作计划,识别胎压监测系统				

一、资讯

1. 什么是轮胎压力监控系统？

2. 轮胎压力监控系统和轮胎应急运行系统有哪些类型？各有什么特点。

3. 根据下图分析间接型轮胎压力检测系统的结构。

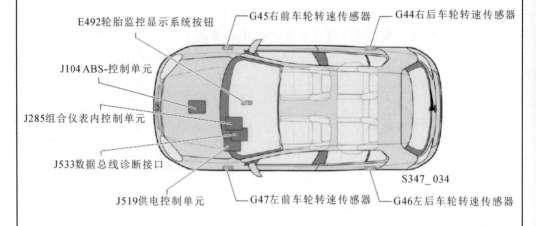

4. 根据下图分析直接型轮胎压力检测系统的结构。

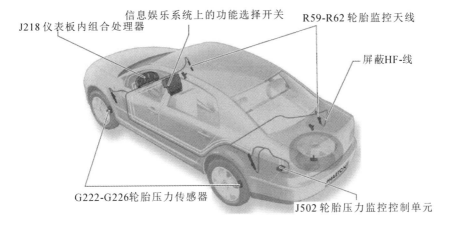

二、决策与计划

（一）实训要求

1. 爱护实训设备，包括实训设备及内部的各个传感器元件；
2. 积极参与实训项目，并通过实际操作加强认知；
3. 结合课程内容思考轮胎胎压监测系统的构成；
4. 注意实训过程中的用电安全。

（二）实训内容

1. 实训设备认知；
2. 实训设备开机检查及上电；
3. 熟悉轮胎监测系统工作原理。

（三）实训决策

请根据故障现象和任务要求，确定所需要的检测仪器、工具，并对小组成员进行合理分工，制定详细的诊断和修复计划。

1. 需要的检测仪器、工具

2. 小组成员分工

3. 诊断和修复计划

三、实施

1. 识别轮胎胎压监测系统。

观察仪表盘是否有轮胎胎压监测系统指示灯： □是　　□否

2. 鉴定轮胎胎压监测系统的技术状况。

(1) 检查轮胎胎压监测系统指示灯的闪烁情况：

(2) 检查轮胎胎压监测系统报警功能：

(3) 检查轮胎胎压监测系统是否有故障： □是　　□否

3. 完成系统初始化。

(1) 按压方向盘上的按键,进入仪表中胎压系统设置界面后,短按 INFO 按键进行菜单循环浏览。

是否完成：

(2) 短按 RESET 按键进行选择,选择初始化后,仪表显示"初始化中"约 4 s,随后显示初始化结果。

显示结果：

如果是低配车型,仪表菜单选定"巡航里程"界面,按下"TRIP"复位键 3 s 以上,系统将删除之前存储的内容,并启动重新校准。
　　校准结果:_____

　　如果是高配车型,在组合仪表菜单中选择"胎压复位",胎压成功后仪表显示"胎压监测复位成功"字样。
　　校准结果:_____

四、实训总结
　　1. 请评定轮胎胎压监测系统状况。

　　2. 简述实训过程中存在的问题点及改进建议。

五、评价

考核项目	考核内容	分值	得分
实训态度	是否积极认真	15	
操作过程	1. 实训台及传感器的保护 2. 元件取放及摆放整齐程度 3. 实训完成后实训台及元件的整理	30	
实训任务	1. 系统初始化是否完成 2. 实训工单填写是否完成,是否规范	20	
实训纪律	是否遵守课堂纪律	10	
主观得分	个人自评	10	
	教师评价	15	
总分			

教师签名:_____　　_____年___月___日

项目5　电控自动变速器检修

任务工单5-1

任务名称	电控液力自动变速器的检修	学时	2	班级	
学生姓名		学生学号		任务成绩	
实训设备	A341E型自动变速器	实训场地		日期	
客户任务	一辆行驶里程约62000 km,装配了辛普森A341E型自动变速器的雷克萨斯400轿车,车主反映:该车既不能在变速杆位于"D"位时行驶,又不能在"R"位下行驶,需要对变速器进行解体检修				
任务目的	1. 了解A341E型自动变速器的应用现状及学习其检修的意义。 2. 了解安全生产知识,熟悉车间环境。 3. 掌握A341E型自动变速器的基本结构及各档位动力传递路线。 4. 能够正确拆装变速器。				

一、资讯

　　1. 液力变矩器工作原理如图中的风扇一样,图中左边为主动风扇,右边为从动风扇,只要给左边的风扇以动力转动,右边的风扇也随之转动,两风扇之间并无机械连接,动力的传递是通过(　　)完成的。液力变矩器的工作与此极为类似,不同之处只是将(　　)换为(　　)。

　　A. 空气　　　　B. 油液

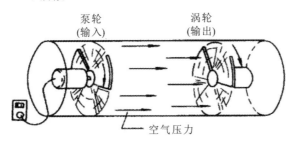

　　2. 液力变矩器的锁止是指_____和_____连接成一体。
　　3. 自动变速器的油泵是由_____驱动的。
　　4. 液力变矩器的动力输入部分为(　　)。
　　A. ATF　　　B. 泵轮　　　C. 轴承　　　D. 导轮　　　E. 涡轮
　　5. 自动变速器挡位手柄的位置排列顺序通常为(　　)。
　　A. N-R-D-L-P　B. R-N-P-D-L　C. P-R-N-D-L　D. P-N-R-D-L

6. 观察滚柱式单向离合器,分析其工作原理:
(a)图是单向离合器_____(锁止、解锁)状态。
(b)图是单向离合器_____(锁止、解锁)状态。

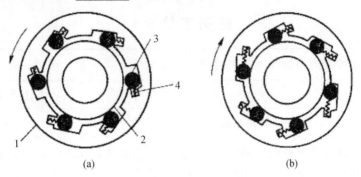

7. 指出图中的数字的名称和英文字母表示的挡位。

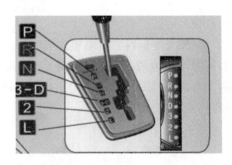

8. 你认为自动变速器是根据哪些信号进行换挡的?

9. 如图,写出电控液力自动变速器的组成部分。

(1) _____;

(2) _____;

(3) _____;

(4) _____;

(5) _____;

(6) _____;

(7) _____。

(节气门开度信号)　　(车速信号)

电控液力自动变速器的组成

二、决策与计划

（一）实训要求

1. 爱护实训设备,包括实训台及内部的各个传感器元件;

2. 积极参与实训项目,并通过实际操作加强认知;

3. 结合课程内容思考变速器原理;

4. 注意实训过程中的安全。

（二）实训内容

1. 实训台认知;

2. 拆装变速器;

3. 完成变速器相关检测。

（三）实训决策

请根据故障现象和任务要求,确定所需要的检测仪器、工具,并对小组成员进行合理分工,制定详细的诊断和修复计划。

1. 需要的检测仪器、工具

2. 小组成员分工

3. 诊断和修复计划

三、实施

1. 超速行星排的检查。

序号	检查内容	检查结果	所起作用	维修建议
1	超速排齿圈	□正常 □不正常		
2	超速排太阳轮	□正常 □不正常		
3	超速排行星轮	□正常 □不正常		
4	超速挡离合器 C0	□正常 □不正常		
5	超速挡制动器 B0	□正常 □不正常		
6	超速挡单向离合器 F0	□正常 □不正常		

2. 前行星排检查。

序号	检查内容	检查结果	所起作用	维修建议
1	前排齿圈	□正常 □不正常		
2	前排太阳轮	□正常 □不正常		
3	前排行星轮	□正常 □不正常		
4	前进档离合器 C1	□正常 □不正常		
5	高倒挡离合器 C2	□正常 □不正常		
6	手动 2 挡制动器 B1	□正常 □不正常		
7	2 挡制动器 B2	□正常 □不正常		
8	2 挡单向离合器 F1	□正常 □不正常		

3. 后行星排检查。

序号	检查内容	检查结果	所起作用	维修建议
1	后排齿圈	□正常 □不正常		
2	后排太阳轮	□正常 □不正常		
3	后排行星轮	□正常 □不正常		
4	低倒挡制动器 B3	□正常 □不正常		
5	2 号单向离合器 F2	□正常 □不正常		

4. 各处滚针轴承的检查。

序号	检查内容	检查结果	所起作用	维修建议
1	超速排 滚针轴承的检查	□正常 □不正常		
2	前排 滚针轴承的检查	□正常 □不正常		
3	后排 滚针轴承的检查	□正常 □不正常		

注：如果所检查部件为不正常，请填写维修建议。

四、实训总结

1. 作出该自动变速器传动简图并写出 D 位、R 位的动力传递路线。

2. 请简述实训过程中存在的问题点及改进建议。

五、评价

考核项目	考核内容	分值	得分
实训态度	是否积极认真	15	
操作过程	1. 实训台及传感器的保护 2. 元件取放及摆放整齐程度 3. 实训完成后实训台及元件的整理	30	
实训任务	1. 传感器的联合标定是否完成 2. 实训工单填写是否完成,是否规范	20	
实训纪律	是否遵守课堂纪律	10	
主观得分	个人自评	10	
	教师评价	15	
总分			

教师签名：_____　_____年___月___日

任务工单 5-2

任务名称	CVT 变速器的检修	学时	2	班级	
学生姓名		学生学号		任务成绩	
实训设备	01J CVT 变速器	实训场地		日期	
客户任务	奥迪 A6L 配用 2.0T 发动机,模拟 8 挡 CVT 变速箱,其代号为 01J。因为是无级变速箱,车辆是行驶过程中应该是非常平顺,不会存在任何的换挡感觉。故障现象:车主反映在行驶过程中有加速无力、转速高、车速上不去的现象,并且伴随有冲击感。				
任务目的	1. 正确描述奥迪 A6L 典型无级变速器的结构; 2. 正确描述奥迪 A6L 典型无级变速器的工作原理; 3. 正确叙述奥迪 A6L 典型无级变速器的各系统的结构; 4. 了解安全生产知识,熟悉车间环境; 5. 熟练进行奥迪 A6L 典型无级变速器的解体和安装。				

一、资讯

1. 奥迪 01J 无级变速器主要由 _____ 、_____ 、_____ 、_____ 和 _____ 等组成。

2. 简述奥迪 01J CVT 变速器前进挡离合器/倒挡制动器(离合器)的作用。

3. 简述奥迪 01J 无级变速器前进挡传动路线。

4. 简述图中带式无级变速器的组成。

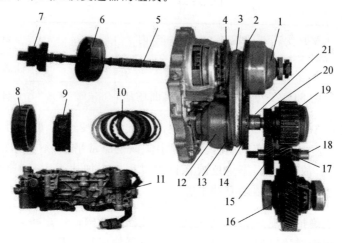

5. 简述图中无级变速器的结构及基本原理。

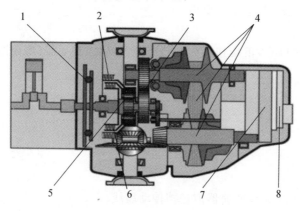

二、决策与计划

（一）实训要求

1. 爱护实训设备，包括实训台及内部的各个传感器元件；
2. 积极参与实训项目，并通过实际操作加强认知；

3. 结合课程内容思考变速器原理；

4. 注意实训过程中的安全。

（二）实训内容

1. 实训台认知；

2. 拆装变速器；

3. 完成变速器相关检测。

（三）实训决策

请根据故障现象和任务要求，确定所需要的检测仪器、工具，并对小组成员进行合理分工，制定详细的诊断和修复计划。

1. 需要的检测仪器、工具

2. 小组成员分工

3. 诊断和修复计划

三、实施

1. 基本检查。

基本检查主要是一些外围的检查，包括：发动机怠速检查、ATF液面高度检查、油质检查，以及利用专用检测仪器诊断（无级变速器系统、发动机控制系统和ABS系统等）。

2. 读取故障码。

3. 拆检CVT，检查机械部分。

四、实训总结

1. 简述实训过程中存在的问题点及改进建议。

2. 简述故障诊断排除过程。

五、评价

考核项目	考核内容	分值	得分
实训态度	是否积极认真	15	
操作过程	1. 实训台及零部件的保护 2. 零部件取放及摆放整齐程度 3. 实训完成后实训台及零部件的整理	30	
实训任务	1. 实训中检测部分规范度、完成度 2. 实训工单填写是否完成,是否规范	20	
实训纪律	是否遵守课堂纪律	10	
主观得分	个人自评	10	
	教师评价	15	
总分			

教师签名:_____ _____年___月___日

项目 6　无人驾驶汽车底盘控制系统检修

任务工单 6-1

任务名称	无人驾驶汽车功能测试	学时	2	班级	
学生姓名		学生学号		任务成绩	
实训设备		实训场地		日期	
客户任务	测试无人驾驶汽车功能					
任务目的	制定工作计划,测试无人驾驶汽车功能					

一、资讯

1. 美国汽车工程师协会将无人驾驶汽车划为 Level 0～Level 5。没有任何自动驾驶能力的车辆为 Level 0,即_____;Level 1 是指车上有一定的驾驶辅助设备,可以解放驾驶员的_____;Level 2 指有部分自动化,解放驾驶员的_____;Level 3 为有条件自动化,可以解放驾驶员的_____;Level 4 为高度自动化,可以解放驾驶员的_____;Level 5 则是完全自动化,完全解放_____。

2. 无人驾驶汽车的体系总体包括_____、_____和运动控制三大部分,主要包括环境感知技术、定位(自车状态)及_____、行为决策、_____等功能。

3. 无人驾驶汽车的组成包括_____、_____、_____、_____、车载雷达(毫米波雷达)、微型传感器、ECU 处理系统、资料库等。

4. 无人驾驶汽车有哪些类型?各有什么特点?

二、决策与计划

（一）实训要求

1. 爱护实训设备,包括实训设备内部的各个传感器元件；
2. 积极参与实训项目,并通过实际操作加强认知；
3. 结合课程内容思考无人驾驶汽车分类、功能及使用场景；
4. 注意实训过程中的用电安全。

（二）实训内容

1. 完成无人驾驶汽车的认知；
2. 完成无人驾驶汽车自动驾驶功能的测试。

（三）实训决策

请根据任务要求,确定所需要的检测仪器、工具,并对小组成员进行合理分工,制定详细的诊断和修复计划。

1. 需要的检测仪器、工具

2. 小组成员分工

3. 任务计划

三、实施

测试无人驾驶汽车自动驾驶功能,主要包括传感器、执行器、人机界面测试以及整车功能测试等内容,测试过程中记录如下内容：

① 车辆控制模式；
② 车辆速度、加速度等运动状态；
③ 环境感知与响应状态；
④ 车辆灯光、信号实时状态；
⑤ 车辆外部 360°视频监控情况；
⑥ 反映测试驾驶人和人机交互状态的车内视频及语音监控情况。

测试记录

序号	测试项目	测试效果
1	车辆控制模式	
2	车辆速度	
3	车辆加速度	
4	激光雷达型号、安装位置与响应状态	
5	摄像头型号、安装位置与响应状态	
6	毫米波雷达型号、安装位置与响应状态	
7	超声波雷达型号、安装位置与响应状态	
8	车辆定位情况	
9	车辆灯光实时状态	
10	车辆信号实时状态	
11	车辆外部视频监控情况	
12	车辆车内视频情况	
13	人机交互状态语音监控	

四、实训总结

1. 描述自动驾驶汽车功能状况。

2. 简述实训过程中存在的问题点及改进建议。

五、评价

考核项目	考核内容	分值	得分
实训态度	是否积极认真	15	
操作过程	1. 实训设备及传感器的保护 2. 元件取放及摆放整齐程度 3. 实训完成后实训设备及元件的整理	30	
实训任务	1. 无人驾驶汽车自动驾驶功能的测试 2. 实训工单填写是否完成,是否规范	20	
实训纪律	是否遵守课堂纪律	10	
主观得分	个人自评	10	
	教师评价	15	
总分			

教师签名:＿＿＿＿＿＿　＿＿＿＿年＿＿月＿＿日

任务工单 6-2

任务名称	无人驾驶汽车运动控制系统检修	学时	2	班级	
学生姓名		学生学号		任务成绩	
实训设备		实训场地		日期	
客户任务	完成无人驾驶汽车场地测试				
任务目的	制定工作计划,完成无人驾驶汽车场地测试				

一、资讯

1. 无人驾驶汽车环境感知技术系统包括主动安全和先进驾驶系统、_____、倒车警示系统和_____等。
2. 在无人驾驶汽车底部装有_____、超声波、_____等设备,能够检测出车辆行驶方向的_____、_____等一些重要数据。
3. 无人驾驶汽车利用_____传输的数据经过整合处理,精确计算行驶车辆的具体位置。
4. 安装在车辆的_____能够监控车辆是否偏离 GPS 导航仪指定的行驶路线,而车对于道路的宽度、交通信号灯以及车辆行驶的道路信息是通过_____捕获的图像进行判断分析处理的。
5. 环境感知技术的组成与功能。

二、决策与计划

（一）实训要求

1. 爱护实训设备,包括实训设备内部的各个传感器元件;
2. 积极参与实训项目,并通过实际操作加强认知;
3. 结合课程内容思考无人驾驶汽车场地测试内容;
4. 注意实训过程中的用电安全。

（二）实训内容

完成无人驾驶汽车场地测试。

(三) 实训决策

请根据任务要求,确定所需要的检测仪器、工具,并对小组成员进行合理分工,制定详细的诊断和修复计划。

1. 需要的检测仪器、工具

2. 小组成员分工

3. 任务计划

三、实施

场地测试内容。

(1) 前方车道内动静态目标(机动车、非机动车、行人、障碍物等)识别与响应能力测试,测试内容包含感知识别不同目标(非机动车、行人、障碍物)的类型和状态、跟随不同交通参与者(机动车、非机动车、行人)行驶、车速车距控制等内容。

测试步骤:

(2) 安全接管与应急制动能力测试,测试内容应包含靠边停车与起步、应急车道内停车、人工接管等内容。

测试步骤:

(3) 综合能力测试,综合考察自动驾驶汽车对交通语言认知能力等内容。

测试步骤:

将自动驾驶汽车功能测试结果填入下表：

序号	测试项目	测试内容	测试结果
1	前方车道内目标——机动车	类型	
		状态	
		自车车速	
		车距	
2	前方车道内目标——非机动车	类型	
		状态	
		自车车速	
		车距	
3	前方车道内目标——行人	类型	
		状态	
		自车车速	
		车距	
4	前方车道内目标——障碍物	类型	
		状态	
		自车车速	
		车距	
5	应急制动能力	应急车道内停车	
		起步	
6	自动驾驶汽车测试	对交通语言认知能力	

四、实训总结

1. 描述场地测试中自动驾驶汽车功能状况。

2. 简述实训过程中存在的问题点及改进建议。

五、评价

考核项目	考核内容	分值	得分
实训态度	是否积极认真	15	
操作过程	1. 实训设备及传感器的保护 2. 元件取放及摆放整齐程度 3. 实训完成后实训设备及元件的整理	30	
实训任务	1. 无人驾驶汽车场地测试 2. 实训工单填写是否完成,是否规范	20	
实训纪律	是否遵守课堂纪律	10	
主观得分	个人自评	10	
	教师评价	15	
总分			

教师签名:_____ _____年___月___日

任务工单 6-3

任务名称	激光雷达功能测试	学时	2	班级	
学生姓名		学生学号		任务成绩	
实训设备		实训场地		日期	
客户任务	测试激光雷达功能				
任务目的	制定工作计划,测试激光雷达功能				

一、资讯

1. 单线激光雷达的数据缺少维度,只能描述线状信息,无法描述_____。
2. 激光雷达安装位置,分为两大类。一类安装在无人驾驶汽车的_____,另一类安装在无人驾驶汽车的_____。
3. 安装在无人驾驶汽车四周的激光雷达,其激光线束一般小于8,常见的有_____激光雷达和_____激光雷达。安装在无人驾驶汽车车顶的激光雷达,其激光线束一般不小于16,常见的有_____线激光雷达。
4. 飞行时间就是根据激光遇到障碍物后的_____时间,计算目标与自己的_____距离。
5. 16/32/64线激光雷达为多线_____式激光雷达,主要由_____、光学接收器、_____、光学旋转编码器、倾斜镜等构成,
6. 激光雷达的测距原理是什么?

二、决策与计划

(一)实训要求

1. 爱护实训设备,包括实训设备及内部的各个传感器元件;
2. 积极参与实训项目,并通过实际操作加强认知;
3. 结合课程内容思考激光雷达传感器的工作原理及安装;
4. 注意实训过程中的用电安全。

（二）实训内容

1. 完成激光雷达认知；

2. 完成激光雷达功能的测试。

（三）实训决策

请根据任务要求,确定所需要的检测仪器、工具,并对小组成员进行合理分工,制定详细的诊断和修复计划。

1. 需要的检测仪器、工具

2. 小组成员分工

3. 任务计划

三、实施

1. 激光雷达测试方法。

① 了解实训设备功能,检查实训台各部分是否正常工作。

填写：□正常　　□异常

② 测试面板固定架,激光雷达和显示器是否干涉,如干涉将移动到互不影响状态。

填写：□正常　　□异常

③ 学习激光雷达的工作原理及工作特性：

④ 将激光雷达传感器安装在固定架顶层,用螺栓将其固定。

⑤ 运行激光雷达采集程序：

⑥ 核定激光雷达采集的距离与反射强度数据：

_____

_____

_____

_____

⑦ 判断性能。

填写：□正常　　□异常

请将激光雷达功能测试结果填入下表：

序号	直线模组位置	激光雷达识别距离	激光雷达反射强度
1			
2			
3			
4			

四、实训总结

1. 评价激光雷达功能测试情况。

2. 简述实训过程中存在的问题点及改进建议。

五、评价

考核项目	考核内容	分值	得分
实训态度	是否积极认真	15	
操作过程	1. 实训台及传感器的保护 2. 元件取放及摆放整齐程度 3. 实训完成后实训台及元件的整理	30	
实训任务	1. 激光雷达功能的测试是否完成 2. 实训工单填写是否完成,是否规范	20	
实训纪律	是否遵守课堂纪律	10	
主观得分	个人自评	10	
	教师评价	15	
总分			

教师签名:_____ _____年___月___日

任务工单 6-4

任务名称	视觉传感器功能测试	学时	2	班级	
学生姓名		学生学号		任务成绩	
实训设备		实训场地		日期	
客户任务	测试视觉传感器功能				
任务目的	制定工作计划,测试视觉传感器功能				

一、资讯

1. 视觉传感器是指利用_____和_____获取外部环境图像信息的仪器,其能够获取环境彩色影像信息,是无人驾驶汽车获取环境信息的第二来源。

2. 视觉传感器具有_____、障碍物检测、_____和地面标志识别、交通信号灯识别、可行空间检测等功能。

3. 广义的视觉传感器主要由_____、_____、_____、模数转换器、图像处理器、图像存储器等组成。

4. 狭义的视觉传感器是指_____,它将镜头所成的图像转变为数字或模拟信号输出,主要有_____和 CMOS 图像传感器。

5. CCD 是一种特殊的_____器件,能够把光学影像转化为数字信号。CCD 上植入的微小光敏物质称作像素。一块 CCD 上包含的像素数_____,它提供的画面分辨率也就越高。

6. 视觉传感器主要包括_____相机、双目相机、_____相机和全景相机。

7. 双目相机工作原理是怎样的?

二、决策与计划

(一)实训要求

1. 爱护实训设备,包括实训设备内部的各个传感器元件;
2. 积极参与实训项目,并通过实际操作加强认知;
3. 结合课程内容思考摄像头的工作原理及安装;
4. 注意实训过程中的用电安全。

（二）实训内容

1. 完成视觉传感器的认知；

2. 完成视觉传感器功能的测试。

（三）实训决策

请根据任务要求，确定所需要的检测仪器、工具，并对小组成员进行合理分工，制定详细的诊断和修复计划。

1. 需要的检测仪器、工具

2. 小组成员分工

3. 任务计划

三、实施

视觉传感器测试方法。

① 了解实训设备功能，检查各部分是否正常工作。

填写：□正常　　　□异常

② 测试面板固定架，激光雷达和显示器是否干涉，如干涉将移动到互不影响状态。

填写：□正常　　　□异常

③ 认真学习视觉传感器的工作原理及工作特性。

_____

_____

_____

_____

④ 安装视觉传感器，用螺栓将其固定。

填写：□正常　　　□异常

⑤ 在测试面板存储区取出不同场景的测试面板（红绿灯、车道线、交通标志、行人、棋盘格）装于测试面板固定架上并且拧紧。

填写：□正常　　　□异常

⑥ 运行视觉传感器读取程序:

_____

_____

_____

⑦ 根据直线模组的位置和样式,核定摄像头采集图像。

填写:□正常　　　□异常

⑧ 判断性能。

填写:□正常　　　□异常

请将视觉传感器功能测试结果填入下表。

序号	测试面板图像	视觉传感器识别图像
1		
2		
3		
4		
5		

四、实训总结

1. 评价视觉传感器功能。

2. 简述实训过程中存在的问题点及改进建议。

五、评价

考核项目	考核内容	分值	得分
实训态度	是否积极认真	15	
操作过程	1. 实训台及传感器的保护 2. 元件取放及摆放整齐程度 3. 实训完成后实训台及元件的整理	30	
实训任务	1. 视觉传感器功能的测试是否完成 2. 实训工单填写是否完成,是否规范	20	
实训纪律	是否遵守课堂纪律	10	
主观得分	个人自评	10	
	教师评价	15	
总分			

教师签名:_____   _____年___月___日

任务工单 6-5

任务名称	毫米波雷达功能测试	学时	2	班级	
学生姓名		学生学号		任务成绩	
实训设备		实训场地		日期	
客户任务	测试毫米波雷达功能				
任务目的	制定工作计划,测试毫米波雷达功能				

一、资讯

1. 毫米波雷达工作频率选在_____GHz 频域,由于其波长为_____mm,即毫米波段,因此处于该频率范围的电磁波被称为毫米波。

2. 根据毫米波雷达的有效探测范围,车载毫米波雷达可以分为长、中、短距离雷达。长距离和中距离雷达通常安装在_____,用于监测前方比较远范围内的目标;短距离通常安装在_____的位置,用于监测前方、侧方等范围内的目标。

3. 应用在自动驾驶领域的毫米波雷达主要有 3 个频段,分别是_____GHz、_____GHz 和 79GHz。

4. 24 GHz 频段为短距离雷达,常用于检测近处的障碍物(车辆),能够实现盲点检测、_____、_____等功能,为换道决策提供感知信息。

5. 77 GHz 频段为长距离雷达,被安装在_____,正对汽车的行驶方向,实现如_____、_____、高级紧急制动等功能。

6. 毫米波雷达工作原理是什么?

二、决策与计划

(一)实训要求

1. 爱护实训设备,包括实训设备内部的各个传感器元件;
2. 积极参与实训项目,并通过实际操作加强认知;
3. 结合课程内容思考毫米波雷达的工作原理及安装;
4. 注意实训过程中的用电安全。

（二）实训内容

1. 完成毫米波雷达的认知；
2. 完成毫米波雷达功能的测试。

（三）实训决策

请根据任务要求，确定所需要的检测仪器、工具，并对小组成员进行合理分工，制定详细的诊断和修复计划。

1. 需要的检测仪器、工具

2. 小组成员分工

3. 任务计划

三、实施

毫米波雷达测试方法。

① 了解实训台功能，检查各部分是否正常工作。

填写：□正常　　□异常

② 测试面板固定架，毫米波雷达和显示器是否干涉，如干涉将移动到互不影响状态。

填写：□正常　　□异常

③ 认真学习毫米波雷达的工作原理及工作特性：

_____

_____

_____

_____

④ 安装毫米波雷达。

填写：□正常　　□异常

⑤ 在测试面板存储区取出金属制测试面板装于测试面板固定架上并且拧紧。

填写：□正常　　□异常

⑥ 运行毫米波雷达读取程序:

_____

_____

_____

_____

⑦ 根据直线模组的位置和样式,核定毫米波雷达采集数据。
填写:□正常　　　□异常
⑧ 判断性能。
填写:□正常　　　□异常
请将毫米波雷达功能测试结果填入下表:

序号	直线模组位置	测试面板材质	毫米波雷达探测距离
1			
2			
3			
4			

四、实训总结

1. 评价毫米波雷达功能测试结果。

2. 简述实训过程中存在的问题点及改进建议。

五、评价

考核项目	考核内容	分值	得分
实训态度	是否积极认真	15	
操作过程	1.实训台及传感器的保护 2.元件取放及摆放整齐程度 3.实训完成后实训台及元件的整理	30	
实训任务	1.毫米波雷达功能的测试是否完成 2.实训工单填写是否完成,是否规范	20	
实训纪律	是否遵守课堂纪律	10	
主观得分	个人自评	10	
	教师评价	15	
总分			

教师签名:＿＿＿＿ ＿＿＿年＿＿月＿＿日

项目1任务工单答案

项目2任务工单答案

项目3任务工单答案

项目4任务工单答案

项目5任务工单答案

项目6任务工单答案

2) 驱动轮制动控制

当单侧车轮出现滑转时（滑转率超过受控限制），ECU 发出控制指令，通过制动系统的压力调节器对产生滑转的驱动轮施加制动，使其滑转率下降。当两侧驱动轮均出现滑转，但滑转率不同时，可通过对两侧驱动轮施加不同的制动力，分别抑制它们的滑转，从而可提高汽车在湿滑路面上的起步、加速能力和行驶的方向稳定性。如图 3-9 所示。

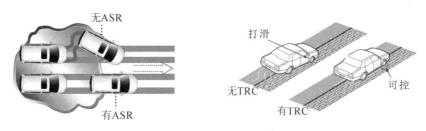

图 3-9 有无 ASR/TRC 制动控制

3) 差速器锁止控制

对差速器进行锁止时，可以使两侧驱动轮的输入转矩不同，根据路面情况和锁止比可把滑转率控制在某一范围内。

两侧驱动轮所处路面的附着系数不同时，附着系数低的一侧驱动轮打滑，ASR/TRC ECU 通过传感器获得这一信号后，控制差速器锁止阀，对差速器进行一定程度的锁止，使附着系数高的一侧获得驱动力，从而提高行驶稳定性和行驶速度。

【任务实施】

1. 轮速传感器的检测

轮速传感器的检测内容如下。

（1）检查轮速传感器与齿圈间隙：前轮的正常标准值为 1.10～1.97 mm，而后轮则是 0.42～0.80 mm。

（2）检查输出电压：将车升起使轮胎离地，并松开驻车制动器；拆卸 ABS 轮速传感器线束插头，随之直接测量即可；测量电压：以 1 rad/s 的速度转动车轮，用万用表测量输出电压，前轮的正常范围为 190～1140 mV，而后轮则需要大于 650 mV。如果符合标准，就说明这时候的轮速传感器在正常工作。

2. 副节气门传感器的检测

（1）目视检查。检查副节气门传感器的外部有无损坏和裂纹，是否有明显的高温烧灼现象。检查副节气门传感器的连接螺栓，如有损坏，则予以更换。检查执行器的表面有无损坏和裂纹，线路有无破损。

（2）清洁。用清洁剂清洗传感器表面的油污，清洗完用压缩空气冲掉表面液体，检测线路及插头接触情况。

3. ASR/TRC 系统执行器检查

(1) 目视检查。检查 ASR/TRC 系统执行器表面有无损坏和裂纹,是否有明显的高温烧灼现象,是否有液体泄漏。

(2) 清洁,使用去污剂把 ASR/TRC 系统执行器表面进行清洁,去除油污锈蚀,检查管路连接接头有无滴漏现象,将管路表面清洁,用压缩空气冲干完成。

4. ECU 的检测

ECU 端子电压的测量方法与步骤:

(1) 用万用表检测蓄电池的电压,应大于或等于 11 V,否则充电后再测量。

(2) 从汽车上拆下 ECU,但保持线束插接器与 ECU 处于连接状态(即不拔下线束)。

(3) 将点火开关置于 ON 位置,将万用表置于电压挡。

(4) 依次将万用表测试笔从线束插头的导线一侧插入,测量电控单元各端子与搭铁端子之间的电压,记录各端子与搭铁端子间的电压值,并与标准检测数据相比较,若测得的电压与标准值不符,则说明电控单元或控制线路有故障。

5. 制动压力调节器的检测

(1) 听响声。正常情况下,在开闭点火开关的同时压力调节器会发出"啪嗒"、"啪嗒"声,否则压力调节器不正常。

(2) 测量电阻值。用万用表测量压力调节器的电阻值,正常时应为 30~60 Ω,否则说明压力调节器故障。

(3) 用手感测。如果在开闭点火开关时,压力调节器没有响声,可在加电压的同时,用手感测调节器是否振动,有振动说明电磁阀芯卡住,无振动则说明电路有故障,应检修调节器电路或更换电磁阀。

学习任务 3.6　车身电子稳定(ESP)系统检修

【学习目标】

知识目标

1. 了解车身电子稳定(ESP)系统的基本组成和工作原理;
2. 掌握车身电子稳定(ESP)系统各组成部分的工作原理和检测方法;
3. 掌握专用工具的使用方法;
4. 分析车身电子稳定(ESP)系统诸多常见故障的形成原因和检测流程。

课件 3.6

能力目标
1. 能够检修液力变矩器;
2. 能够检修锁止离合器。

情感目标
1. 培养学生对事负责、与人合作的精神,严谨细致的作风,坚持不懈的奋斗精神;
2. 培养学生勇于探索的精神和诚实守信、吃苦耐劳的职业品质;
3. 培养学生爱岗敬业的职业道德意识;
4. 培养学生分析问题、解决问题的能力;
5. 培养安全意识和环保理念。

【理论知识】

汽车上所采用的 ESP 系统是在 ABS 的基础之上添加了 ASR 驱动力防滑控制、EDS 电子差速锁以及 ESP 电子控制车身稳定系统等,从而提高车辆行驶时的主动安全性能。

1. ESP 系统组成及各组成部分功用

1) 传感器

(1) 转角传感器。

① 作用及位置。转角传感器检测转向盘转动的速度和角度,为 ESP ECU 提供驾驶员的操作意图信号。其通过 CAN-Bus 线路向 ECU 传递信号,接通点火开关后将转向盘转动 4.5°,转向角传感器即完成初始化。转角传感器安装在组合开关内或转向管柱旁边。

② 结构原理。转角传感器由一个信号盘和两个遮光器组成。遮光器上有发光二极管和光敏晶体管,两者相互对置,并固定在转向柱管上,如图 3-10 所示。信号盘沿圆周开有光缝,并随主轴转动。

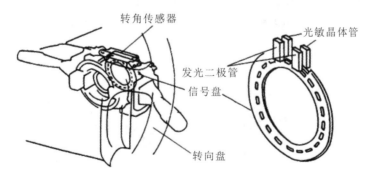

图 3-10 转角传感器结构

汽车转弯时,转向盘转动,信号盘也随之转动。当信号盘在两个发光二极管和光敏晶体管之间通过时,从发光二极管发出的光线被交替切断和通过,光敏晶体管就被这光线交替通断。发光二极管就按照来自光敏晶体管的信号而发出信号,输送至 ECU,从而检测到转向盘转动的方向和角度。

（2）加速度传感器。

① 作用及位置。加速度传感器用于检测车辆是否有偏离预定方向的侧向力,及侧向力的大小。尽可能安装在车辆的重心附近。有些车型将加速度传感器与横摆率传感器作为一个整体安装在中央控制台下方。有些独立安装,可装于驾驶员座椅下、变速操纵杆旁或杂物箱下。

② 结构原理。常见的加速度传感器有霍尔式及电容式两种。

a. 霍尔式加速度传感器由永久磁铁、弹簧、减振板和霍尔传感器组成,如图 3-11 所示。

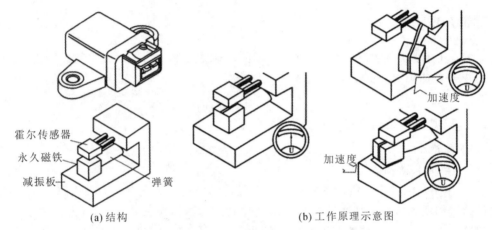

图 3-11　霍尔式加速度传感器结构与工作原理

b. 电容式加速度传感器。

在传感器设置两个串联电容,中间极片在力的作用下摆动,电容可吸收一定量电荷。

没有侧向力作用在中间极片上时,两侧电容间隙保持恒定,电容相等;中间极片有侧向力的作用时,其中一个电容间隙增加,另一个减小,电容值随之改变,最终电荷的改变决定了侧向力的大小和方向,如图 3-12 所示。

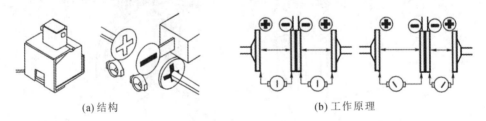

图 3-12　电容式加速度传感器结构与工作原理

（3）横摆率传感器。

① 作用及位置。检测车辆整体是否绕着垂直轴线发生转动,并检测转动率。尽可

能安装在车辆的重心附近。

② 结构与工作原理。横摆率传感器的基本部件是一个金属空心圆柱体,其表面有 8 只压电元件,其中 4 只压电元件使空心圆柱处于谐振状态,另 4 只元件检测所在圆筒的振荡波是否改变。当有转矩作用在空心圆柱体上时,振荡波节就完全改变。压电元件检测出振荡波节在移动,并将信息输送给控制单元,如图 3-13 所示。

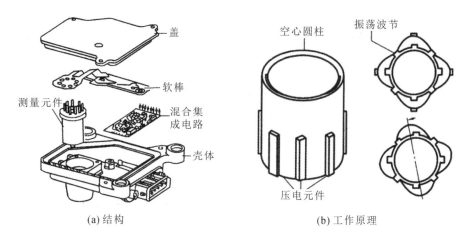

图 3-13 横摆率传感器结构与工作原理

(4) 制动压力传感器。

① 作用及位置。制动压力传感器用于检测制动管路的实际制动压力,供控制单元计算车轮制动力及作用在车辆上的轴向力,制动压力传感器安装于动态控制液压泵中。

② 结构与工作原理。制动压力传感器的核心部件是一个会受到制动液作用的压电元件和一个传感器电子元件,如图 3-14 所示。制动液挤压电元件,压电元件上的电荷分布就会变化,输出一信号电压,压力越大,信号电压也越大。信号电压经放大后输送给控制单元。

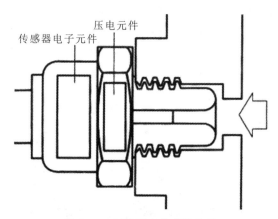

图 3-14 制动压力传感器结构

2) ESP ECU

ESP ECU 一般与 ABS、ASR/TRC 系统共用,通过线束与每个传感器和执行器相连,接收传感器的信号,计算、分析、比较车辆侧滑状态和恢复到安全状态所需的旋转动量和减速器。

3) 执行器

执行器根据 ECU 指令控制每个车轮制动力、发动机输出功率,以及告知驾驶员汽车失控信息。执行器主要包括节气门体、ESP 液压控制单元和警告装置等。

(1) 液压控制单元。

液压控制单元有两条对角线制动管路,每条制动管路上都加装了分配阀和高压阀。各制动轮缸的压力,通过液压控制单元内的电磁阀控制相应的进油阀和回油阀实现控制。在制动时如果车轮即将抱死,执行 ABS 的功能;在起步/加速出现打滑空转时,执行 ASR/TCR 功能;在车辆转向出现侧滑时,执行 ESP 功能。

液压控制单元一般装在发动机舱的一侧,主要由四个部分组成。

① 液压制动力的产生部分。由电动机驱动液压泵和蓄压器组成。蓄压器储存由液压泵供应的制动液,作为液压控制单元的压力源。

② 制动主缸和制动助力器部分。根据驾驶员的制动操作产生液压,并进行助力。

③ 选择电磁阀部分。当 ABS、ASR/TRC 或 ESP 工作时,它关闭制动主缸的制动液,并把从液压制动力产生部分来的制动液或从制动助力器(调节液压)来的制动液送到控制电磁阀,从而控制每个车轮制动轮缸的液压。

④ 控制电磁阀部分。当 ABS、ASR/TRC 或 ESP 工作时,它增加或降低每个车轮制动轮缸的液压,以控制每个车轮的制动力。

(2) 警告装置。

ESP 工作的同时,会通过视觉(指示灯)和声音(蜂鸣器)来预警汽车在转弯时出现失控,告知驾驶员车轮有附着力不足的危险,提醒注意安全行驶。仪表板上设有与 ESP 有关的警告信号。

2. ESP 的工作特性

ESP 控制单元根据转向角度传感器和轮速传感器的信号判断驾驶员控制的行驶方向,再根据横摆率传感器和加速度传感器判断车辆实际行驶方向,如果车辆实际行驶方向和驾驶员控制的行驶方向相同,则 ESP 系统不工作。如果车辆发生侧滑或偏摆导致车辆实际行驶方向和驾驶员控制的行驶方向不同时,控制 ESP 系统工作,发出平衡纠偏指令,自动纠正不足转向和过度转向。

【任务实施】

1. 传感器的检修

(1) 目视检查 查看传感器表面有无破损、油污,检测传感器线路有无裸露以及插头部分有无锈蚀与变形情况。

(2) 清洁传感器表面,用汽车专用万用表及示波器进行检测,检测数据信号是否符合标准。

2. 控制单元检修

（1）目视检查　检查控制单元表面有无破损、有无油渍，查看控制单元内各针脚插头是否变形，插接线速表面有无损坏，各插头与线速接头是否接触良好。

（2）打开电源，检查控制单元电源线及搭铁线连接是否良好，用万用表或示波器检查传感器到控制单元信号是否正常，检查控制单元到执行器信号是否正常。

3. 执行器检修

（1）目视检查　检查液压控制单元表面有无破损、泄漏、锈蚀，油管有无变形及泄漏，检查制动液，检查制动总泵及制动分泵各部位管路无泄漏，检查制动警告灯信号线路连接是否正常，踩下制动踏板制动灯是否闪亮。

（2）启动车辆，踩下制动踏板，对照参数进行检测各执行器运行情况。

【知识小结】

1. ABS总成主要由ABS泵电动机、ABS阀体和ABS控制单元三部分组成。
2. ABS泵电动机：为ABS系统液压泵提供动力。
3. 阀体：也称液压调节器，对施加在四个车轮上的制动力进行增压、保压、泄压的调节。
4. 线控制动系统分为电子机械式线控制动系统和电子液压式线控制动系统。
5. 电子机械线控制动（EMB）系统与常规的液压制动系统截然不同，EMB以电能为能量来源，通过电动机驱动制动垫块，由电线传递能量，数据线传递信号。
6. 电子液压线控制动（EHB）系统是从传统的液压制动系统发展来的，但与传统制动方式有很大的不同，EHB以电子元件替代了原有的部分机械元件，是一个先进的机电一体化系统，它将电子系统和液压系统相结合。
7. 制动能量回收系统由与车型相适配的发电机、电池以及电池管理系统组成。
8. 动力蓄电池监控模块保证电池组工作在安全区间内，提供车辆控制所需的必须信息，并根据环境温度、电池状态及车辆需求等决定电池的充放电功率。
9. 电子液压线控制动系统EHB主要由制动踏板、储油杯、电控单元、液压控制单元以及一系列的传感器组成。
10. 电子驻车制动功能主要由电传信号的传递来实现，通过自带ECU发出的指令来驱动卡钳进行相关动作。
11. EHB采用电子踏板取代传统制动系统中的制动踏板用来接收驾驶员的制动意图，产生并传递制动信号给ECU和执行机构，并根据一定的算法进行模拟，然后将信息反馈给驾驶员，保证驾驶员有足够的踏板感，制动过程中，车轮制动力由ECU和执行器控制，踏板转角传感器不断地将踏板转角信号转换为电信，并将其输入到ECU。

12. ASR/TRC 主要由 ECU、轮速传感器、ABS 执行器、ASR 执行器、副节气门控制步进电动机和主、副节气门位置传感器、节气门开度传感器、液压调节器、节气门驱动装置和 ASR/TRC 选择开关等组成。

13. ASR/TRC 在汽车起步及一般行驶过程中工作,当车轮出现滑转时即可起作用,ABS 则是汽车在制动时工作。当车速很高(80～120 km/h)时 ASR/TRC 不起作用,当车速很低(<8 km/h)时 ABS 不起作用。

14. ESP 系统主要由传感器、控制单元、执行器组成。

15. EPS 传感器包括:转向角传感器、加速度传感器、横摆率传感器、制动压力传感器。

16. 加速度传感器包括:霍尔式加速度传感器、电容式加速度传感器。

17. ESP ECU 一般与 ABS、ASR/TRC 系统共用,通过线束与每个传感器和执行器相连,接收传感器的信号,计算、分析、比较车辆侧滑状态和恢复到安全状态所需的旋转动量和减速器。

18. ESP 执行器根据其 ECU 指令控制每个车轮制动力、发动机输出功率,告知驾驶员汽车失控的信息。主要包括节气门体、ESP 液压控制单元和警告装置等。

思考题

1. 安装有 ABS 系统的车辆如果 ABS 损坏车辆还能制动吗?为什么?
2. 若是 ABS 系统故障灯点亮,ABS 还能正常工作吗?为什么?
3. 机械式线控制动系统和普通制动系统一样吗?为什么?
4. 若是踏板传感器损坏,线控制动还能正常工作吗?为什么?
5. 安装有制动能量回收系统的汽车一踩刹车就能发电吗?为什么?
6. 若是动力蓄电池的电压低,驱动电动机还能正常工作吗?为什么?
7. 安装有电子驻车制动系统的汽车比机械手刹的制动力大吗?为什么?
8. 若是电子液压制动的油压系统压力低,制动器还能正常工作吗?为什么?
9. 安装有 ASR/TRC 的汽车在任何速度下都能够完成制动跑偏吗?为什么?
10. 若是制动管路的油压系统压力低,ASR/TRC 还能正常工作吗?为什么?
11. 安装有 EPS 的汽车和没有安装 EPS 有什么区别?
12. 若是 EPS 的油压系统压力低,EPS 还能正常工作吗?为什么?

练习题

1. 填空题

(1) ABS 主要由_____、_____、_____组成。

(2) BBW 系统分为_____和_____。

(3) EHB 主要由_____、_____、_____和_____组成。

(4) 踏板传感器用于检测踏板_____,然后将_____转化成_____传给 ECU,实现踏板行程和制动力按比例进行调控。

(5) 制动能量回收系统由_____、_____和_____组成。

(6) EHB 主要由_____、_____、_____以及一系列的_____组成。

(7) EHB 采用_____取代_____用来接收驾驶员的制动意图,产生并传递_____给_____和_____。

(8) ASR/TRC 系统在进行防滑控制过程中,如果驾驶员踩下_____进行制动,_____将会自动退出防滑控制,而不影响汽车的正常_____。

(9) ASR/TRC 系统可由驾驶员通过_____选择开关对系统是否进入工作状态进行选择。

(10) _____在汽车起步及一般行驶过程中工作当车轮出现滑转时即可起作用,_____则是汽车在制动时工作。

(11) ESP 系统主要由组成_____、_____、_____组成。

(12) EPS 传感器包括:_____、_____、_____、_____。

(13) 加速度传感器分为_____、_____。

2. 问答题

(1) ABS 总泵的控制原理是怎样的?

(2) ABS 可分为哪几类?

(3) ABS 的工作原理是怎样的?

(4) 制动能量回收系统的控制原理是怎样的?

(5) 液压式线控制动系统的控制原理是怎样的?

(6) 线控制动系统的分类有哪些?

(7) 液压执行机构液压泵的工作原理是怎样的?

(8) 制动踏板单元的工作特性是怎样的?

(9) 电子驻车系统特点是什么?

(10) ASR/TRC 系统的控制原理是怎样的?

(11) ASR/TRC 的分类有哪些?

(12) ASR/TRC 的结构是怎样的?

(13) ESP 系统的控制原理是什么?

(14) EPS 传感器的分类有哪些?

(15) EPS 执行器的工作原理是什么?

(16) EPS 加速度传感器中的霍尔式加速度传感器的工作特性是怎样的?

3. 论述题

(1) 试述二通道 ABS 控制原理。

（2）试述 ABS 系统结构特征及系统传递路线。

（3）试述制动踏板单元的信号传递路线。

（4）试述电子驻车系统的组成及基本工作原理。

（5）ASR/TRC 制动执行器是如何工作的？

（6）试述典型的 ASR/TRC 系统及工作过程。

（7）试述 EPS 控制单元控制原理。

（8）试述 EPS 执行器液压控制单元的控制过程。

4．故障诊断

（1）ABS 系统故障代码如何读取？

（2）怎样检修轮速传感器？

（3）线控制动系统故障代码如何读取？

（4）怎样检修踏板传感器和轮速传感器？

（5）制动能量回收系统故障代码如何读取？

（6）怎样检修永磁同步电动机和开关磁阻电动机？

（7）电子液压制动系统故障代码如何读取？

（8）怎样检修轮速传感器和制动踏板传感器？

（9）怎样检修霍尔式加速度传感器和电容式加速度传感器？

项目4 电控行驶系统检修

【案例导入】

某款卡迪拉克轿车车身后部下沉,几乎压在轮胎上。此车装有电控悬架系统,可以随车身载荷和车速自动调节悬架的刚度。车身后部下沉多是由于后减振器或空气管路泄漏引起的。据驾驶员反映,有时听到发动机前部的气泵响,说明气泵能工作。所以应先检查后减振器、空气管路和车身高度传感器,然后再检查线路和控制部分。经检查,手动控制传感器的动作,车身能够随之上升或下降,说明各个系统能够工作,只是传感器需要调整。通过调节传感器与后桥连杆的长度,故障解决。

根据上述案例,思考下列问题:

(1) 哪些汽车安装有电控悬架系统?
(2) 电控悬架系统由哪些组成部分?
(3) 车身高度传感器有什么作用?

【学习任务】

学习任务4.1　电控悬架系统认知
学习任务4.2　空气悬架(EMAS)系统检修
学习任务4.3　油气悬架(HPS)系统检修
学习任务4.4　胎压监测系统(TPMS)检修

课件4

学习任务 4.1　电控悬架系统认知

【学习目标】

知识目标

1. 掌握电控悬架系统的基本功能;
2. 掌握电控悬架系统的分类;
3. 掌握电控悬架系统的结构。

能力目标

1. 认识电控悬架系统；
2. 掌握电控悬架的基本检修操作。

情感目标

1. 培养学生对事负责、与人合作的精神，严谨细致的作风，坚持不懈的奋斗精神；
2. 培养学生勇于探索的精神和诚实守信、吃苦耐劳的职业品质；
3. 培养学生爱岗敬业的职业道德意识；
4. 培养学生分析问题、解决问题的能力；
5. 培养安全意识和环保理念。

【理论知识】

随着人们对汽车操纵性和舒适性要求的不断提高以及电子技术的飞速发展，电子控制技术被有效地应用于现代汽车悬架系统。电控悬架系统（electric suspension）如图4-1所示，其最大优点就是能使悬架随不同路况和行驶状态作出不同的反应，这一优点既能提高乘坐舒适性，又能使汽车的操纵稳定性达到最佳状态。

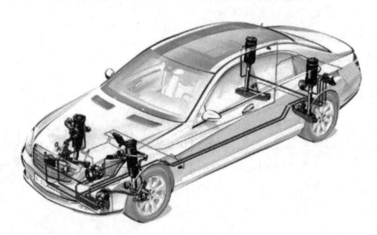

图 4-1　电控悬架系统

1. 电控悬架系统的功能

电控悬架系统的作用是通过控制调节悬架弹簧弹性系数和减振器阻尼力，改变传统被动悬架的局限性，使汽车的悬架特性与道路状况和行驶状态相适应，从而保证汽车行驶的平顺性和操控的稳定性。

减振器阻尼力控制：通过对减振器阻尼系数的调整，防止汽车急速起步或急加速时车尾下沉，防止紧急制动时的车头下沉，防止汽车急转弯时车身横向摇动，防止汽车换挡时车身纵向摇动等。

弹簧刚度控制：通过对弹簧弹性系数的调整，可使车身保持平稳，改善汽车的乘坐舒适性与操纵稳定性。

车高调整：车辆无论负载多少，都可以保持汽车高度一定，车身保持水平，从而使前大灯光束方向保持不变；当汽车在崎岖不平路面上行驶时，可以使车高升高，防止车桥与路面相碰；当汽车高速行驶时，又可以使车高降低，以减少空气阻力，提高操纵稳定性。

2. 电控悬架系统的分类

电控悬架系统分为半主动式、主动式两大类。半主动式分为有级半主动式（阻尼力有级可调）和无级半主动式（阻尼力连续可调）。主动式悬架系统根据介质的不同，分为空气主动式和油气主动式。

半主动式悬架是指悬架元件中的弹簧弹性系数或减振器阻尼系数可以根据需要进行调节。在有级式半主动悬架中，减振器的阻尼分为三级，由驾驶员根据道路条件和汽车行驶状况选择所需要的阻尼级。半主动式悬架是无源控制，因此，汽车在转向、起动、制动等工况时不能对弹性系数和阻尼系数进行有效的控制。由于半主动式悬架结构简单，工作时几乎不消耗车辆动力，又能获得与主动式悬架相近的性能，因此得到了较为广泛的应用。

主动式悬架是具有做功能力的悬架，通常包括产生力和转矩的主动作用器（液压缸、气缸、伺服电动机、电磁铁等）、测量元件（加速度、位移和力传感器等）和反馈控制器等。当汽车载荷、行驶速度、路面状况等行驶条件发生变化时，主动悬架系统能够自动调整悬架弹性系数和阻尼系数。此外，主动悬架还可以根据车速的变化控制车身的高度。

3. 电控悬架系统的组成

电控悬架系统由传感器及开关、电控单元 ECU 和执行机构组成。传感器一般有车高传感器、车速传感器、加速度传感器、转向盘转角传感器、节气门位置传感器等。开关有模式选择开关、制动灯开关、停车开关和车门开关等。执行机构有可调阻尼力的减振器、可调节弹簧高度和弹性大小的弹性元件等。

1）传感器及开关

（1）转向盘转角传感器。

转向盘转角传感器用于检测转向盘的中间位置、转动方向、转动角度和转动速度。在电控悬架中，ECU 根据车速传感器信号和转向角传感器信号，判断汽车转向时侧向力的大小和方向，以控制车身的侧倾。现在的汽车多采用光电式转角传感器。

图 4-2 是光电式转向盘转角传感器的安装位置和结构图。在转向盘的转向轴上装有一个带窄缝的圆盘，传感器的光电元件（即发光二极管）和光敏接收元件（光敏三极管）相对地装在遮光盘两侧形成遮光器。由于圆盘上的窄缝呈等距均匀分布，当圆盘偏转时，窄缝圆盘将扫过遮光器中间的空穴，从而在遮光器的输出端进行 ON、OFF 转换，形成脉冲信号。

光电式转角传感器的工作原理如图 4-3 所示。当转动转向盘时，带窄缝的圆盘使遮

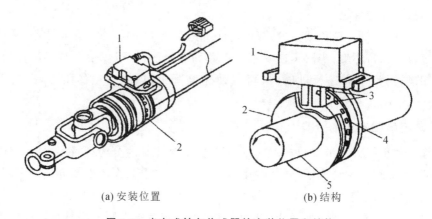

(a) 安装位置　　　　　　　(b) 结构

图 4-2　光电式转角传感器的安装位置和结构
1—转角传感器；2—传感器圆盘；3—信号发生器；4—遮光盘；5—转向轴

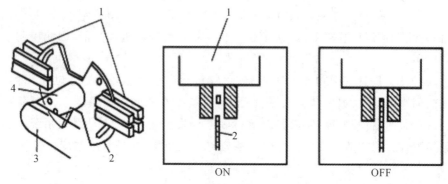

图 4-3　光电式转角传感器的工作原理
1—光电耦合器；2—遮光器；3—连杆；4—轴

光器之间的光束产生通/断变化，遮光器的这种反复开/关状态产生与转向轴转向角成一定比例的一系列数字信号，系统控制装置可根据此信号的变化判断转向盘的转角与转速。传感器在结构上采用两组光电耦合器，并且 ON、OFF 状态变换的相位错开 90°，因此可以根据检测到的脉冲信号的相位差判断转向盘的偏转方向。通过判断哪个遮光器首先转变为 ON 状态，即可检测出转向轴的偏转方向。

（2）加速度传感器。

在车轮打滑时，不能以转向角和汽车车速正确判断车身侧向力的大小，而加速度传感器可以直接测出车身横向加速度和纵向加速度。目前常用的加速度传感器是差动变压器式。

图 4-4 是差动变压器式加速度传感器工作原理。在励磁线圈（一次线圈）通以交流电的情况下，当汽车转弯（或加、减速）行驶时，铁芯在汽车横向力（或纵向力）的作用下产生位移，随着铁芯位置的变化，检测线圈（二次线圈）的输出电压发生变化。所以，检测线圈的输出电压与汽车横向力（或纵向力）对应，反映了汽车横向力（或纵向力）的大小。悬架系统 ECU 根据此输入信号即可正确判断汽车横向力（或纵向力）的大小，对车

身姿势进行控制。

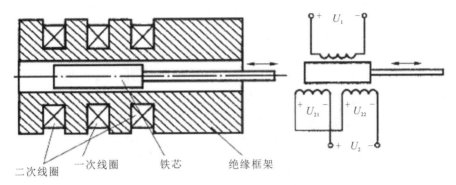

图 4-4 差动变压器式加速度传感器工作原理

（3）车身高度传感器。

车身高度传感器的作用是检测汽车行驶时车身高度的变化情况（汽车悬架的位移量），并转换成电信号输入悬架系统的 ECU。目前主流的车身高度传感器包括线性霍尔式、磁性滑阀式、电磁感应式、差分霍尔式等几种。

磁性滑阀式车身高度传感器上端有一个磁性滑阀，当汽车高度发生变化时，滑阀在传感器下壳内上下运动，如图 4-5 所示。传感器下壳内有两个电控开关（超高开关、欠高开关），通过线束与控制模块连接。当高度正常时，两电控开关都断开。车高增加时，磁性滑阀上移，超高开关闭合，控制模块打开相应的空气弹簧阀和排气阀，空气弹簧排气，改正超高的离地高度；车高降低时，磁性滑阀下移，超高开关断开，欠高开关闭合，控制模块使压缩机继电器通电，并打开相应的空气弹簧阀，空气弹簧充气，改正欠高的离地高度。

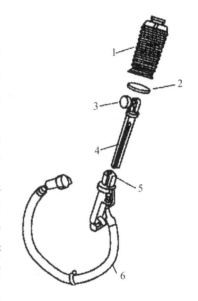

图 4-5 磁性滑阀式车身高度传感器
1—防尘罩；2—卡子；3—球头螺钉；
4—磁性滑阀；5—阀壳与电控开关；
6—导线线束

霍尔式车身高度传感器为电控可旋转式高度传感器，主要包括一个永磁转子和一个霍尔元件，为电控可旋转式高度传感器，主要利用永磁转子的转动和霍尔元件的霍尔效应产生车高电压信号，如图 4-6 所示。悬架的运动使永磁转子旋转，使霍尔元件上的电压信号变化，电压信号与标准车高、超高和欠高成比例。

（4）节气门位置传感器。

悬架控制系统利用节气门位置传感器信号判断汽车是否处于急加速。当前，节气门位置传感器普遍采用电子节气门替代。根据踏板位置传感器的信号，电子节气门的电动机会将节气门打开一定的角度，获得进气量和负荷的信息。在电子控制悬架系统中，ECU 接收此信号，控制汽车车身下沉。

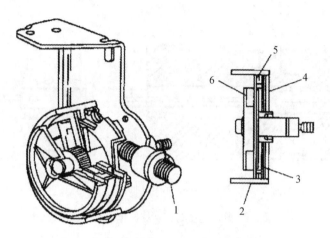

图 4-6 霍尔式车身高度传感器

1—连接器；2—传感器外壳；3—霍尔效应开关 1；4—线路板；5—霍尔效应开关 2；6—永磁转子

(5) 车速传感器。

车速是汽车悬架系统常用的控制信号，汽车车身的侧倾程度取决于车速和汽车转向半径的大小。通过对车速的检测，调节电控悬架的阻尼器，从而改善汽车行驶的安全性。

车速传感器与发动机共享，一般安装在变速器输出轴上，或车速表软轴的输出端内，检测出转速信号，ECU 接收该信号与方向盘转角信号，计算出车身的侧倾程度。

(6) 重力加速度传感器。

重力加速度传感器安装在汽车底盘的四角。后重力加速度传感器安装在车架后部，靠近后悬架支架处，如图 4-7 所示。前重力加速度传感器安装在减振器支架上，如图 4-8 所示。重力加速度传感器将车身垂直方向的加速度信息变成相应的电压信号传给 ECU。

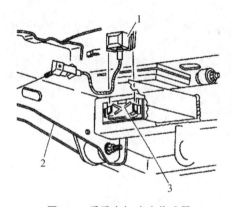

图 4-7 后重力加速度传感器

1—重力加速度传感器；2—后悬架支架；
3—传感器防松片

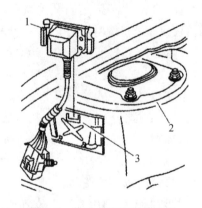

图 4-8 前重力加速度传感器

1—重力加速度传感器；2—前减振器拱座；
3—传感器防松片

(7) 制动开关。

制动开关为安装在制动阀总成上的常开式开关。当制动压力达到 2758 kPa 时,制动传感器开关闭合,ECU 接收到此信号便可判断汽车在制动。制动传感器如图 4-9 所示。

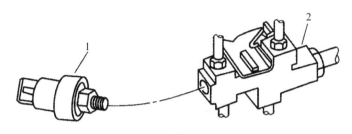

图 4-9 制动传感器

1—制动传感器;2—制动器控制阀总成

(8) 停车灯开关。

当踩下制动踏板时,停车灯开关便接通,ECU 接收这个信号作为防"点头"控制用的一个起始状态。

(9) 车门开关。

车门开关又称门控灯开关,是为防止行车时车门未关而设置的。

(10) 模式选择开关。

模式选择开关用来选择悬架的"软""中"或"硬"状态,ECU 检测到该开关的状态后,操纵悬架控制执行器,从而改变减振器弹簧的弹性系数和阻尼器阻尼系数。

2) 悬架系统 ECU

悬架系统 ECU 一般由输入电路、微处理器、输出电路和电源电路等组成。它是悬架控制系统的中枢,具有多种功能。

提供稳压电源:控制装置内部所用电源和各种传感器的电源均由稳压电源提供。

传感器信号放大:用接口电路除去输入信号(各种传感器信号、开关信号)中的干扰,然后放大、变换极值、比较极值,变换为适合输入控制装置的信号。

输入信号的计算:悬架系统 ECU 根据预先写入只读存储器 ROM 中的程序对各输入信号进行计算,并将计算结果与内存的数据进行比较,然后向 ECU 的执行机构(电动机、电磁阀、继电器等)发出控制信号。

驱动 ECU 的执行机构:悬架 ECU 用输出驱动电路将输出驱动信号放大,然后输送到各执行机构,如电动机、电磁阀、继电器等,以实现对汽车悬架参数的控制。

故障检测:悬架 ECU 用故障检测电路检测传感器、执行器、线路等的故障。当发生故障时,ECU 也应使悬架系统安全工作,并且储存故障码。

3) 电控悬架系统执行机构

电控悬架系统执行机构是在被动悬架系统(弹性元件、减振器、导向装置)中附加一个可控制作用力的装置,一般为力发生器或转矩发生器(液压缸、气缸、伺服电动机、电磁阀等），用于调节悬架的刚度或者阻尼。

丰田 LS400 轿车悬架控制执行器的结构如图 4-10 所示。悬架控制执行器安装在空气弹簧和减振器的上方，它不仅控制减振器的回转阀进行阻尼调节，同时还驱动空气弹簧气压缸主、辅气室的阀芯进行刚度调节。

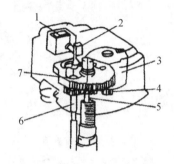

图 4-10 悬架控制执行器的结构
1—电磁线圈；2—挡块；3—步进电动机；4—小齿轮；
5—阻尼调节杆；6—气阀控制杆；7—扇形齿轮

工匠精神

为了适应频繁变化的工况，并保证精确的定位，汽车悬架系统采用直流步进电动机进行驱动，通过驱动减振器的阻尼调节杆和空气弹簧气缸的气阀控制杆来改变减振器的阻尼力和悬架弹簧的刚度。

步进电动机作为驱动元件，它带动小齿轮驱动扇形齿轮转动，与扇形齿轮同轴的减振器阻尼调节杆带动减振器回转阀转动，使阻尼孔开闭的数量或大小发生变化，从而调节减振器的阻尼。在调节阻尼的同时，齿轮系带动与空气弹簧气室阀芯相连的气阀控制杆转动，随着气室阀芯角度的改变，悬架弹簧的刚度也得到调节。

电磁线圈不通电时，它控制的电磁制动开关松开，挡块处于扇形齿轮的滑槽内，扇形齿轮可以转动，使减振器的阻尼力和空气弹簧的刚度保持在相对稳定状态。

阻尼可调减振器分为有级可调减振器和连续可调减振器，有级可调减振器的阻尼系数只能取几个离散的阻尼值，而连续可调减振器的阻尼系数在一定的范围内可连续变化。

有级可调减振器：有级可调减振器阻尼可在 2~3 挡之间快速切换，切换时间通常为 10~20 ms。有级可调减振器实际上是在减振器结构中采用较为简单的控制阀，使通流面积在最大、中等或最小之间进行有级调节。通过减振器顶部的电动机控制旋转阀的旋转位置，使减振器的阻尼在软、中、硬三挡之间变化。有级可调减振器的结构及其控制系统相对简单，但在适应汽车行驶工况和道路条件的变化方面有一定的局限性。

连续可调减振器的阻尼调节可以采取两种方式，节流孔径调节和减振液黏性调节。

节流孔径调节：早期的可调阻尼器主要是节流孔可实时调节的油液阻尼器。通过步进电动机驱动减振器的阀杆，连续调节减振器节流阀的通流面积来改变阻尼，节流阀可以采用电磁阀或其他形式的驱动阀实现。这类减振器节流阀结构复杂、制造成本高。

减振液黏性调节：减振液黏性调节是使用黏度连续可调的电流变或磁流变液体作为减振液，从而实现阻尼无级变化。电流变液体在外加电场作用下，其流体材料性能如剪切强度、黏度等会发生显著的变化，将其作为减振液，只需通过改变电场强度，使电流变液体的黏度改变，就可以改变减振器的阻尼。电流变减振器的阻尼可随电场强度的改变而连续变化，无须高精度的节流阀，结构简单，制造成本较低，且无液压阀的振动、冲击与噪声，不需要复杂的驱动机构。

【任务实施】

1. 电控悬架的初步检测

丰田汽车电控悬架系统的初步检测流程如图 4-11 所示。

2. 电控悬架的基本检测

1）汽车高度调整功能的检测

在轮胎充气压力满足要求、汽车处于正常高度调整状态下，启动发动机，将高度控制开关从"NORM"位置转换到"HIGH"位置。检查完成高度调整所需的时间和汽车高度的变化量，从操作高度控制开关到压缩机启动所需时间约 2 s，从压缩机启动到完成高度调整所需时间为 20~40 s，汽车高度的变化量为 10~30 mm。

在汽车处于"HIGH"状态下，启动发动机，将高度控制开关从"HIGH"位置转换到"NORM"位置。检查完成高度调整所需的时间和汽车高度的变化量，从操作高度控制开关到开始排气所需时间约 2 s，从开始排气到完成高度调整所需时间为 20~40 s，汽车高度的变化量 10~30 mm。

2）车高初始调整

检测汽车高度调整功能时，汽车需停在平坦路面，悬架高度控制开关位于"NORM"位置。检测时，测量高度传感器控制杆长度，前高度传感器控制杆长度标准值为 59.3 mm，后高度传感器控制杆长度标准值为 35 mm。如果不符合标准值，需要进行车高调整。可以通过调整控制杆上的锁紧螺母来调整悬架长度，从而使车身高度发生改变。通过锁紧螺母调整的前悬架长度不得超过 10 mm，后悬架不得超过 14 mm。

3）输入信号的检测

检测来自转向传感器和停车灯开关的信号是否正常地输入电控悬架 ECU。打开点火开关，将发动机室内的检测连接器相关端子短接。连接后，如果存储器中有诊断代码输出，就应该进行相应的维修；如果存储器中没有诊断代码输出，则要进行输入信号检测。

输入信号的检测，要按表 4-1 中的操作一进行。观察发动机处于不同状态下"NORM"指示灯的闪烁方式，正常情况是在发动机停机状态下，高度控制"NORM"指示灯会以 0.25 s 的间隔闪亮，并一直持续闪亮到发动机运转为止。

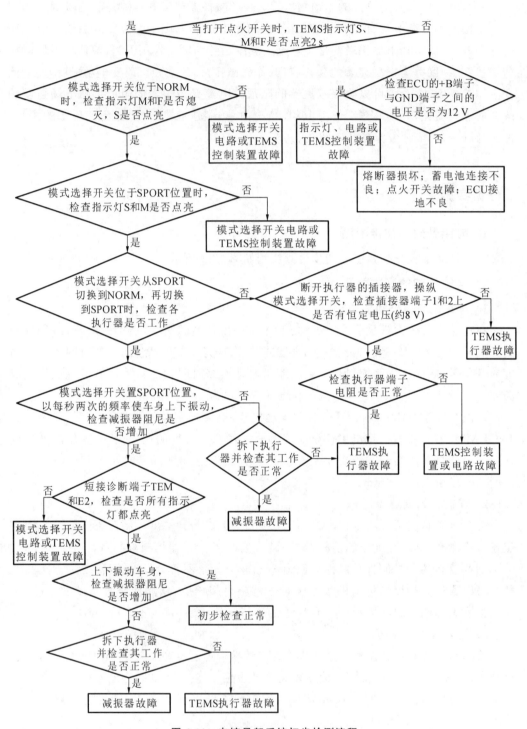

图 4-11 电控悬架系统初步检测流程

表 4-1 输入信号的检查

检查项目	操作一	发动机状态 停机	发动机状态 运转	操作二	发动机状态 停机	发动机状态 运转
转向传感器	转向直前	闪烁	常亮	转角45°以上	常亮	闪烁
停车灯开关	OFF(制动踏板不踩下)	闪烁	常亮	ON(制动踏板踩下)	常亮	闪烁
门控灯开关		闪烁	常亮	ON(所有车门开启)	常亮	闪烁
节气门位置传感器	不踩加速踏板	闪烁	常亮	加速路板全部踩下	常亮	闪烁
1号车速传感器	车速低于20 km/h	闪烁	常亮	车速高于20 km/h	常亮	闪烁
高度控制开关	NORM 位置	闪烁	常亮	HIGH 位置	常亮	闪烁
悬架控制开关	NORM 位置	闪烁	常亮	SPORT 位置	常亮	闪烁
高度控制开关	ON 位置	闪烁	常亮	OFF 位置	常亮	闪烁

然后,按表4-1中的操作二进行操作,观察发动机处于不同的状态下"NORM"指示灯的闪烁方式。正常情况是在发动机停机状态下,高度控制开关的"NORM"指示灯常亮。若满足要求,表明被检测系统信号能正常地输入ECU。

在进行上述各项检查时,减振器阻尼和弹簧刚度控制停止,并且减振器阻尼和弹簧刚度均固定在"坚硬"状态,汽车高度控制仍旧正常进行。

4) 溢流阀的检查

溢流阀的检查是迫使压缩机工作来检查溢流阀的动作,其检查步骤如下:
① 打开点火开关,短接高度控制连接器的相关端子,迫使压缩机工作;
② 压缩机工作一段短时间后,检查溢流阀是否放空气;
③ 关闭点火开关;
④ 清除故障代码。

5) 漏气检查

主要检查悬架系统管路是否漏气,其步骤为:首先将高度控制开关拨到"HIGH"位置使汽车高度上升,然后使发动机停机,在管子和软管的接头处加肥皂水检查是否漏气。

6) 汽车高度调整

为了保证车高调节系统正常工作,必须进行汽车高度调整。首先将汽车停在水平地面上,检查汽车高度。若汽车的高度处在标准值范围以内,就不必进行汽车的高度调整,否则对汽车的高度调整:
① 拧松高度控制传感器连接杆上的两个锁紧螺母;
② 转动高度控制传感器连接杆的螺栓以调节长度。高度控制传感器连接杆每一圈能使汽车高度改变大约4 mm;
③ 调整时要注意检查高度控制传感器连接杆的尺寸是否小于极限值;
④ 暂时拧紧两个锁紧螺母;
⑤ 再检查一次汽车高度,直到车高符合要求;

⑥ 按拧紧力矩要求拧紧锁紧螺母。

3. 检查与更换电控悬架传感器

1）光电式车高传感器的检测

检测时，应首先检查光电耦合件表面是否有污物，连接线路是否良好，检查遮光盘上是否有污物。如果无问题，应拆下车高传感器连接插头，用导线将插头两端的电源连接起来，使传感器外壳搭铁。打开点火开关，慢慢转动传感器轴，用万用表测量插头上信号插孔输出的电压。如果电压在0～1 V之间变化，说明传感器工作性能良好，否则，应更换车高传感器。

2）制动灯开关电路检查

踩下制动踏板时，制动灯开关接通，蓄电池正极电压施加在悬架ECU的端子STP上。悬架ECU将该信号作为防点头控制的启动条件之一。拆出仪表台下的手套箱，接通点火开关。在踩下和松开制动踏板的同时，分别测量悬架ECU连接器端子STP与车身接地之间的电压。正常值：松开时为0～1.2 V，踩下时为9～14 V。若不正常，则需进一步检查配线连接器及悬架ECU。

3）转向角传感器的检查

丰田LS400轿车的转向角传感器需使用专用诊断连接器进行检查。检查时，先将汽车转向轮摆正（直行），悬架模式选择开关置于"NORM"位置，将诊断连接器上的16号端子（TS）和3号端子（El）连接。接通点火开关，指示灯"SOFT"（软）和"FIRM"（硬）应该闪亮。用手向右（或向左）转动转向盘0.01～0.08圈，此时，指示灯"FIRM"应闪亮而指示灯"SOFT"应熄灭（或指示灯"FIRM"熄灭而指示灯"SOFT"闪亮），否则，应对转向角传感器进行检查。

转向角传感器的连接器正常情况下1号端子与2号端子之间的电压应为3.5～4.2 V。缓慢转动转向盘，用电压表分别检测3号端子、4号端子与2号端子之间的电压（表的正极接3、4），应在0～5 V之间变化。否则，应进一步检查转向角传感器的电路或更换传感器。

学习任务4.2　空气悬架（EMAS）系统检修

【学习目标】

知识目标

1. 掌握空气悬架（EMAS）系统的工作原理；
2. 掌握空气悬架（EMAS）系统执行机构的组成及工作原理。

能力目标

1. 能够检测空气悬架（EMAS）系统；

2. 能够利用自诊断系统进行故障检修;
3. 能够根据故障现象诊断空气悬架(EMAS)系统故障。

情感目标

1. 培养学生对事负责、与人合作的精神,严谨细致的作风,坚持不懈的奋斗精神;
2. 培养学生勇于探索的精神和诚实守信、吃苦耐劳的职业品质;
3. 培养学生爱岗敬业的职业道德意识;
4. 培养学生分析问题、解决问题的能力;
5. 培养安全意识和环保理念。

【理论知识】

1. 空气悬架系统的组成

丰田 LS400 轿车空气悬架(electronic controlled air suspension,EMAS)系统的组成和各部件的布置如图 4-12 所示,控制系统如图 4-13 所示,主要由模式选择开关、空气悬架开关、车速传感器、转向传感器、车身高度传感器、节气门位置传感器、制动灯开关、门控灯开关、悬架 ECU、可调阻尼减振器、空气压缩机总成、高度控制阀、空气弹簧、悬架系统指示灯等组成。

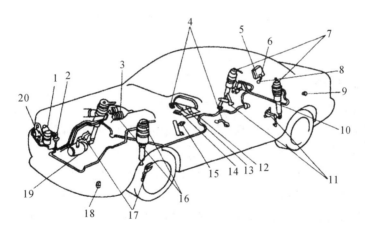

图 4-12 丰田 LS400 轿车空气悬架的组成及各部件布置

1—空气压缩机;2—1 号高度控制阀;3—主节气门位置传感器;4—门控灯开关;5—悬架 ECU;
6—2 号高度控制继电器;7—后悬架控制执行器;8—高度控制连接器;9—空气悬架开关;
10—2 号控制阀和溢流阀;11—后车身高度传感器;12—LRC 开关;13—高度控制开关;
14—转向传感器;15—停车灯开关;16—前悬架控制执行器;17—前车身高度传感器;
18—1 号高度控制继电器;19—IC 调节器;20—干燥器和排气阀

传感器将汽车行驶的路面情况(汽车的振动)和车速及启动、加速、转向、制动等工况转变为电信号,输送给 ECU,ECU 将传感器送入的电信号进行综合处理,输出对悬架的刚度和阻尼及车身高度进行调节的控制信号。执行机构按照 ECU 的控制信号,准确地动作,及时地调节悬架的刚度和阻尼系数及车身的高度。

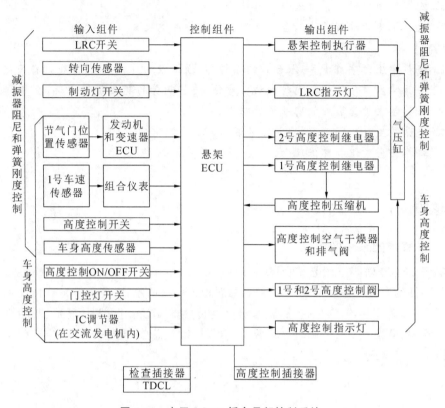

图 4-13 丰田 LS400 轿车悬架控制系统

2. 空气悬架部件功能

1）模式选择开关

丰田 LS400 轿车空气悬架的模式选择开关由 LRC 开关和高度控制开关组成,如图 4-14 所示。LRC 开关用于选择减振器和空气弹簧的工作模式(NORM 或 SPORT),高度控制开关用于选择车身高度(NORM 或 HIGH)的控制模式。

当 LRC 开关处于 SPORT 位置时,系统进入高速行驶(硬状态)自动控制状态;当 LRC 处于 NORM 位置时,系统对悬架刚度和阻尼力进行常规值自动控制。此时悬架 ECU 根据车速传感器信号,使悬架刚度、阻尼力自动处于软、中或硬三种状态。

高度控制开关可以选择车身高度,当该开关处于 HIGH 位置时,系统对车身高度进行高值自动控制;当该开关处于 NORM 位置时,车身高度则进入常规值自动控制状态。

2）空气悬架开关

空气悬架开关又称车高控制通/断开关,位于行李箱的右侧或左侧,如图 4-15 所示,其作用是接通或断开悬架 ECU 的电源。将它置于接通(ON)位置时,悬架系统可以进行车身高度控制;将它置于断开(OFF)位置时,系统不执行车身高度控制。

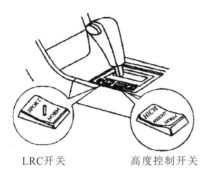
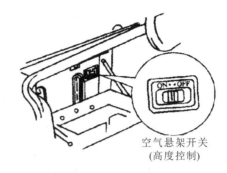

图 4-14　LRC 开关及高度控制开关　　　　图 4-15　空气悬架开关

职业素养

在顶起、吊起或拖动汽车之前，必须先将空气悬架开关置于断开位置，否则可能造成零部件损坏。

3）高度控制指示灯

高度控制指示灯又称为车身高度指示灯。丰田 LS400 轿车悬架系统的两个绿色的车身高度指示灯（HIGH 和 NORM）位于组合仪表板，用于指示车身高度是选择在 HIGH 位置还是在 NORM 位置。悬架系统发生故障时该灯点亮，以警示驾驶员。

4）LRC 指示灯

丰田 LS400 轿车悬架系统的 LRC 指示灯也位于仪表板，用于指示减振器和空气弹簧所处的工作模式（NORM AUTO 或 SPORT AUTO）。当选择 SPORT AUTO 模式时该指示灯亮，否则该指示灯熄灭。

5）悬架指示灯

丰田轿车的悬架指示灯共有 3 个，位于仪表板上，用于显示减振器的阻尼状态，并在系统发生故障时点亮。当减振器处于硬阻尼位置时，3 个指示灯都亮；当减振器处于运动阻尼位置时，左边和中间指示灯亮；当减振器处于软阻尼位置时，只有左边指示灯亮。另外，接通点火开关时，指示灯亮 2 s，以检查灯泡是否烧坏。

6）高度控制阀

丰田 LS400 轿车前、后悬架各安装了一个高度控制阀，根据悬架 ECU 的控制信号，控制空气悬架的充气和排气，如图 4-16 所示。1 号高度控制阀用于前悬架的高度控制，该阀中有两个电磁阀，分别控制左右空气弹簧。2 号高度控制阀用于后悬架的高度控制，也由两个电磁阀组成，与 1 号高度控制阀不同的是，这两个控制阀不是单独控制，而是同时动作。在 2 号高度控制阀中还装有一个溢流阀（安全阀）。当管路中压力过高时该阀打开，起安全作用。

检修技巧

丰田 LS400 轿车悬架系统配备有高度控制连接器，位于行李箱的左侧或右侧。如果使高度控制连接器上的相应端子连接，可以不通过悬架 ECU 而直接控制空气压缩机电动机、高度控制电磁阀、排气电磁阀，从而为检修提供方便。

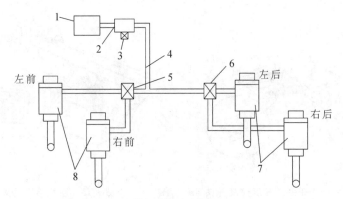

图 4-16 车身高度控制系统空气管路图
1—空气压缩机；2—干燥器；3—排气阀；4—空气管；5—1号高度控制阀；
6—2号高度控制阀；7,8—气压缸

3. 空气悬架的控制原理

丰田 LS400 轿车空气悬架系统 ECU 根据各传感器的信号、LRC 开关及高度控制开关所选择的模式信号，控制减振器阻尼、弹簧刚度和车身高度，控制方式如表 4-2 所示。

表 4-2 减振器阻尼、弹簧刚度和车身高度控制方式

开关位置		减振力	弹簧刚度	预定车辆高度
LRC 开关	NORM	软	软	
	SPORT	中	硬	
高度控制开关	NORM			标准
	SPORT			高

同时，可以根据汽车的行驶情况调节弹簧刚度和减振器阻尼力，如表 4-3 所示。

表 4-3 弹簧刚度和阻尼的控制及功能

行驶情况	控制状态	功　能
倾斜路面	弹簧变硬	抑制侧倾、改善操纵性
不平坦路面	弹簧变硬或阻尼力中等	抑制汽车上下跳动，改善汽车行驶时的乘坐舒适性
制动时	弹簧变硬	抑制汽车制动前倾（点头）
加速时	弹簧变硬	抑制汽车加速车后部下沉
高速时	弹簧变硬和阻尼力中等	改善汽车高速行驶稳定性和操纵性

1）可调阻尼减振器

液力式可调阻尼减振器的结构与阻尼调整原理如图 4-17 所示。

回转阀上有 3 个油孔，活塞杆上有 2 个通道，执行器通过控制杆带动回转阀旋转，以打开、封闭油孔和控制油路截面积的变化，从而在软、运动和硬 3 挡之间转换阻尼。

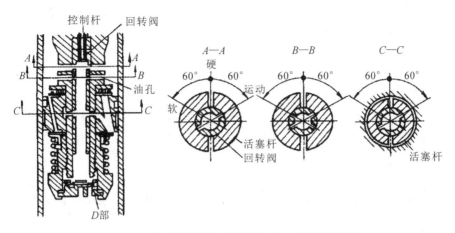

图 4-17 液力式可调阻尼减振器结构与阻尼调整原理

当 A、B、C 三个截面的阻尼孔全部被回转阀封住时,只有减振器下面的阻尼孔(D 部)在工作,此时阻尼最大,减振器处于硬状态;当回转阀从硬状态顺时针转动 60°时,B 截面阻尼孔打开,A、C 截面阻尼孔仍被关闭,由于比硬状态时多了一个阻尼孔参加工作,所以减振器处于运动状态;当回转阀从硬状态逆时针转动 60°时,A、B、C 三个截面的阻尼孔全部打开,此时减振器阻尼最小,减振器处于软状态。

2)空气弹簧组件

图 4-18 为空气弹簧组件的基本结构剖面图。空气弹簧组件由封入低压惰性气体和阻尼力可调的旋转式膜片、主气室、副气室和悬架执行元件组成。主气室是可变容积的,在它的下部有一个可伸展的隔膜,压缩空气进入主气室可升高悬架的高度,反之使悬架高度下降。悬架的上方与车身相连,随着车身与车轮的相对运动,主气室的容积不断变化。主气室与副气室之间有一个通道,气体可以相互流通。

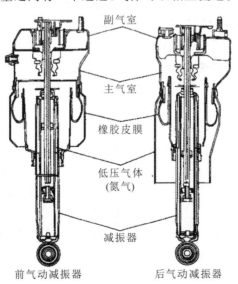

图 4-18 空气弹簧组件的基本结构剖面图

空气弹簧刚度通过调整主、副气室间的气阀体上的大小两个通道进行控制。步进电动机带动空气阀控制杆转动，使空气阀阀芯转过一个角度，改变气体通道的大小，就可以改变主、副气室气体流量，使空气弹簧的刚度发生变化。空气弹簧刚度可以在低、中、高三种状态间变化。

3）车高控制系统

车身高度控制系统主要由车身高度传感器、悬架 ECU、直流电动机、空气压缩机、高度控制电磁阀、排气电磁阀、调压阀和空气干燥器等组成，如图 4-19 所示。

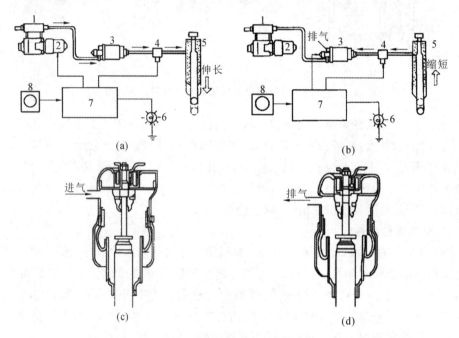

图 4-19 车身高度控制原理

1—压缩机；2—直流电动机；3—干燥器及排气阀；4—高度控制电磁阀；5—空气弹簧；
6—悬架指示灯；7—悬架 ECU；8—车身高度传感器

空气压缩机由一个小直流电动机驱动，根据悬架 ECU 信号向干燥器输送提高车高所必需的压缩空气。气缸顶端装有进、排气阀。排气阀通常关闭，用来给系统排气；当需要给空气弹簧排气时，空气弹簧阀和排气阀必须同时通电，且压缩机关闭。

干燥器有一个装有硅胶的小箱子，可以将空气中的水分过滤掉。从压缩机出来的空气进入干燥器，经干燥器吸湿后被送入高度控制电磁阀，由高度控制电磁阀控制空气弹簧的充气量。空气弹簧空气室的压力由调压阀控制，当排气阀打开时，空气弹簧空气室内的压缩空气从排气阀排入大气，同时将干燥器内的水分一起带走。

当判定车身低时，控制空气压缩机电动机工作，高度控制阀向空气弹簧主气室内充气，使车高增加，如图 4-19(c)所示；反之，若车身高度高时，打开高度控制阀向外排气，如图 4-19(d)所示，使车身高度降低。

【任务实施】

1. 空气悬架系统检修

1）空气悬架系统检测

① 检查蓄电池电压是否达到 12 V 以上，各线路有无明显的损坏或脱落，检查悬架是否在最低位，如在高位则应做放气处理；

② 打开点火开关，高度指示灯、LRC 指示灯亮，几秒后只有 1 个高度指示灯亮；

③ 随后压缩机开始工作，同时可以看到空气弹簧的充气过程；

④ 当高度传感器感应到一定的位移后，压缩机停止工作。

> **知行合一**
>
> （1）对于空气悬架系统检修，将汽车顶起前，应将高度控制开关拨到 OFF 位置。如果在高度控制开关拨到 ON 位置的情况下顶起汽车，则悬架 ECU 中会记录故障代码。
>
> （2）在放下千斤顶前，应将汽车下面所有的物体搬走。因为在维修过程中，可能进行了空气悬架的放气、空气管路拆检等操作，此时空气弹簧中的主气室可能无气或存有少量剩余气体，汽车落地后，因自身的重量，车身高度会很低。
>
> （3）在启动汽车之前，应启动发动机将汽车的高度调整到正常状态。因为在维修时空气弹簧中的空气被放掉，车身高度变得很低，如果此时汽车起步，势必造成车身与悬架或轮胎相互碰撞。因此，维修后首先启动发动机，用空气压缩机给空气弹簧气室输送压缩空气，使汽车高度恢复正常，这样汽车便可以正常行驶。

2）检查与更换空气悬架步进电动机

（1）检查电动机线圈。

用万用表测量该电动机线圈的电阻值，并与正常电阻值进行比较，判断电动机线圈是否烧坏。

（2）检查电动机内部结构。

若电动机线圈一相或两相烧坏，只要线圈骨架没有变形，可以按照电动机原来的线圈和匝数自行绕制。

若步进电动机损坏，应同时检测步进电动机的驱动电路是否损坏。

3）检查与更换气泵电动机

（1）检查气泵吸气。

若吹气的真空度降低。主要原因：

① 真空泵内油量不足；

② 气泵内空气滤清器被堵塞；

③ 气泵密封机件磨损导致漏油、漏气；

④ 气泵内杂质多，气泵被堵塞；

⑤ 气泵调节阀调节不当。

排除办法：

① 换用新的密封件；
② 更换新的真空油；
③ 正确调节气泵的调节阀，往顺时针方向调节增大压力，反之则相反；
④ 使用汽油清洗滤清器；
⑤ 添加新的真空油至游标中心线位置。
（2）检查响声。
若响声正常，但真空压力达不到铭牌标注。主要原因：
① 进出风定位包底座的石棉垫密封不严或断裂，应更换石棉垫；
② 调节阀损坏，达不到调节目的，应立即更换；
③ 侧面吸气处过滤器橡胶密封圈不严或盖板螺母未拧紧。
若响声异常，主要原因：
① 缸体内缺油，使大钢片与缸体摩擦加剧，应检修油路后更换已损件；
② 油泵损坏，无润滑油，更换油泵；
③ 油量不足，润滑不良，应加油到油标高度；
④ 风扇叶片老化或被打断，排除故障后更换；
⑤ 发出"嗒嗒"声响，气泵转子两端轴损坏，立即更换。
（3）检查气泵漏油。
① 管路问题，油管接头不紧或油管破损；
② 密封问题，真空泵的泵轴及油封装置的密封圈磨损，应立即更换密封圈。

2. 故障自诊断

自诊断系统需要利用指示灯读取故障码，因此先进行指示灯检查。

1）指示灯检查

① 打开点火开关，"HIGH"照明灯一直点亮。
② 检查悬架控制指示灯（带"SPORT"标志）和高度控制指示灯（带"NORM"或"HIGH"标志），应亮 2 s 左右。当把悬架控制开关拨到"SPORT"侧时，悬架控制指示灯仍旧亮。同样，当高度控制开关拨到"NORM"或"HIGH"侧时，相应的高度控制指示灯"NORM"或"HIGH"也亮。

当高度控制"NORM"指示灯以每 1 s 间隔闪亮时，表明悬架 ECU 存储器中存有故障代码。悬架控制系统存在故障，应做进一步的检修。

2）诊断代码检查

① 打开点火开关。
② 将诊断盒或检查连接器的相关端子短接。
③ 通过观察高度控制"NORM"指示灯的闪烁规律，读取诊断代码。若没有诊断代码输出时，应检查端子电路。若指示灯闪烁的时间间隔相等，表示悬架控制系统正常，自诊断系统未出现故障。
④ 检查完后，断开相关端子。
⑤ 诊断代码清除有两个方法：
a. 在关断点火开关的情况下，拆下接线盒中的熔丝 10 s 以上；
b. 在关断点火开关的情况下，将高度控制连接器的相关端子连接，同时使检查连接器的相关端子连接,保持这一状态10 s以上,然后接通点火开关,并断开以上各端子。

⑥ 读取代码。如诊断代码消失,表明悬架控制系统正常,故障已经排除。

3)故障诊断内容

丰田LS400轿车空气悬架系统的电路如图4-20所示。

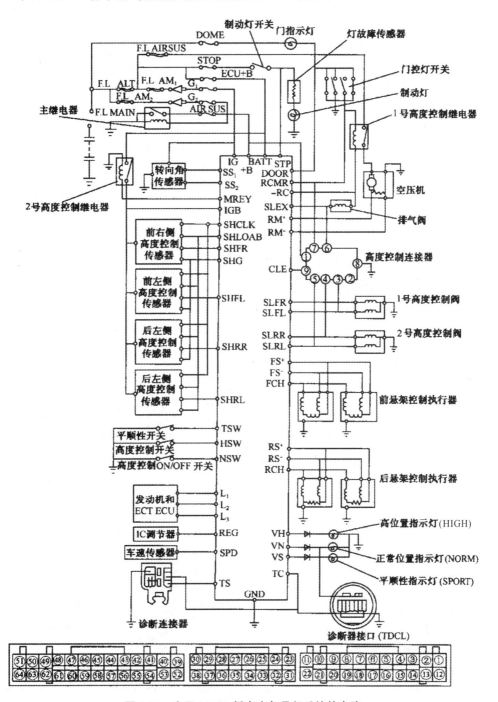

图4-20 丰田LS400轿车空气悬架系统的电路

其自诊断测试的方法是:接通点火开关(置于"ON"位置),用跨接线将检查连接器 TDCL 的端子 TC 与 E1 短接起来,从仪表板上"NORM"指示灯读取故障码。故障码的内容及其诊断如表 4-4 所示。

表 4-4 空气悬架的故障诊断内容

故障码	诊　　断	故障部位
11	右前高度传感器电路	悬架 ECU 和高度传感器之间的配线或连接器 高度传感器 悬架 ECU
12	左前高度传感器电路	
13	右后高度传感器电路	
14	左后高度传感器电路	
15	右前加速度传感器电路	悬架 ECU 和加速度传感器之间的配线或连接器 加速度传感器 悬架 ECU
16	左前加速度传感器电路	
17	后加速度传感器电路	
21	右前悬架控制执行器电路	悬架 ECU 和执行器之间的配线或连接器 悬架控制执行器 悬架 ECU
22	左前悬架控制执行器电路	
23	右后悬架控制执行器电路	
24	左后悬架控制执行器电路	
31	右前高度控制电磁阀电路	悬架 ECU 和高度控制电磁阀之间的配线或连接器 高度控制电磁阀 悬架 ECU
32	左前高度控制电磁阀电路	
33	右后高度控制电磁阀电路	
34	左后高度控制电磁阀电路	
35	排气电磁阀电路	悬架 ECU 和排气电磁阀之间的配线或连接器 排气电磁阀、悬架 ECU
41	空气悬架继电器电路	悬架 ECU 和继电器之间的配线或连接器 继电器、悬架 ECU
42	压缩机电动机电路	悬架 ECU 和压缩机电动机之间的配线或连接器 压缩机电动机、悬架 ECU
51	至空气悬架继电器的持续电流	压缩机电动机、压缩机、高度控制电磁阀 排气电磁阀、减压阀、悬架 ECU
52	至排气电磁阀的持续电流	高度控制电磁阀、排气电磁阀、悬架 ECU
61	悬架控制信号	悬架 ECU 失灵
71	高度控制通/断开关电路	悬架 ECU 与高度控制通断开关之间配线或连接器 高度控制通断开关、悬架 ECU
72	悬架控制执行器电源电路	AJR SUS 熔丝 悬架 ECU 与发动机主继电器之间的配线或连接器 悬架 ECU

续表

故障码	诊　　断	故障部位
73	发电机 IC 调节器电路(发电机电路)	悬架 ECU 与发电机 IC 调节器之间的配线或连接器 悬架 ECU
74	车身高度控制电源电路	悬架 ECU 与蓄电池之间的配线或连接器 PWR-IG 熔丝、AJR SUS 熔丝、点火继电器 发电机 IC 调节器、蓄电池、悬架 ECU
75	高度传感器电路	高度传感器控制杆 高度传感器、悬架 ECU

3. 根据故障现象进行检修

如果故障码检查时显示正常代码而汽车悬架系统仍然出现故障,可以根据故障现象按表 4-5 的次序检修。如果相关电路没有任何不正常现象,故障却依然出现,则更换悬架 ECU。

表 4-5　汽车车高控制失灵的故障排除步骤

故障现象	可能部位										
	高度控制传感器电路	1号高度控制阀、排气阀电路	压缩机电动机电路	高度控制总ON/OFF开关	汽车车高控制电源电路	发电机电路	高度控制开关电路	车速传感器开关	门控灯开关电路	高度控制传感器连接杆	空气泄漏	气压缸/减振器	悬架控制电脑
高度控制指示灯的亮灯位置不随高度控制开关的动作变化				3	2	1							5
汽车高度控制功能失效	5			4	2	1	3						6
只有高车速控制失效								1					2
汽车高度出现不规则变动	2									1			3
汽车高度控制起作用,但汽车高度不均匀		2								2			
汽车高度控制起作用,但汽车高度高或低(汽车高度在 NORM 状态时,高度与标准值不符)										1			
调整汽车高度时,汽车处于非常高或非常低的位置	1												
即使是高度控制 ON/OFF 开关在"OFF"位置时,汽车高度控制仍起作用				1									
点火开关 OFF 控制不起作用					2				1				3
即使在车门打开时,点火开关 OFF 控制仍有作用									1				2
驻车时汽车高度非常低												1	2
压缩机电动机运转不停		2	3								1		4

学习任务 4.3　油气悬架（HPS）系统检修

【学习目标】

知识目标

1. 掌握油气悬架（HPS）系统的基本功能；
2. 掌握油气悬架（HPS）系统的分类；
3. 掌握油气悬架（HPS）系统的组成及工作原理。

能力目标

1. 认识油气悬架（HPS）系统；
2. 能够完成油气悬架（HPS）系统基本检修；
3. 能够检修油泵。

情感目标

1. 培养学生对事负责、与人合作的精神，严谨细致的作风，坚持不懈的奋斗精神；
2. 培养学生勇于探索的精神和诚实守信、吃苦耐劳的职业品质；
3. 培养学生爱岗敬业的职业道德意识；
4. 培养学生分析问题、解决问题的能力；
5. 培养安全意识和环保理念。

【理论知识】

1. 油气悬架的组成

在密闭的容器中充入压缩气体和油液，利用气体的可压缩性实现弹簧作用的装置称油气悬架。油气悬架可以是独立悬架也可以是非独立悬架，它以气体作为弹性介质，液体作为传力介质，不但具有良好的缓冲能力，还具有减振作用，同时还可调节车架的高度，适用于重型车辆和大客车。油气悬架中的气体一般是惰性气体，常选择氮气。

油气悬架系统主要由悬架 ECU、转向传感器、加速度传感器、制动压力传感器、车速传感器、车身高度传感器、油气悬架刚度调节器和电磁阀等部件组成，各部件布置如图 4-21 所示。

转向传感器安装在转向柱上，用于测量转向盘的转角信号，并将信号传送给悬架 ECU。

加速度传感器与加速踏板连接，将测得的加速度信号传送给悬架 ECU。

制动压力传感器安装于制动管路中，当汽车制动时，向悬架 ECU 发送阶跃信号来

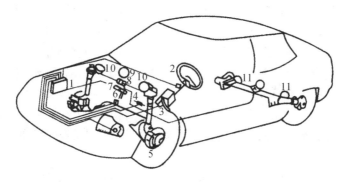

图 4-21 油气悬架系统组成及安装位置

1—悬架 ECU；2—转向传感器；3—加速度传感器；4—制动压力传感器；5—车速传感器；
6—车身高度传感器；7—电磁阀；8—辅助液压阀；9—刚度调节器；10—前油气室；11—后油气室

表示制动,使悬架 ECU 输出抑制汽车点头的信号。

车速传感器安装在车轮上,用于产生与转速成正比的脉冲信号,悬架 ECU 利用车速传感器和转向传感器的转角信号,计算出车身的侧倾程度。

车身高度传感器安装在车身与车桥之间,用于测量车身与车桥的相对高度,其变化频率和幅度可以反映车身的平顺性,同时用于车身高度自动调节。

2. 油气悬架的功能

油气悬架系统属于主动式悬架系统,油气悬架以气体作为弹性介质,而用油液作为传力介质。它通过油液压缩气室中的空气实现变刚度特性,而通过电磁阀控制油液管路中的小孔节流实现变阻尼特性,如图 4-22 所示。

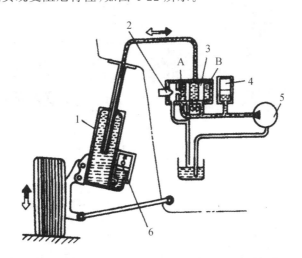

图 4-22 油气悬架的组成

1—液压缸；2—电控液压比例阀；3—机械式伺服滑阀；4—蓄能器；5—液压泵；6—气体弹簧

3. 油气悬架系统的工作原理

油气悬架系统的工作原理如图 4-23 所示。该系统能提供两种弹簧刚度(运动和舒适)和两种悬架阻尼力(软和硬)。在汽车正常行驶时,悬架 ECU 发出控制信号,使电磁阀向右移动,见图 4-23(a),接通压力油道,使辅助液压阀的阀芯向左移动,由于中间油气室与主油气室连通,从而使总的气室容积增加,气压减小,因而刚度变小。a、b 节流孔起阻尼器的作用,系统处于软状态,以提高乘坐舒适性。当高速、转向、起步和制动时,电磁阀中无电流通过,在弹簧作用下,阀芯左移,如图 4-23(b)所示,关闭压力油道,原来用于推动液压阀的压力油通过电磁阀的左边油道泄出,辅助液压阀阀芯右移,关闭刚度调节器,气室总容积减小,刚度增大,使系统处于硬状态,以提高车辆的操纵稳定性。

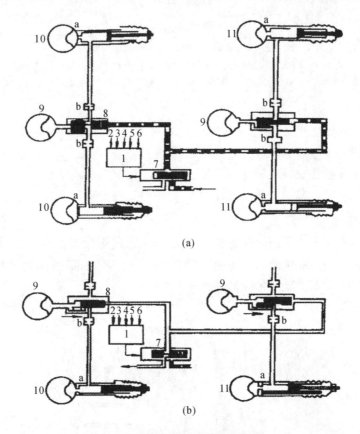

图 4-23 油气悬架系统工作原理

1—悬架 ECU;2—转向传感器;3—加速度传感器;4—制动压力传感器;
5—车速传感器;6—车身高度传感器;7—电磁阀;8—辅助液压阀;
9—(中间油气室)刚度调节器;10—前油气室;11—后油气室

4. 油气悬架系统的分类

油气悬架系统主要有带隔膜式、不带隔膜式和带反压气室式三种,如图 4-24 所示。

1)不带隔膜式油气悬架

不带隔膜式油气悬架如图 4-24(a)所示,其缸体的上端和活塞的下端分别固定在车架和车桥上。活塞的上面有一油层,既可以润滑活塞又可以作为气室的密封。油层上

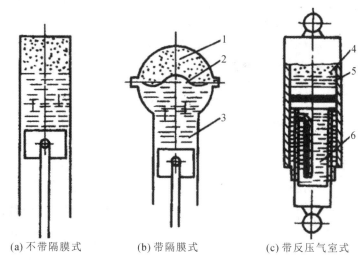

(a) 不带隔膜式　　(b) 带隔膜式　　(c) 带反压气室式

图 4-24　油气悬架的形式

1,4—油；2—隔膜；3—氮气；5—活塞；6—反压气室

方的空间即为高压气室，其中充满高压氮气，气体和工作油液间没有任何隔离装置。

当载荷增加时，活塞在工作缸体内向上移动，高压气室容积缩小，氮气被进一步压缩，此时油压升高。当载荷减小时（伸张行程），活塞向下移动，高压气室的容积增大，气体压力和油压都下降。

> **知行合一**
> 　　空气悬架和油气悬架都同螺旋弹簧一样，只能承受轴向载荷，因此气体悬架中必须设置纵向和横向推力杆等导向机构，同时还必须设有减振器。

2）带隔膜式油气悬架

带隔膜式油气悬架，如图 4-24(b)所示，其球形气室固定在工作缸上，其内腔用橡胶油气隔膜 2 隔开，一侧充入高压氮气，构成气体弹簧；另一侧与工作缸的内腔相通，并充满了工作介质（减振油液），相当于液力减振器。在球形气室上装有充气阀。油气悬架上端的球形气室和下端的活塞分别通过上、下球座固定在车架和车桥上。

> **工匠精神**
> 　　油气隔膜的作用在于把作为弹性介质的高压氮气和工作液分开，以避免工作液乳化，同时也便于充气和保养。

当载荷增加时，车架与车桥之间的距离缩短，活塞 5 上移使充满工作液的内腔容积减小，迫使工作液推动油气隔膜 2 向具有一定压力的氮气室移动，使气室容积减小，氮气压力升高，弹簧刚度增大，车架下降缓慢。当外界载荷等于氮气压力时，活塞便停止上移，这时车架与车桥的相对位置不再变化，车身高度也不再下降。

当载荷减小时，油气隔膜在高压氮气压力的作用下向油室一侧移动，推动活塞下移,从而使弹簧刚度减小,车架与车桥之间距离变长,车架上升减缓,当外部载荷与氮气压力相平衡时,活塞停止下移,车身高度也不再上升。

由于氮气储存在密闭的球形气室内,其压力随外载荷的大小而变化,故油气悬架具有变刚度的特性,同时又起液力减振器的作用。

【任务实施】

1. 基本检查

油气悬架系统基本检查主要内容是检查各管路、线路、销轴和部件连接固定情况,检查各液压元件有无渗漏现象,并根据情况及时检查调试油气悬架系统悬架高度。

1) 悬架高度过大或过小

悬架高度过大的危害是汽车减振效果降低,容易产生冲击,稳定性和平顺性下降。可能原因是蓄能器压力过高,工作装置液压操纵系统压力过高。

悬架高度过小的危害不仅是减振效果降低,通过性变差,而且车桥与车架易发生撞击,损坏机件。可能原因是蓄能器压力过低,工作装置液压操纵系统压力过低。

2) 悬架油缸漏油

悬架油缸漏油的可能原因是活塞油封损坏、油封型号不对、油封安装不正确、油缸接头密封不严或者缸体出现裂纹。

3) 车体自动下降

车体自动下降表现为开始悬架高度正常,一段时间后车体降落,悬挂高度变小。可能原因是悬架油缸漏油。

> **职业素养**
>
> 为防止加油和充气期间出现事故,悬架系统的正常充气顺序应遵循三个基本条件:油位必须正确、用于氮气充入的悬架装置活塞杆的伸出必须正确、氮气充入压力必须正确。
>
> 为取得最佳效果,前悬架装置或后悬架装置的充气必须成对进行,若对后悬架装置充气,必须先给前悬架装置充气;为延长悬挂装置部件的使用寿命,必须向悬架装置油内添加抗摩擦剂;加油和充气步骤期间,必须保持规定的设定尺寸,正确设定加油高度。

2. 油泵的检修

① 机油泵与发动机等速旋转,机油泵的泵油压力在发动机怠速时最大可达 13 MPa。

② 确认油箱里的机油水平在最高标记和最低标记之间。

③ 检查配管接头、油泵、车高水平控制阀储压箱、悬架支撑杆的连接处是否漏油,这项检查一般使用压缩空气。

3. 车高水平控制阀的检查

在发动机运转状态,上下变动车高水平控制阀的阀杆时,若车高变化,可以确认车高水平控制阀无故障。如果车高水平控制阀漏机油,需要更换密封圈。

检查限制最高压力的减压阀,把车高水平控制阀的阀杆向上推,让压力油进入储压箱,持续一会听到"噢哩"的声音,油压降低,就可以确认减压阀已开启。这项检查需要油压表,油压表安装在排油螺丝孔上。

减压阀的最大油压是 18 MPa,最小油压是 13 MPa,基本油压为 3 MPa。如果减压阀的油压比基本油压还低,后轮轴就会产生异响。

> **工匠精神**
>
> 在拆卸悬架部件之前,必须使液压系统卸压,以防止操作过程中液压系统喷油伤人。可先操纵油气悬架系统使其处于弹性状态,再开始泄压,直到悬架压力为零。
>
> 维修液压系统要保持清洁,防止造成污染,更换、安装阀组、胶管、密封圈时,最好涂抹液压油。

学习任务 4.4　胎压监测系统（TPMS）检修

【学习目标】

知识目标

1. 掌握胎压监测系统(TPMS)的基本功能;
2. 掌握胎压监测系统(TPMS)的分类;
3. 掌握胎压监测系统(TPMS)的组成及工作原理。

能力目标

1. 能够认识胎压监测系统(TPMS);
2. 能够完成胎压监测的基本检查操作;
3. 能够标定胎压监测系统(TPMS)。

情感目标

1. 培养学生对事负责、与人合作的精神,严谨细致的作风,坚持不懈的奋斗精神;
2. 培养学生勇于探索的精神和诚实守信、吃苦耐劳的职业品质;
3. 培养学生爱岗敬业的职业道德意识;
4. 培养学生分析问题、解决问题的能力;
5. 培养安全意识和环保理念。

【理论知识】

胎压监测系统（tire pressure monitoring system，TPMS）是一种能对汽车轮胎气压、温度进行自动检测，并对轮胎异常情况进行报警的主动安全系统。胎压监测系统与安全气囊、ABS 防抱死制动系统一起构成了汽车三大安全系统。

1. 胎压监测系统作用

胎压监测系统是安装在车辆上，以某种方式监测轮胎气压情况，并在一个或者多个轮胎欠压时进行报警的系统。

轮胎气压是影响汽车行驶性能和安全性能的重要指标。要保证轮胎气压的一致性，从而提高轮胎的使用寿命。轮胎气压过低或过高，或是轮胎的快速漏气，都会给行车带来极大的安全隐患。胎压与轮胎的磨损关系如图 4-25 所示。

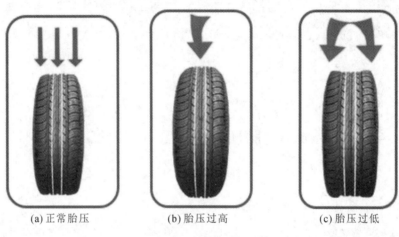

(a) 正常胎压　　　　(b) 胎压过高　　　　(c) 胎压过低

图 4-25　胎压与轮胎的磨损关系

轮胎气压过低，轮胎与地面的摩擦力大幅增加，胎温急剧升高，轮胎变软，强度下降，胎肩、胎侧快速磨损，轮胎的薄弱部位胎侧，不断受到挤压和拉伸，易造成疲劳失效，发生爆胎；同时滚动阻力增加，汽车油耗增加，车辆操纵稳定性降低。轮胎气压过高，轮胎胎冠部位会加速磨损，胎冠及胎侧的薄弱部位碰到尖锐物体也容易发生爆胎；同时车辆抓地力降低，悬架系统磨损加重，车辆的舒适性差。另外车辆高速长时间行驶，以及下长坡制动、超载等原因也会导致轮毂和轮胎温度升高进而导致轮胎气压异常增高，增加爆胎的概率。相比轮胎气压过低和过高，轮胎快速漏气更危险。一般只要发生快速漏气状态，例如，轮胎被扎孔，轮胎气压会在短时间内降低到零，严重影响高速行驶的车辆安全。

汽车胎压监测系统具体性能指标：

① 可监测胎压范围为 0～4.5 bar，分辨率为 25 mbar，通常汽车的轮胎气压为 2.2～2.8 bar；

② 可监测温度范围为 −40～125 ℃,分辨率为 2 ℃,汽车的轮胎温度一般约为 75 ℃;

③ 轮胎压力传感器发射功率用频谱分析仪测得在 −40 dBm 左右,胎压控制器接收灵敏度为 −100 dBm;

④ 采用 500 mA·h 的电池,若每天正常行车 12 h,发射模块可以正常工作 6 年以上。

2. 胎压监测系统构成

汽车胎压监测系统构成如图 4-26 所示。

图 4-26 胎压监测系统构成

1—右前轮启动器;2—组合仪表;3—TPMS 射频接收器;4—右后轮轮胎压力传感器;5—右后轮启动器;
6—备胎压力传感器;7—左后轮启动器;8—左后轮轮胎压力传感器;9—集成主机(IHU);
10—左前轮轮胎压力传感器;11—左前轮启动器;12—右前轮轮胎压力传感器

启动器是一个低频发射器,由中央接线盒(CJB)供电,用于辅助轮胎压力传感器向射频接收器发射信号。轮胎压力传感器安装在车轮胎腔内,自身有电源且没有进出传感器的电气连接。轮胎压力传感器对轮胎内的空气压力、温度及施加在传感器上的向心加速度等进行测量,并将测得的数据转换为 433 MHz 的频率信号,发送给位于车顶控制台后部的射频接收器。射频接收器通过内部天线接收来自各个轮胎压力传感器的信号并通过专用局域互联网络(K 总线)将信号传给轮胎压力控制模块(TPM)。

轮胎压力控制模块 TPM 与中速 CAN 总线相连,以实现与诊断系统的连接。TPM 接收轮胎压力传感器的信号,并对信号进行处理,当 TPM 认为系统存在问题时,会通过中速 CAN 总线向组合仪表发送 TPM 的状态信息,点亮轮胎压力报警灯,并在仪表信息中心显示相关信息。

每次启动车辆时,中央接线盒(CJB)会逐个向启动器发送一个低频(125 kHz)信号。轮胎压力传感器收到此信号后,会向射频接收器发送信号(433 MHz),该信号含有编码数据,分别对应传感器标识代码、空气压力、空气温度和向心加速度等信息。

当车辆以低于 20 km/h 的速度行驶 12 min 后,系统会进入驻车模式。处于驻车模式时,轮胎压力传感器会每隔 13 h 向轮胎压力控制模块发送一次信号。而如果轮胎压力比标准值低 0.6 bar(1 bar＝100 kPa)以上,传感器会更频繁地发送信号并点亮轮胎压力报警灯。

3. 胎压监测系统分类

胎压监测系统主要分为三类。一类是间接式胎压监测(wheel-speed based TPMS),通过轮胎的转速差来判断轮胎胎压是否异常。另一类是直接式胎压监测(pressure-sensor based TPMS),通过在轮胎里面加装四个胎压监测传感器,在汽车行驶过程中对轮胎气压和温度进行实时自动监测,并对轮胎高压、低压、高温进行及时报警,避免轮胎故障引发的交通事故,确保行车安全。第三类是混合式胎压监测系统,它在两个互相成对角的轮胎内装有胎压监测传感器,同时装有间接式胎压监测系统。

常见的直接式胎压监测系统根据胎压监测模块的安装形式不同又分为气门嘴式、钢带捆扎式和气门嘴帽盖式三种,如图 4-27 所示。气门嘴式的胎压监测模块与轮胎的气门嘴合成一体,直接安装在轮毂的气门孔座上,主要适用于无内胎轮胎;钢带捆扎式的胎压监测模块用钢带或钢丝直接捆扎在轮毂上,主要适用于无内胎轮胎;气门嘴帽盖式的胎压监测模块做得非常小巧,可以直接拧紧在车轮气门嘴的末端,既适用于无内胎轮胎,又适用于有内胎轮胎。

(a)气门嘴式　　　　　(b)钢带捆扎式　　　　　(c)气门嘴帽盖式

图 4-27　不同胎压监控模块的安装形式

4. 胎压监测系统工作原理

1)间接式胎压监测系统

如图 4-28 所示,间接式胎压监测系统是通过获取车辆四个车轮的转速、车辆转向角度等信息,建立轮速信息与轮胎气压之间的关系,从而监测轮胎气压,判断轮胎是否处于故障状态。该系统无法直接测量轮胎内部压力,不能显示胎压具体信息。当车轮转速差过大时,胎压监测报警系统就会点亮。

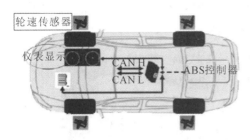 

图 4-28　间接式胎压监测系统

2）直接式胎压监测系统

直接式胎压监测系统是目前主流应用系统。如图 4-29 所示,直接式胎压监测系统通过在轮胎里面加装四个胎压监测传感器,在汽车行驶过程中对轮胎气压和温度进行实时自动监测,并对轮胎高压、低压、高温进行及时报警,确保行车安全。

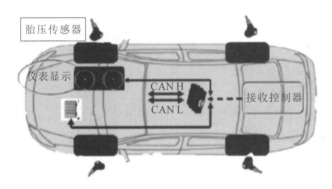

图 4-29　直接式胎压监测系统

直接式胎压监测系统按照胎压传感器的安装位置又分为内置直接测量式胎压监测系统和外置直接测量式胎压监测系统。

内置直接测量式胎压监测系统的每一个胎压传感器都内置在轮胎里,位于气门口附近,每一个传感器靠电池供电,将测量的胎压数值通过无线传输至接收器,如图 4-30 所示。

图 4-30　内置直接测量式胎压监测系统

外置式胎压监测系统的胎压传感器通常被装在轮胎气嘴上面,优点是安装简便,缺点是裸露在外的传感器容易受到灰尘、雨雪等外部因素的干扰。这种胎压监测同样也可以单独显示每个车轮的胎压,如图 4-31 所示。

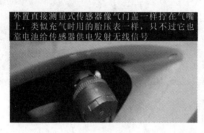

图 4-31 外置直接测量式胎压监测系统

3) 混合式胎压监测系统

混合式胎压监测系统,即在常规的间接式胎压监测系统中安装两个额外的胎压传感器和一个射频接收器。两个胎压传感器分别安装在两个车轮上,且呈对角线分布。由于系统安装了直接测量轮胎气压的传感器,能够检测到在同一个车轴或车辆同一侧的两个处于欠压状态的轮胎。当所有 4 个轮胎都处于低压状态时,系统也可以检测到轮胎欠压。

5. 胎压监测系统控制理论

1) 间接式胎压监测系统

间接式胎压监测系统没有直接测量压力的传感器,而是通过 ABS 系统设置在每个车轮的轮速传感器采集转速信息,并通过中央处理器判断是否存在某一轮胎气压不足,如图 4-32 所示。

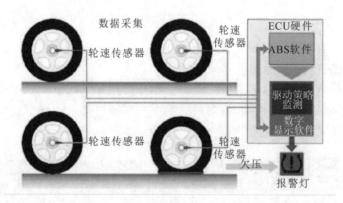

图 4-32 间接式胎压监测系统控制原理

该系统的控制原理为:当一个轮胎的气压减小时,周长也同步减小,滚动半径 r 减小,而车轮的旋转速度 ω 相应地加快。系统经过计算和对比后,若发现某个车轮转速发生变化,就会自动点亮胎压报警灯。车轮转速比率可用下式表示:

$$\eta = \frac{\omega_{FL} \cdot \omega_{RR}}{\omega_{FR} \cdot \omega_{RL}} \approx \frac{r_{FR} \cdot r_{RL}}{r_{FL} \cdot r_{RR}}$$

其中:下标中 FL 表示前左轮;FR 表示前右轮;RR 表示后右轮;RL 表示后左轮。

如果这个比率偏离设定的公差,就说明一个或更多轮胎过于膨胀或处于充气不足状态,指示灯将提示有轮胎处于低压状态。

2)直接式胎压监测系统

直接式胎压监测系统如图4-33所示,当车速大于20 km/h时,4个轮胎胎压传感器每间隔60 s向胎压监测控制单元发送1次无线电数据信息电码,无线电频率与遥控钥匙的频率相同,为433 MHz。这些数据信息包括轮胎压力、轮胎温度、序列号(包含ID识别号、零件号、生产日期等)和状态信息(电池电量、转动方向、操作模式等)。胎压监测控制单元持续监测所有转动车轮的胎压等信息,然后控制器通过CAN总线,将胎压和温度等数据传输给仪表,并在仪表中进行数字化显示。该系统通过图形、声音、文字报警方式,显示每个车轮的胎压信息,方便显示各个车轮的胎压情况。同时,直接式胎压监测系统可以把轮胎压力低、轮胎温度高以及胎压信号丢失等报警信息及时传递,保证行车安全。

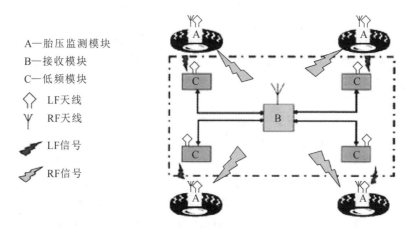

A—胎压监测模块
B—接收模块
C—低频模块
LF天线
RF天线
LF信号
RF信号

图4-33 直接式胎压监测系统控制原理

系统的控制原理为:胎压传感器内部的压力测量值是相对于一个固定的标准大气压值 p(101.3 kPa)进行计算的。当轮胎的胎压值 p_1 为一个标准大气压时,传感器发送的胎压数值 p_2 为0,其具体计算公式为

$$p_2 = p_1 - p$$

胎压传感器实际发送的胎压是相对于环境大气压,因此实际传感器应发送的胎压值 p_{2-1} 计算公式如下:

$$p_{2-1} = p_1 - p_0$$

以上两式中: p_2 为传感器发送给接收端的压力值; p_{2-1} 为传感器实际发送的胎压值; p_1 为轮胎内部绝对压力值; p_0 为环境大气压力值; p 为一个标准大气压值(101.3 kPa)。

6. 胎压监测系统标准

GB 26149—2017《乘用车轮胎气压监测系统的性能要求和试验方法》中,对胎压监测系统的性能和试验的分类和具体要求如下:

车辆行驶过程中,当接收端接收到任意一个轮胎的气压小于车辆推荐气压的75%

时,应该立即设置低压报警信号,同时仪表显示相应报警警示灯。Ⅰ类要求,10 s 内点亮胎压报警;Ⅱ类要求,10 min 内点亮胎压报警。

车辆行驶过程中,当接收端接收到任意多个轮胎的气压小于车辆推荐气压的 75% 时,应该立即设置低压报警信号,同时仪表显示相应报警警示灯。Ⅰ类要求,10 s 内点亮胎压报警;Ⅱ类要求,15 min 内点亮胎压报警。

模拟胎压监测系统故障,故障发生 10 min 内需要点亮胎压故障灯。当故障灯点亮后,停车,将点火开关置为"OFF"状态。5 min 后,将点火开关置为"ON"状态,故障灯保持点亮。然后,将胎压监测系统恢复至正常工作状态,胎压故障灯熄灭。

国际标准化组织发布标准 ISO 21750—2006 *Road vehicles—Safety enhancement in conjunction with tyre inflation pressure monitoring*(道路车辆——用于提高车辆安全性的轮胎压力监测系统),该标准适用于装备无内胎轮胎且胎压小于 375 kPa 的四轮车辆使用的胎压监测系统,包括 TPAS(胎压提醒系统)、TPWS(胎压警告系统)、TLAS(轮胎缺气提醒系统)。TLAS 主要针对间接式 TPMS 系统,TPAS 和 TPWS 主要针对直接式 TPMS 系统。

对于轮胎缺气提醒系统,要求当车速大于 25 km/h 时,监测到欠压的报警响应时间不大于 10 min,监测到故障的报警响应时间不大于 10 min;欠压报警的实车试验方法为:胎压以 10~20 kPa/min 的速率降低,车速大于 25 km/h 时,系统最迟在压力下降 100 kPa 时发出报警。

对于胎压提醒系统和胎压警告系统,要求当车速大于 25 km/h 时,监测到欠压的报警响应时间不大于 3 min,监测到故障的报警响应时间不大于 10 min。欠压报警的实车试验方法包括两种:第一种,某一车轮气压以 10~20 kPa/min 的速率降低,车速大于 25 km/h 时,系统最迟在压力下降 100 kPa 时发出报警;第二种,静止时将某一车轮气压降至门限值以下,车速大于 25 km/h 时,系统应在 3 min 内发出报警。

北汽绅宝系列车型安装有直接式或间接式胎压监测系统。胎压监测系统报警策略如表 4-6 和表 4-7 所示。

表 4-6 直接式胎压监测系统报警策略

严重报警	报警策略	处理方法
快速漏气报警	轮胎 1 min 内轮胎压力下降值大于 30 kPa,进行快速漏气报警	检查轮胎是否被刺穿,修补充气后,路试车速大于 30 km/h 行驶 10 min 进行自学习
低压报警	当汽车轮胎中的一个或多个轮胎气压低于制造厂规定的冷态轮胎气压值的 75% 时报警	将轮胎气压调整到标准值,路试车速大于 30 km/h 行驶 10 min 进行自学习
高温报警	传感器检测到高温异常,高温报警阈值为 80 ℃	停车对轮胎降温后,路试车速大于 30 km/h 行驶 10 min 进行自学习
传感器失效	接收控制器未学习胎压传感器,或强制删除 ID 信息后报警	确认轮胎是否装有传感器,是否有干扰设备,路试车速大于 30 km/h 行驶 10 min 进行自学习
传感器电量低报警	系统收到传感器电量低信号时进行传感电量低报警	更换电量不足的传感器,匹配后,路试车速大于 30 km/h 行驶 10 min 进行自学习

表 4-7　间接式胎压监测系统报警策略

报警类别	报警策略	处理方法
轮胎压力低	点火开关位于 ON 挡时,胎压报警指示灯点亮约 3 s 自检,自检后熄灭。如果监测轮胎压力异常,该报警指示灯点亮	对轮胎进行充气或更换车轮后,对胎压系统进行"胎压复位"操作
胎压系统故障	如果监测到胎压系统故障,该报警指示灯先闪烁 60 s 后常亮	参照维修手册故障诊断步骤进行排查,故障排除后,对胎压系统进行"胎压系统标定"操作

【任务实施】

1. 胎压监测系统的基本检修

1) 开机自检

胎压监测系统具备开机自检功能,系统通电即开始自检,同时点亮故障报警灯,自检应在 6 s 内结束。若系统无故障,则故障报警灯熄灭;若有故障,则故障报警,直到故障解除。对于四轮以上的车辆,每增加一个车轮,自检时间允许相应地增加 1 s。

2) 欠压报警

胎压监测系统具有欠压报警功能,当汽车轮胎中的一个或多个轮胎气压低于制造厂规定的冷态轮胎气压值的 75%,系统运行状态下,胎压监测系统应在 6 s 内发出欠压报警信号,并指明欠压轮胎的位置。这个情况通常有极慢的漏气,可以用胎压表测量。

3) 胎压过高报警

胎压监测系统具有胎压过高报警功能,当汽车轮胎中的一个或多个轮胎气压高于制造厂规定的冷态轮胎气压值的 125%,系统运行状态下,胎压监测系统应在 6 s 内发出胎压过高报警信号,并指明胎压过高轮胎的位置。标准型轮胎胎压为 2.4~2.5 bar;增强型轮胎胎压为 2.8~2.9 bar;最高气压不应大于 3.5 bar。

4) 快速漏气报警

胎压监测系统具有快速漏气报警功能,系统运行状态下,当汽车轮胎中的一个或多个轮胎气压以大于表 4-8 所示的速率降低时,胎压监测系统最迟应在达到表中规定的相应漏气速率时发出快速漏气报警信号,并指明漏气轮胎的位置。

表 4-8　不同气压范围的轮胎对应的快速漏气速率

适用轮胎气压范围/kPa	快速漏气速率/(kPa/min)	备注
100~450	30	一般适用于乘用车
100~700	50	一般适用于商用车
100~1400	90	一般适用于大型商用车

5）胎压传感器电池电压过低报警

胎压传感器内置有电池为其提供电源，电池的使用寿命大约为10年或车辆行驶16万千米。胎压传感器内的电路在每次测量气压时都会检测电池。当电池电压低于预定值时，胎压传感器会发送"电池电压过低"的信息至显示屏。通常情况下，第一次发出电压过低信号后，电池仍能正常使用至少三个月。

6）轮胎气压不平衡导致低压报警

当同一车轴上的左右轮胎气压不平衡达到一定程度时，将会导致低胎压警告。所以当出现低胎压警告时，不仅要检查是否存在胎压过低的情况，还要注意左、右轮胎的胎压是否平衡。

7）胎压传感器自我识别

① 胎压监测系统 ECU 会对各轮胎中安装的胎压传感器及其所处位置进行自动识别。更换了新的胎压传感器或胎压传感器 ECU 或进行了轮胎换位，都必须对胎压传感器进行自我识别。

② 如果胎压传感器没有被胎压传感器 ECU 识别，将会设置故障码。

③ 为了将胎压传感器设置到胎压传感器 ECU 中，需要使用一个无线电收发器。无线电收发器会促使胎压传感器将自身的识别码发送给胎压传感器 ECU。无线电收发器必须接触轮胎橡胶，使收发器端部靠近气门并与轮胎侧壁垂直。

④ 更换备胎或调整胎压后，系统会自动识别胎内的胎压传感器。

工匠精神

更换轮胎前应先断开胎压传感器，以免损坏胎压传感器。安装轮胎和给轮胎充气时，应避免水和尘土进入轮胎。充气前应先清洁气门嘴，充气后切勿忘记拧紧气门帽，以防水和尘土进入气门芯。

---

2. 胎压监测系统异常原因

胎压监测系统异常可能是胎压传感器功耗低、传感器信号故障、传感器电路故障、车身控制模块故障造成的。包括：

① 轮胎被扎；

② 长时间行驶或未立即补充胎压；

③ 轮胎的胎压传感器出现故障；

④ 汽车换轮胎或是补胎之后，胎压板块未完成重设；

⑤ 轮速传感器出现问题，或是内部结构接触不好。

3. 胎压监测系统标定

北汽绅宝系列车型胎压监测系统标定如下。

1）直接式胎压监测系统学习

车辆维修过程中,对轮胎调换位置,更换胎压传感器,更换胎压监测控制器,胎压传感器信号丢失的情况下,需要重新对胎压传感器进行学习。

首先从新传感器上获取其 ID 代码,利用诊断仪将 ID 代码写入胎压监测控制器,就可完成系统学习。

2）间接式胎压监测系统标定

下列情况需要进行胎压系统的标定:

① 在胎压系统出现故障修复后;

② 系统部件工作不良或信号缺失,修复相关故障后;

③ ECU、TCU、ICM 控制器进行刷写、插拔后。

标定时使用诊断仪进行操作。进入诊断系统,在 ECU 配置中点击间接胎压标定,满足"标定条件"后点击"校准"。手动标定的方法是先将点火开关关掉,再打开点火开关启动车辆,以 15 km/h 以上速度行驶 15 s,即可完成标定操作。

3）系统初始化方法

按压方向盘上的按键,进入仪表中胎压系统设置界面后,短按 INFO 按键可进行循环浏览菜单,短按 RESET 键可进行选择,选择初始化后,仪表显示"初始化中"约 4 s,随后显示初始化结果。

如果是低配车型,仪表菜单选定"巡航里程"界面,按下"TRIP"复位键 3 s 以上,系统将删除之前存储的内容,并启动重新校准。

如果是高配车型,在组合仪表菜单中选择"胎压复位",胎压成功后仪表显示"胎压监测复位成功"字样。

4. 胎压监测系统传感器更换/车轮更换程序

在正常行驶过程,车辆能够自动"查找和记忆"车辆上所安装传感器的值及其位置。如果更换了车轮或胎压传感器,或将其从车辆上的一个位置移到另一位置,则必须进行初始化。该程序使用传感器加速度和同步数据传输以及交叉对比 ABS 车轮转速数据来识别属于车辆的传感器及其安装位置。

如果车辆处于静止状态的时间超过 14 min(被认为是更换车轮的时间),一旦车辆再次开始以超过 20 km/h 的速度移动,就会自动执行这个程序。此过程所需时间一般不到 10 min。

通过"诊断请求"进行初始化的过程。该过程使用已认可诊断设备中的服务功能来直接识别车轮单元的标识信息和位置并将其编程到胎压监测控制模块中。在"定位和记忆"步骤中,不会记忆备用车轮单元的信息。若更换了备用车轮的传感器,应通过诊断法将传感器信息编辑到胎压监测控制模块中。

检修技巧

汽车胎压监测系统常见问题：

① 车辆蓄电池被断过后四个轮胎胎压值显示"—"，这时正常驾驶车速大于 20 km/h，20 min 后胎压将显示恢复正常；

② 轮胎学习流程未完成，车辆驾驶 20 min 后胎压仍然无显示，或部分无显示，这时需要执行胎压传感器重新学习；

③ 更换胎压传感器，相应的轮胎显示"—"，这时需要实行胎压传感器重新学习；

④ 改装的电器系统，或外加装的 DVD 系统，会干扰接收器接收胎压传感器信号。另外，要注意玻璃贴金属膜，门禁与磁卡也会对信号产生屏蔽或干扰。

【知识小结】

1. 半主动悬架是指悬架元件中的弹簧刚度和减振器阻尼系数之一可以根据需要进行调节。它可以根据路面的激励和车身的响应对悬架的阻尼系数进行自适应调整，使车身的振动被控制在某个范围之内。半主动悬架是无源控制，因此，汽车在转向、启动、制动等工况时不能对刚度和阻尼进行有效的控制。

2. 主动悬架是具有做功能力的悬架。它通常包括产生力和转矩的主动作用器（液压缸、气缸、伺服电动机、电磁铁等）、测量元件（加速度、位移和力传感器等）和反馈控制器等。

3. 电子控制悬架系统的传感器一般有车高传感器、车速传感器、加速度传感器、转向盘转角传感器、节气门位置传感器等。开关有模式选择开关、制动灯开关、停车开关和车门开关等。执行机构有可调阻尼力的减振器，可调节弹簧高度和弹性大小的弹性元件等。

4. 转向盘转角传感器用于检测转向盘的中间位置、转动方向、转动角度和转动速度。

5. 空气悬架作用时空气压缩机工作，将空气源源不断地输送到气管之内。由 ECU 根据车身高度传感器反馈回来的数据，对分配器进行控制，将气体分配到四个车轮的减振器中，使之产生变化。同时，减振器内还设有排气阀门，在不需要的时候，可以排除悬架里面的气体。

6. 主动式空气悬架系统主要由空气压缩机、干燥器、空气电磁阀、车身高度传感器、带有减振器的空气弹簧、悬架控制执行器、悬架控制选择开关及 ECU 等组成。

7. 对于空气悬架系统，空气压缩机由直流电动机驱动产生压缩空气，压缩空气经干燥器干燥后由空气管道经空气电磁阀送至空气弹簧的主气室。ECU 根据各传感器输出信号，控制悬架执行器，一方面使空气弹簧主、辅气室之间的连通阀发生改变，使主、辅气室之间的气体流量发生变化，因此改变悬架的弹簧刚度；另一方面，执行器驱动减振器的阻尼力调节杆,改变减振器的阻尼力。

8. 空气压缩机采用直流电动机作为动力源驱动压缩机工作。气缸顶端装有进、排气阀。排气阀通常关闭,用来给系统排气;当需要给空气弹簧排气时,空气弹簧阀和排气阀必须同时通电,且压缩机关闭。

9. 油气悬架在密闭的容器中充入压缩气体和油液,利用气体的可压缩性实现弹簧作用的装置称为油气悬架。

10. 车身高度传感器安装在车身与车桥之间,用于测量车身与车桥的相对高度,其变化频率和幅度可反映车身的平顺性,同时还用于车身高度自动调节。

11. 油气悬架以气体(一般是氮气)作为弹性介质,而用油液作为传力介质。油气悬架一般由气体弹簧和相当于液力减振器的液压缸组成。它通过油液压缩气室中的空气实现变刚度特性,而通过电磁阀控制油液管路中的小孔节流实现变阻尼特性。

12. 胎压监测系统主要包括三类。一类是间接式胎压监测,是通过轮胎的转速差来判断轮胎胎压是否异常。另一类是直接式胎压监测,是通过在轮胎里面加装四个胎压监测传感器,在汽车行驶过程中对轮胎气压和温度进行实时自动监测。第三类是混合式胎压监测系统,它在两个互相成对角的轮胎内装有胎压监测传感器,同时装有间接式胎压监测系统。

13. 间接式胎压监测系统是通过获取车辆四个车轮的转速、车辆转向角度等信息,凭借较长时间采集的大量数据作为支撑,根据控制器内部集成的算法软件,建立轮速信息与轮胎气压之间的关系,从而监测轮胎气压,判断轮胎是否处于故障状态。

14. 直接式胎压监测系统通过在轮胎里面加装四个胎压监测传感器,在汽车行驶过程中对轮胎气压和温度进行实时自动监测,并对轮胎高压、低压、高温进行及时报警,避免轮胎故障引发的交通事故,确保行车安全。

思考题

1. 若空气电磁阀出现故障,将对空气悬架系统产生什么影响?
2. 若轮胎胎压过低,会对行车产生什么影响?

练习题

1. 填空题

(1) 电子控制悬架系统的基本功能包括:_____、_____、弹簧刚度控制。

(2) 无级半主动悬架可以根据路面的行驶状态和车身的响应对悬架_____进行控制。

(3) 电子控制悬架系统的传感器一般有_____、_____、加速度传感器、转向盘转角传感器、节气门位置传感器等。

(4) 电子控制悬架系统的开关有模式选择开关、_____、停车开关和_____等。

(5) 电子控制悬架系统的执行机构有可调阻尼力的_____,可调节弹簧高度和弹性大小的_____等。

(6)油气悬架在密闭的容器中充入_____和_____,利用气体的可压缩性实现弹簧作用的装置称油气悬架。

(7)胎压监测系统是安装在车辆上,以某种方式监测轮胎气压情况,并在_____个或者_____个轮胎欠压时进行报警的系统。

(8)间接式胎压监测是通过轮胎的_____来判断轮胎胎压是否异常,直接式胎压监测是通过在轮胎里面加装四个胎压监测传感器,在汽车行驶过程中对轮胎_____和_____进行实时自动监测。

2. 问答题

(1)电控悬架系统工作原理是什么?
(2)空气悬架系统的工作原理是什么?
(3)油气悬架系统的工作原理是什么?
(4)阻尼力控制执行机构的组成及工作原理是什么?
(5)车高控制的执行机构的组成及工作原理是什么?
(6)悬架刚度控制的执行机构的组成及工作原理是什么?
(7)胎压监测系统的类别有哪些?
(8)直接式胎压监测系统工作原理是什么?
(9)间接式胎压监测系统工作原理是什么?

3. 论述题

(1)论述电子控制悬架系统的基本功能。
(2)论述悬架刚度控制方式。

4. 故障诊断

(1)汽车高度调整功能的检查方法是什么?
(2)空气悬架系统检测方法是什么?
(3)油气悬架系统油泵的检修步骤是什么?
(4)胎压监测系统初始化方法是什么?

项目5

电控自动变速器检修

【案例导入】

一辆丰田皇冠轿车,发动机型号为 2JZ-GE、自动变速器型号为 A340E。车主反映速度达到 80 km/h 后,有时车速上不去,要慢慢地踩节气门才能提速,故障指示灯不亮。

经检查,失速转速在规定范围,可以排除液力变矩器故障;再检查节气门位置传感器,发现其在关闭、1/4 开度和 1/2 开度时都正常,超过 1/2 开度时,电阻值异常。更换新的节气门位置传感器,故障消失。分析其原因是由于节气门位置传感器指示不准确,而 ECU 误认为无提速请求,因此故障指示灯不亮。另外,自动变速器控制模块需要依靠节气门位置传感器提供信号,因此自动变速器也得不到加速请求,因此不能主动升挡。

根据上述现象,请思考下列问题:

(1) 自动变速器中有哪些电子控制系统?

(2) 节气门位置传感器在自动变速器控制系统中有何作用?

【学习任务】

学习任务 5.1 电控液力自动变速器认知

学习任务 5.2 电控无级自动变速器检修

课件 5

学习任务 5.1 电控液力自动变速器认知

【学习目标】

知识目标

1. 能对照图和实物说出电控液力自动变速器的结构和工作原理;
2. 掌握电控液力自动变速器的类型和结构;
3. 能对照图和实物说出电控液力自动变速器各挡的动力传动路线。

能力目标

1. 能正确叙述自动变速器的控制原理；
2. 能正确叙述辛普森自动变速器的结构和工作原理；
3. 能正确拆装、检修自动变速器；
4. 能正确进行自动变速器的使用及常见故障的诊断和排除。

情感目标

1. 培养学生对事负责、与人合作的精神，严谨细致的作风，坚持不懈的奋斗精神；
2. 培养学生勇于探索的精神和诚实守信、吃苦耐劳的职业品质；
3. 培养学生爱岗敬业的职业道德意识；
4. 培养学生分析问题、解决问题的能力；
5. 培养安全意识和环保理念。

【理论知识】

自动变速器（automatic transmission，AT）是汽车底盘中最重要、最复杂的总成之一，它能够根据节气门开度、汽车行驶速度、挡位开关、水温传感器等多种参数的变化自行换挡。目前，自动变速器的自动换挡等过程都是由自动变速器的电控单元（ECU）控制的。

1. 电控液力自动变速器概述

1）电控液力自动变速器的功能

自动变速器能根据不同负荷和车速选择合适速比，使发动机工作在合适的转速。所有换挡由变速器自行完成，驾驶员仅用加速踏板表达对车速变化的意图和通过选挡杆选择要求的运行状态。电控液力自动变速器是在传统液力自动变速器的基础上增设电子控制系统而形成的，通过液力传递和齿轮组合的方式来达到变速变矩的目的。

电控液力自动变速器的作用：① 改变传动比，扩大驱动轮转矩和转速的变化范围，以适应经常变化的行驶条件，同时使发动机在有利的工况下工作；② 在发动机旋转方向不变的情况下，使汽车能倒退行驶；③ 利用空挡中断动力传递，使发动机能够启动、怠速运转，并便于变速器换挡或进行动力输出。

2）电控液力自动变速器的分类

（1）按车辆驱动方式分。

按自动变速器按车辆驱动方式的不同，可以分为自动变速器和自动变速驱动桥。自动变速器用于发动机前置后轮驱动的布置形式，变速器与主减速器、差速器分开；而自动变速驱动桥用于发动机前置前轮驱动的布置形式，变速器与主减速器、差速器制成一个总成。

（2）按自动变速器前进挡的挡位数分。

按照自动变速器前进挡的挡位数不同，可以分为四挡自动变速器、五挡自动变速器、六挡自动变速器、七挡自动变速器等,目前比较常见的是六挡自动变速器、七挡自动变速器,在某些中高级轿车中甚至采用八挡、九挡或十挡自动变速器。

3）电控液力自动变速器的组成和工作原理

电控液力自动变速器的组成和原理如图 5-1 所示。

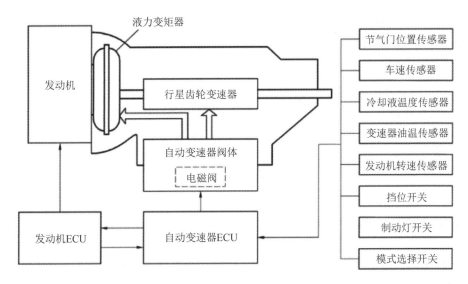

图 5-1　电控液力自动变速器的组成和原理示意图

（1）基本组成。

电控液力自动变速器主要由液力变矩器、行星齿轮变速器、液压控制系统、电子控制系统、冷却滤油装置等组成。

① 液力变矩器。

液力变矩器是一个通过自动变速器油（automatic transmission fluid,ATF）传递动力的装置,其功用是：

a. 在一定范围内自动、连续地改变转矩比,以适应不同行驶阻力的要求。

b. 具有自动离合器的功用：在发动机不熄火、自动变速器位于行驶挡的情况下汽车可以处于停车状态,驾驶员可通过控制节气门开度控制液力变矩器的输出转矩,逐步加大输出转矩,实现动力的柔和传递。

② 行星齿轮变速器。

行星齿轮变速器由 2～3 排行星齿轮机构组成,不同的运动状态组合可得到 2～5 种速度比,其功用主要有：

a. 在液力变矩器的基础上再将转矩增大 2～4 倍,以提高汽车的行驶适应能力。

b. 实现倒挡传动。

③ 液压控制系统。

液压控制系统由油泵、各种控制阀及与之相连通的液压换挡执行元件,如离合器、制动器油缸等组成液压控制回路。汽车行驶中根据驾驶员的要求和行驶条件的需要,通过控制液压离合器和制动器的工作状况来实现行星齿轮变速器的自动换挡。

④ 电子控制系统。

电子控制系统将自动变速器的各种控制信号输入 ECU，经 ECU 处理后，输出换挡指令，通过电磁阀产生液压信号来控制换挡阀的动作，实现自动换挡，并改善使用性能。

⑤ 冷却滤油装置。

冷却滤油装置由冷却器和滤油器组成，用来冷却和过滤工作过程中的自动变速器油。

(2) 工作原理。

电控液力自动变速器通过各种传感器，将发动机的转速、节气门开度、车速、发动机水温、自动变速器液压油温度等参数信号输入 ECU，ECU 根据这些信号，按照设定的换挡规律，向换挡电磁阀、油压电磁阀等发出动作控制信号，换挡电磁阀和油压电磁阀再将 ECU 的动作控制信号转变为液压控制信号，阀板中的各控制阀根据这些液压控制信号，控制换挡执行元件的动作，从而实现自动换挡过程。

2. 液力变矩器

1) 液力变矩器的功能和组成

(1) 功能。

液力变矩器位于发动机和机械变速器之间，以自动变速器油为工作介质，主要功能如下。

① 传递转矩。发动机的转矩通过液力变矩器的主动元件和自动变速器油传给液力变矩器的从动元件，最后传给变速器。

② 无级变速。根据工况的不同，液力变矩器可以在一定范围内实现转速和转矩的无级变化。

③ 自动离合。液力变矩器由于采用自动变速器油传递动力，当踩下制动踏板时，发动机也不会熄火，此时相当于离合器分离；当抬起制动踏板时，汽车可以起步，此时相当于离合器接合。

④ 驱动油泵。自动变速器油在工作的时候需要油泵提供一定的压力，而油泵一般是由液力变矩器壳体驱动的。

同时由于采用自动变速器油传递动力，液力变矩器的动力传递柔和，且能防止传动系统过载。

(2) 组成。

液力变矩器是汽车传动系统的重要组成部分，安装在发动机与自动变速器之间，是发动机与汽车传动系统之间传递动力的部件。如图 5-2 所示，液力变矩器主要由泵轮、涡轮、导轮等组成，称为三元件液力变矩器。也有采用两个导轮的，称为四元件液力变矩器。

液力变矩器总成封在一个钢制壳体(变矩器壳体)中，内部充满自动变速器油。液力变矩器壳体通过螺栓与发动机曲轴后端的飞轮连接，与发动机曲轴一起旋转。泵轮位于液力变矩器的后部，与变矩器壳体连在一起。涡轮位于泵轮前，通过带花键的从动轴向后面的机械变速器输出动力。导轮位于泵轮与涡轮之间，通过单向离合器支承在固定套管上,使得导轮只能单向旋转(顺时针旋转)。泵轮、涡轮和导轮上都带有叶片,液力变矩器装配好后形成环形内腔,其间充满自动变速器油。

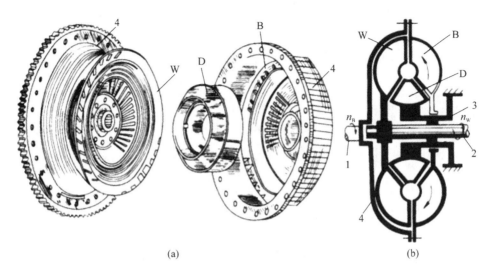

图 5-2 液力变矩器的组成

B—泵轮;W—涡轮;D—导轮;1—输入轴;2—输出轴;3—导轮轴;4—变矩器壳体

2)液力变矩器的工作原理

(1)动力的传递。

液力变矩器工作时,发动机驱动壳体带动泵轮旋转,泵轮的叶片将自动变速器油带动起来,并冲击到涡轮的叶片上。如果作用在涡轮叶片上的冲击力大于作用在涡轮上的阻力,涡轮将开始转动,并使机械变速器的输入轴一起转动。由涡轮叶片流出的自动变速器油经过导轮后再流回泵轮,形成如图 5-3 所示的循环流动。

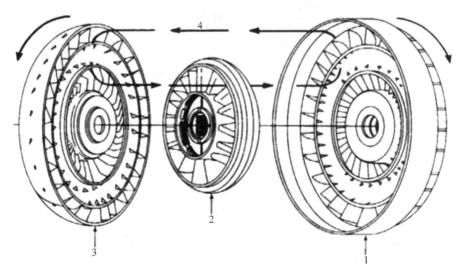

图 5-3 自动变速器油在液力变矩器中的循环流动

1—泵轮;2—导轮;3—涡轮;4—油流

具体来说，上述自动变速器油的循环流动是两种运动的合运动。当液力变矩器工作时，泵轮绕着泵轮轴线做圆周运动；同时，涡轮的旋转带动自动变速器油绕着涡轮轴线做圆周运动。旋转起来的自动变速器油在离心力的作用下，从内缘流向外缘。当泵轮转速大于涡轮转速时，泵轮叶片外缘的液压大于涡轮外缘的液压。因此，自动变速器油在做圆周运动的同时，在上述压差的作下由泵轮流向涡轮，再流向导轮，最后返回泵轮，形成在液力变矩器环形腔内的循环运动。

> **总结**
> 液力变矩器要想能够传递转矩，必须要有自动变速器油冲击到涡轮的叶片，即泵轮与涡轮之间一定要有转速差（泵轮转速大于涡轮转速）。

（2）转矩的放大。

在增加了导轮的液力变矩器中，自动变速器油从涡轮流入导轮后方向会改变，当油液再流回到泵轮时，其流动方向变得与泵轮运动方向相同，这就加强了泵轮的转动力矩，进而也就增大了输出转矩，这就是液力变矩器可以增大转矩的原因。

在泵轮与涡轮的转速差较大的情况下，由涡轮甩出的自动变速器油以逆时针方向冲击导轮叶片，如图5-4所示，此时导轮是固定不动的，因为导轮上装有单向离合器，它可以防止导轮逆时针转动。导轮的叶片形状使得自动变速器油改变为顺时针方向流回泵轮，即与泵轮的旋转方向相同。泵轮将来自发动机和从涡轮回流的能量一起传递给涡轮，使涡轮输出转矩增大。液力变矩器的转矩放大倍数一般为2.2左右。

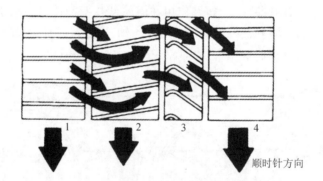

图5-4 液力变矩器转矩放大原理

1,4—泵轮；2—涡轮；3—导轮

液力变矩器的变矩特性只有在泵轮与涡轮转速相差较大的情况下才成立，随着涡轮转速的不断提高，从涡轮回流的自动变速器油会按顺时针方向冲击导轮。若导轮仍然固定不动，自动变速器油将会产生涡流，阻碍其自身的运动。为此，绝大多数液力变矩器在导轮机构中增设了单向离合器，也称自由轮机构。当涡轮与泵轮转速相差较大时，单向离合器处于锁止状态，导轮不能转动。当涡轮转速达到泵轮转速的85%～90%时，单向离合器结合，导轮空转，不起导流的作用，液力变矩器的输出转矩不能增加，只能等于泵轮的转矩，此时称为耦合状态。

(3) 无级变速。

液力变矩器中油液流动反向,液力变矩器泵轮主动与发动机曲轴刚性连接,转动时,离心力使自动变速器油向外甩,冲击涡轮叶片,涡轮从动,涡轮回流的液体又冲击泵轮,阻碍了泵轮转动,其特点是转动效率低,但在一定范围内能实现无级变速,有利于汽车起步换挡的平顺性。

从上面的分析可以得出这样的结论:随着涡轮转速的逐渐提高,涡轮输出的转矩会逐渐下降,而且这种变化是连续的,同样,如果涡轮上的负荷增加了,涡轮的转速会下降,而涡轮输出的转矩增加正好适应负荷的增加。

> **总结**
>
> 可以把液力变矩器的工作过程概括为两个工况:一是变矩,另一个是耦合。或者说在低速区时,液力变矩器实现变矩(增矩);当涡轮转速达到泵轮转速的85%~90%,或者说在高速区时,液力变矩器实现耦合传动,即输出(涡轮)转矩等于输入(泵轮)转矩。

3) 典型液力变矩器

如图5-5所示,典型液力变矩器主要由泵轮、涡轮、带单向离合器的导轮及带减振器总成的锁止离合器等组成。

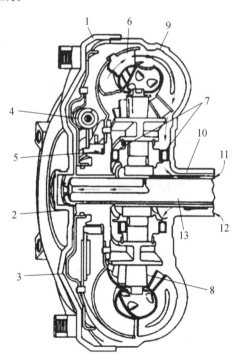

图5-5 典型液力变矩器

1—变矩器壳体;2—涡轮止推垫片;3—压盘;4—扭转减振器;5—压盘弹簧;
6—涡轮;7—止推轴承;8—带单向离合器的导轮;9—泵轮;10—导轮轴;
11—分离油液;12—接合油液;13—涡轮轴

(1) 单向离合器。

单向离合器又称自由轮机构、超越离合器,其功用是实现导轮的单向锁止,即导轮只能顺时针转动,使得液力变矩器在高速区实现耦合传动。

① 构造和原理。

常见的单向离合器有楔块式和滚柱式两种结构形式。

楔块式单向离合器如图5-6所示,它由内座圈、外座圈、楔块和保持架组成。导轮与外座圈连为一体,内座圈与固定套管刚性连接,不能转动。当导轮带动外座圈逆时针转动时,外座圈带动楔块逆时针转动,楔块的长径与内、外座圈接触,如图5-6(a)所示,由于长径长度大于内、外座圈之间的距离,所以外座圈被卡住而不能转动。当导轮带动外座圈顺时针转动时,外座圈带动楔块顺时针转动,楔块的短径与内、外座图接触,如图5-6(b)所示,由于短径长度小于内、外座圈之间的距离,所以外座圈可以自由转动。

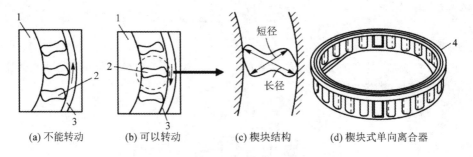

图 5-6 楔块式单向离合器

1—内座圈;2—楔块;3—外座圈;4—保持架

滚柱式单向离合器如图5-7所示,它由内座圈、外座圈、滚柱、叠片弹簧等组成。当导轮带动外座圈顺时针转动时,滚柱进入楔形槽的宽处,内、外座圈不能被滚柱楔紧,外座圈和导轮可以顺时针自由转动。当导轮带动外座圈逆时针转动时,滚柱进入楔形槽的窄处,内外座圈被滚柱楔紧,外座圈和导轮固定不动。

② 检修。

单向离合器损坏后,液力变矩器就失去了转矩放大的功用,此时将出现如下故障现象:车辆加速起步无力,不踩加速踏板车辆不走,但车辆行驶起来之后换挡正常,发动机功率正常,如果做失速试验会发现失速转速比正常值低 400~800 r/min。

单向离合器的检查如图5-8所示,用专用工具插入油泵驱动毂和单向离合器外座圈的槽口。然后用手指压住单向离合器的内座圈并转动它,检查它是否顺时针转动平稳而逆时针方向锁止。如果单向离合器损坏则需要更换液力变矩器总成。

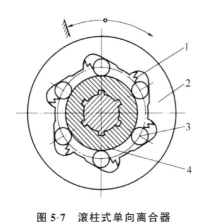
图 5-7 滚柱式单向离合器
1—叠片弹簧；2—外座圈；3—滚柱；4—内座圈

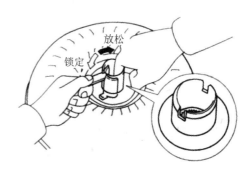
图 5-8 检查单向离合器

(2) 锁止离合器。

锁止离合器(torque conveter clutch, TCC)可以将泵轮和涡轮直接连接起来,即将发动机与机械变速器直接连接起来,这样能提高液力变矩器的传动效率,从而提高汽车的燃油经济性。

锁止离合器的常见结构如图 5-9 所示。当车辆在良好路面行驶,车速、挡位等满足条件,锁止离合器需要接合时,进入液力变矩器中的自动变速器油按图 5-9(a)所示的方向流动,使锁止活塞向前移动,压紧在液力变矩器壳体上,通过摩擦力矩使二者一起转动。此时发动机的动力经液力变矩器壳体、锁止活塞、扭转减振器、涡轮轮毂传给后面的机械变速器,相当于将泵轮和涡轮刚性连接,传动效率为 100%。

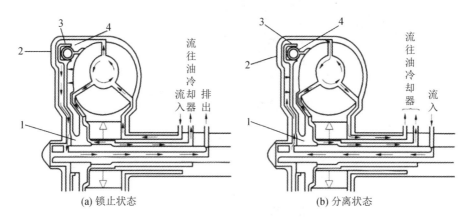
图 5-9 锁止离合器的结构和原理
1—涡轮轮毂；2—变矩器壳体；3—锁止活塞；4—扭转减振器

当车辆起步、低速或在崎岖路面上行驶时,应将锁止离合器分离,使液力变矩器具有变矩作用。此时自动变速器油按图 5-9(b)所示的方向流动,将锁止活塞与液力变矩器壳体分离,解除液力变矩器壳体与涡轮的直接连接。

锁止离合器的常见故障有不锁止和常锁止。不锁止的现象是车辆的油耗高、发动机高速运转而车速不够快。具体检查时要检查相应电路部分、阀体部分以及锁止离合器本身。常锁止的现象是发动机怠速正常,但选挡杆置于动力挡(R、D、2、L)后发动机熄火。

锁止离合器检查需要将液力变矩器切开后才能进行,但这只能由专业的自动变速器维修站来完成。

3. 行星齿轮变速器

行星齿轮变速器分为辛普森式和拉威娜式两种。

1) 行星齿轮变速器概述

(1) 组成。

单排行星齿轮机构主要由4个基本元件组成,即太阳轮、齿圈、行星架和行星轮,如图5-10所示。单排行星齿轮可提供降速挡、超速挡、直接挡、倒挡和空挡。

齿圈又称为齿环,制有内齿,齿轮均为外齿轮。太阳轮位于机构的中心,行星轮与之外啮合,行星轮与齿圈内啮合。通常行星轮有3~6个,通过滚针轴承安装在行星齿轮轴上,行星齿轮轴对称、均匀地安装在行星架上。行星齿轮机构工作时,行星轮除了绕自身轴线的自转外,同时还绕着太阳轮公转;行星轮绕太阳轮公转,行星架也绕太阳轮旋转。由于太阳轮与行星轮是外啮合,所以二者的旋转方向是相反的;而行星轮与齿圈是内啮合,这二者的旋转方向是相同的。

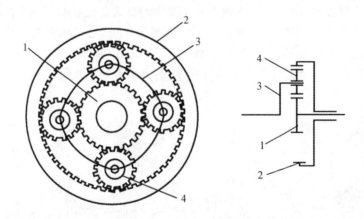

图 5-10 单排行星齿轮机构

1—太阳轮;2—齿圈;3—行星架;4—行星轮

(2) 运动规律。

根据能量守恒定律,由作用在单排行星齿轮机构各元件上的力矩和结构参数,可以得出表示单排行星齿轮机构运动规律的特性方程式为

$$n_1 + \alpha n_2 - (1+\alpha)n_3 = 0$$

式中:n_1 为太阳轮转速;n_2 为齿圈转速;n_3 为行星架转速;α 为齿圈齿数 z_2 与太阳轮齿数 z_1 之比,即 $\alpha = z_2/z_1$,且 $\alpha > 1$。

由于一个方程有三个变量,如果将太阳轮、齿圈和行星架中某个元件作为主动(输入)部分,让另一个元件作为从动(输出)部分,则由于第三个元件不受任何约束和限制,所以从动部分的运动是不确定的。因此,为了得到确定的运动,必须对太阳轮、齿圈和行星架三者中的某个元件的运动进行约束和限制。

(3) 单排行星齿轮机构的动力传动方式。

如图 5-11 所示,通过对不同的元件进行约束和限制,可以得到不同的动力传动方式。

① 齿圈为主动件(输入),行星架为从动件(输出),太阳轮固定,如图 5-11(a)所示。此时,$n_1=0$,则传动比 i_{23} 为

$$i_{23} = n_2/n_3 = (1+\alpha)/\alpha > 1$$

由于传动比大于1,说明此时齿轮传动机构做减速传动,此挡可以作为降速挡。

② 太阳轮为主动件(输入),行星架为从动件(输出),齿圈固定,如图 5-11(b)所示。此时,$n_2=0$,则传动比 i_{13} 为

$$i_{13} = n_1/n_3 = 1+\alpha > 1$$

由于传动比大于1,说明此时齿轮传动机构做减速传动,此挡可以作为降速挡。

对比这两种情况下的传动比,由于 $i_{13}>i_{23}$,虽然两挡都为降速挡,但 i_{13} 对应降速挡中的低挡,而 i_{23} 对应降速挡中的高挡。

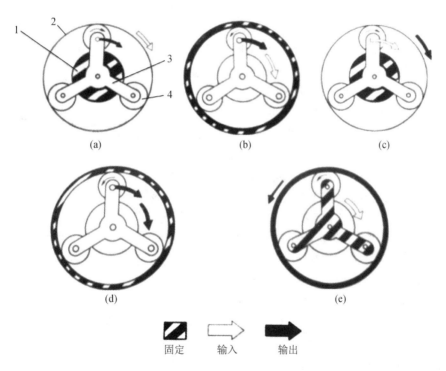

图 5-11 单排行星齿轮机构的动力传动方式
1—太阳轮;2—齿圈;3—行星架;4—行星轮

③ 行星架为主动件(输入),齿圈为从动件(输出),太阳轮固定。如图 5-11(c)所示。此时,$n_1=0$,则传动比 i_{32} 为

$$i_{32} = n_3/n_2 = \alpha/(1+\alpha) < 1$$

由于传动比小于1,说明齿轮传动机构做增速传动,此挡可以作为超速挡。

④ 行星架为主动件(输入),太阳轮为从动件(输出),齿圈固定,如图 5-11(d)所示。此时,$n_2=0$,则传动比 i_{31} 为

$$i_{31} = n_3/n_1 = 1/(1+\alpha) < 1$$

由于传动比小于1,说明齿轮传动机构做增速传动,此挡可以作为超速挡。

⑤ 太阳轮为主动件(输入),齿圈为从动件(输出),行星架固定,如图 5-11(e)所示。此时,$n_3=0$,则传动比 i_{12} 为

$$i_{12} = n_1/n_2 = -\alpha$$

由于传动比为负值,说明主、从动件的旋转方向相反;又由于$|i_{12}|>1$,说明齿轮传动机构做降速传动,此挡可以作为倒挡。

⑥ 如果 $n_1=n_2$,则可以得到 $n_3=n_1=n_2$。同样,$n_1=n_3$ 或 $n_2=n_3$ 时,均可以得到 $n_1=n_2=n_3$ 的结论。因此,若使太阳轮、齿圈和行星架三个元件中的任何两个元件连为一体转动,则另一个元件的转速必然与前二者等速同向转动。即行星齿轮机构中所有元件(包含行星轮)之间均无相对运动,传动比 $i=1$。这种传动方式用于变速器的直接挡传动。

⑦ 如果太阳轮、齿圈和行星架三个元件没有任何约束,则各元件的运动是不确定的,此时为空挡。

自动变速器中的行星齿轮变速器一般是采用2～3排行星齿轮机构传动,其各挡传动比就是根据上述单排行星齿轮机构传动特点进行合理组合得到的。

2) 辛普森式行星齿轮变速器

辛普森(Simpson)式行星齿轮变速器是自动变速器中最广泛的一种行星齿轮变速器,它是由美国福特公司的工程师 H·W·Simpson 发明的,目前多采用的是四挡辛普森式行星齿轮变速器。

(1) 四挡辛普森式行星齿轮变速器的结构和组成。

图 5-12 所示为四挡辛普森式行星齿轮变速器的结构简图。

注意:不同厂家的四挡辛普森式行星齿轮变速器的元件位置稍有不同。

四挡辛普森式行星齿轮变速器由四挡辛普森式行星齿轮机构和换挡执行元件两大部分组成。其中四挡辛普森式行星齿轮机构由三排行星齿轮机构组成,前面一排为超速行星排,中间一排为前行星排,后面一排为后行星排。之所以这样命名是因为四挡辛普森式行星齿轮机构是在三挡辛普森式行星齿轮机构的基础上发展起来的,沿用了三挡辛普森式行星齿轮机构的命名。输入轴与超速行星排的行星架相连,超速行星排的齿圈与中间轴相连,中间轴通过前进挡离合器或直接挡、倒挡离合器与前、后行星排相连。前、后行星排的结构特点是:共用一个太阳轮,前行星排的行星架与后行星排的齿圈相连并与输出轴相连。

换挡执行机构包括三个离合器、四个制动器和三个单向离合器共十个元件。具体的功能见表 5-1。

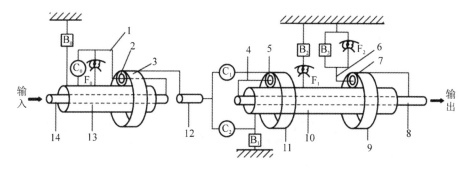

图 5-12 四挡辛普森行星齿轮变速器的结构简图

1—超速行星排行星架；2—超速行星排行星轮；3—超速行星排齿圈；4—前行星排行星架；5—前行星排行星轮；
6—后行星排行星架；7—后行星排行星轮；8—输出轴；9—后行星排齿圈；10—前、后行星排太阳轮；
11—前行星排齿圈；12—中间轴；13—超速行星排太阳轮；14—输入轴；C_0—超速挡离合器；
C_1—前进挡离合器；C_2—直接挡、倒挡离合器；B_0—超速挡制动器；B_1—2 挡滑行制动器；B_2—2 挡制动器；
B_3—低、倒挡制动器；F_0—超速挡单向离合器；F_1—2 挡（一号）单向离合器；F_2—低挡（二号）单向离合器

表 5-1 换挡执行元件的功能

执行元件		功　　　能
C_0	超速挡离合器	连接超速行星排太阳轮与超速行星排行星架
C_1	前进挡离合器	连接中间轴与前行星排齿圈
C_2	直接挡、倒挡离合器	连接中间轴与前后行星排太阳轮
B_0	超速挡制动器	制动超速行星排太阳轮
B_1	2 挡滑行制动器	制动前后行星排太阳轮
B_2	2 挡制动器	制动 F_1 外座圈，当 F_1 也起作用时，可以防止前后行星排太阳轮逆时针转动
B_3	低、倒挡制动器	制动后行星排行星架
F_0	超速挡单向离合器	防止超速行星排行星架相对超速行星排太阳轮逆时针转动
F_1	2 挡（一号）单向离合器	当 B_2 工作时，防止前后行星排太阳轮逆时针转动
F_2	低挡（二号）单向离合器	防止后行星排行星架逆时针转动

（2）四挡辛普森式行星齿轮变速器各挡传动路线。

① D1 挡。如图 5-13 所示，选挡杆置于 D1 挡时，C_0、C_1、F_0、F_2 工作。C_0 和 F_0 工作，将超速行星排的太阳轮和行星架相连，此时超速行星排成为一个刚性整体，输入轴的动力顺时针传到中间轴。C_1 工作，将中间轴与前行星排齿圈相连，前行星排齿圈顺时针转动驱动前行星排行星轮。前行星排行星轮既顺时针自转，又顺时针公转；前行星排行星轮顺时针公转，则输出轴也顺时针转动。这是一条动力传动路线。由于前行星排行星轮顺时针自转，则前、后行星排太阳轮逆时针转动，再驱动后行星排行星轮顺时针自转，此时后行星排行星轮在前、后行星排太阳轮的作用下有逆时针公转的趋势，但由于 F_2 的作用，后行星排行星架不动。这样顺时针转动的后行星排行星轮驱动齿圈顺时

针转动,从输出轴输出动力,这是第二条动力传动路线。

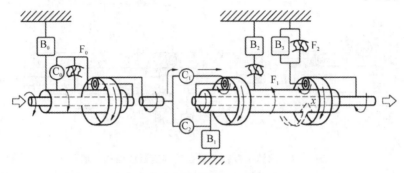

图 5-13 D1 挡动力传动路线

② D2 挡。如图 5-14 所示,D2 挡时,C_0、C_1、B_2、F_0、F_1 工作。C_0 和 F_0 工作,直接将动力传给中间轴。C_1 工作,动力顺时针传到前行星排齿圈,驱动前行星排行星轮顺时针转动,并使前、后太阳轮有逆时针转动的趋势。由于 B_2 的作用,F_1 将防止前、后太阳轮逆时针转动,即前、后太阳轮不动。此时前行星排行星轮将带动行星架也顺时针转动,从输出轴输出动力。后行星排不参与动力的传动。

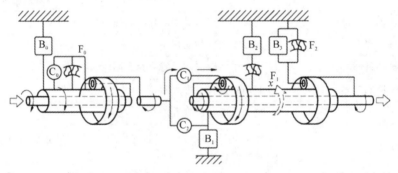

图 5-14 D2 挡动力传动路线

③ D3 挡。如图 5-15 所示,D3 挡时,C_0、C_1、C_2、B_2、F_0 工作。C_0 和 F_0 工作,直接将动力传给中间轴。C_1、C_2 工作,将中间轴与前行星排的齿圈和太阳轮同时连接起来,前行星排成刚性整体,动力直接传给前行星排行星架,从输出轴输出动力。此挡为直接挡。

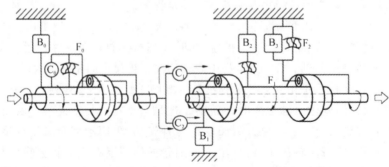

图 5-15 D3 挡动力传动路线

④ D4 挡。如图 5-16 所示，D4 挡时，C_1、C_2、B_0、B_2 工作。B_0 工作，将超速行星排太阳轮固定。动力由输入轴输入，带动超速行星排行星架顺时针转动，并驱动行星轮及齿圈都顺时针转动，此时的传动比小于 1。C_1、C_2 工作，和 D3 挡一样，前行星排是一个整体，动力执行直接挡，从输出轴输出。所以整个机构以超速挡传递动力。B_2 的作用同前所述。

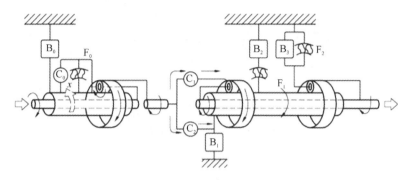

图 5-16　D4 挡动力传动路线

⑤ 2-1 挡。2-1 挡的工作与 D1 挡相同。

⑥ 2-2 挡。如图 5-17 所示，2-2 挡时，C_0、C_1、B_1、B_2、F_0、F_1 工作。动力传动路线与 D2 挡时相似。其区别只是由于 B_1 的工作，使得 2-2 挡由发动机制动，而 D2 挡没有发动机制动功能。此挡为高速发动机制动挡。

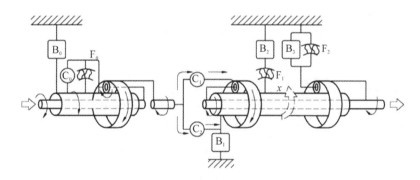

图 5-17　2-2 挡动力传动路线

发动机制动是指利用发动机怠速时的较低转速以及变速器的较低挡位来使较快的车辆减速。D2 挡时，如果驾驶员抬起加速踏板，发动机进入怠速工况，而汽车在原有的惯性作用下仍以较高的车速行驶。此时，驱动车轮将通过变速器的输出轴反向带动行星齿轮机构运转，各元件都将以相反的方向转动，即前、后太阳轮将有顺时针转动的趋势，F_1 不起作用，使得反转的动力不能到达发动机，无法利用发动机进行制动。而在 2-2 挡时，B_1 工作，使得前、后太阳轮固定，既不能逆时针转动，也不能顺时针转动，这样反转的动力就可以传到发动机，所以此挡由发动机制动。

⑦ 2-3 挡。2-3 挡的工作与 D3 挡相同。

⑧ L1 挡。如图 5-18 所示，L1 挡时，C_0、C_1、B_3、F_0、F_2 工作。动力传动路线与 D1

挡时相同。其区别只是由于 B_3 的工作,使后行星排行星架固定,由发动机制动,原因同前所述。此挡为低速发动机制动挡。

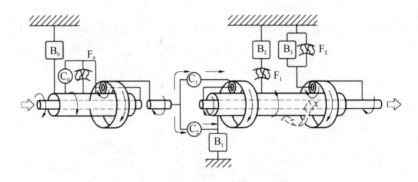

图 5-18　L1 挡动力传动路线

⑨ L2 挡。L2 挡的工作与 2-2 挡相同。

⑩ R 位(倒挡)。如图 5-19 所示,倒挡时,C_0、C_2、B_3、F_0 工作。C_0 和 F_0 工作,直接将动力传给中间轴。C_2 工作,将动力传给前、后行星排太阳轮。由于 B_3 工作,将后行星排行星架固定,使得行星轮仅相当于一个惰轮。前、后行星排太阳轮顺时针转动,驱动后行星排行星架逆时针转动,进而驱动后行星排齿圈也逆时针转动,从输出轴逆时针输出动力。

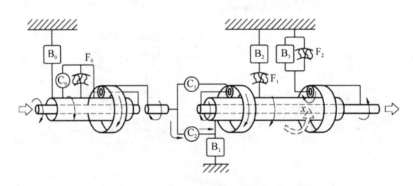

图 5-19　R 位动力传动路线

⑪ P 位(驻车挡)。选挡杆置于 P 位时,自动变速器通过驻车锁止机构将变速器输出轴锁止,实现驻车。驻车锁止机构由输出轴外齿圈、锁止棘爪、锁止凸轮等组成,如图 5-20 所示。锁止棘爪与固定在变速器壳体上的枢轴相连。当选挡杆处于 P 位时,与选挡杆相连的手动阀通过锁止凸轮将锁止棘爪推向输出轴外齿圈,并使其嵌入齿中,从而使变速器输出轴与壳体相连而无法转动,如图 5-20(a)所示。当选挡杆处于其他位置时,锁止凸轮退回,锁止棘爪在复位弹簧的作用下离开输出轴外齿圈,锁止撤销,如图 5-20(b)所示。

(3) 换挡执行元件。

行星齿轮变速器的换挡执行元件包括离合器、制动器和单向离合器。单向离合器

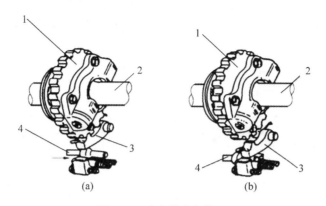

图 5-20 驻车锁止机构

1—输出轴外齿圈；2—输出轴；3—锁止棘爪；4—锁止凸轮

的结构、原理同导轮单向离合器。下面重点介绍离合器和制动器。

① 离合器。

离合器的功能是连接轴和行星齿轮机构中的某个基本元件或是连接行星齿轮机构中的某两个基本元件。

a. 离合器结构。离合器主要由离合器鼓、活塞、主动摩擦片、从动钢片及复位弹簧等组成，如图 5-21 所示。

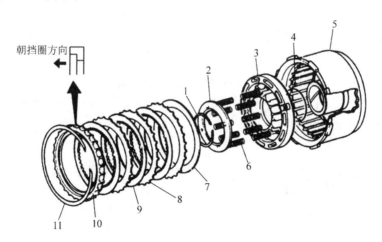

图 5-21 离合器的零件分解图

1—卡环1；2—弹簧座；3—活塞；4—O形圈；5—离合器鼓；6—复位弹簧；
7—碟形弹簧；8—从动钢片；9—主动摩擦片；10—压盘；11—卡环2

离合器鼓是一个液压缸，鼓内有内花键齿圈，内圆轴颈上有进油孔与控制油路相通。离合器活塞为环状，内外圆上有密封圈，安装在离合器鼓内。从动钢片和主动摩擦片交错排列，二者统称为离合器片，均使用钢料制成，但摩擦片的两面烧结有铜基粉末冶金摩擦材料。为保证离合器接合柔和及散热良好，离合器片浸在油液中工作，因而称为湿式离合器。钢片带有外花键齿，与离合器鼓的内花键齿圈连接，并可轴向移动，摩擦片则以内花键齿与花键毂的外花键槽配合，也可做轴向移动。花键毂和离合器鼓分别以一定的方式与变速器输入轴或行星齿轮机构的元件连接。复位弹簧的作用是使离合器接合柔和,防止换挡冲击。可以通过调整卡环或压盘的厚度调整离合器的间隙。

b. 工作原理。离合器的工作原理如图5-22所示。

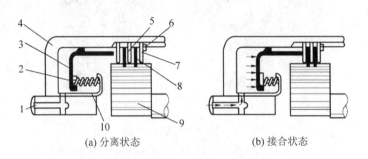

图5-22 离合器的工作原理

1—控制油道;2—复位弹簧;3—活塞;4—离合器鼓;5—主动片;6—卡环;
7—压盘;8—从动片;9—花键毂;10—弹簧座

当一定压力的自动变速器油经控制油道进入活塞左面的离合器鼓时,液压作用力便克服弹簧力使活塞右移,将所有离合器片压紧,即离合器接合,与离合器主、从动部分相连的元件也被连接在一起,以相同的速度旋转。

当控制阀将作用在离合器鼓上的油压撤除后,离合器活塞在复位弹簧的作用下复位,并将缸内的变速器油从进油孔排出,使离合器分离,离合器主、从动部分可以以不同转速旋转。

为了快速泄油,保证离合器彻底分离,一般在液压缸中都有一个单向球阀,如图5-23所示。当自动变速器油需要被泄出时,球体在离心力的作用下离开阀座,开启辅助泄油通道,使自动变速器油迅速泄出。

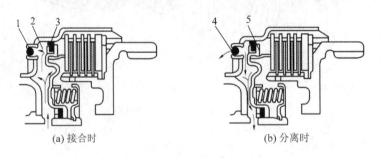

图5-23 带单向安全阀的离合器

1—单向球阀;2—液压缸;3—油封;4—辅助泄油通道;5—活塞

② 制动器。

制动器的功能是固定行星齿轮机构中的元件,防止其转动。制动器有片式和带式两种形式。片式制动器与离合器的结构相同,不同之处是离合器是通过与行星齿轮机构中的元件连接来传递动力,而片式制动器是通过与行星齿轮机构中的元件连接而起制动作用。下面介绍带式制动器。

a. 带式制动器的结构组成。带式制动器主要由制动带和活塞组成,图5-24 所示为带式制动器的零件分解图。制动带是内表面带有镀层的开口式环形钢带。制动带的一端支承在与变速器壳体固连的支座上,另一端与控制油缸的活塞杆相连。

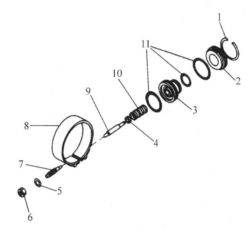

图 5-24 带式制动器的零件分解图

1—卡环;2—活塞定位架;3—活塞;4—止推垫圈;5—垫圈;6—锁紧螺母;
7—调整螺钉;8—制动带;9—活塞杆;10—复位弹簧;11—O 形圈

b. 带式制动器的工作原理。带式制动器的工作原理如图5-25 所示。制动带开口处的一端通过支柱支承于固定在变速器壳体的调整螺钉上,另一端支承于油缸活塞杆端部,活塞在复位弹簧和左腔油压的作用下位于右极限位置,此时,制动带和制动鼓之间存在一定间隙。

制动时,压力油进入油缸右腔,克服左腔油压和复位弹簧的作用力推动活塞左移,制动带以固定支座为支点收紧。在制动力矩的作用下,制动鼓停止旋转,行星齿轮机构某元件被锁止。随着油压撤除,活塞逐渐复位,制动解除。

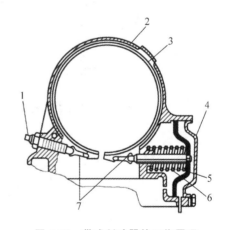

图 5-25 带式制动器的工作原理

1—调整螺钉(固定支承端);2—制动带;3—制动鼓;
4—油缸盖;5—活塞;6—复位弹簧;7—支柱

3) 拉威娜式行星齿轮变速器

(1) 拉威娜式行星齿轮机构的组成。

拉威娜式行星齿轮机构由双行星排组成,包括大太阳轮、小太阳轮、长行星轮、短行星轮、齿圈和行星架,如图5-26 所示。大、小太阳轮采用分段式结构,使三挡到四挡的转换更加平顺。短行星轮与长行星轮及小太阳轮啮合,长行星轮同时与大太阳轮、短行星轮及齿圈啮合,动力通过齿圈输出。两个行星轮共用一个行星架。

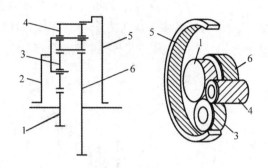

图 5-26 拉威娜式行星齿轮机构

1—小太阳轮;2—行星架;3—短行星轮;4—长行星轮;5—齿圈;6—大太阳轮

某拉威娜式行星齿轮变速器的简图如图 5-27 所示,其中离合器 K_1 用于驱动小太阳轮,离合器 K_2 用于驱动大太阳轮,离合器 K_3 用于驱动行星架,制动器 B_1 用于制动行星架,制动器 B_2 用于制动大太阳轮,单向离合器 F 用于防止行星架逆时针转动,锁止离合器 LC 将变矩器的泵轮和蜗轮刚性地连在一起。

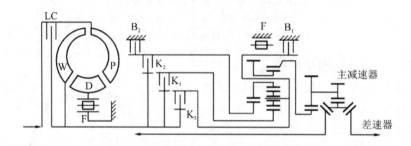

图 5-27 拉威娜式行星齿轮变速器简图

(2) 典型四挡拉威娜式行星齿轮变速器各挡动力传递路线。

以大众 01M 四挡拉威娜式行星齿轮变速器为例,如图 5-28、图 5-29 所示,采用拉威娜式行星齿轮变速机构,有 2 个太阳轮,独立运动,齿圈输出动力。小太阳轮与短行星轮啮合,短行星轮与长行星轮动力通过齿圈输出,两个行星轮共用一个行星架啮合,长行星轮同时与大太阳轮、短行星轮及齿圈啮合,动力通过齿圈输出,两个行星轮共用一个行星架。其中行星轮是惰轮,不能输入、输出动力。在太阳轮、行星架和齿圈三者中,驱动其中一个,制动另一个,则第三个输出动力,通过不同的组合,可以达到改变传动比的目的。即通过对大、小太阳轮及行星架的不同驱动、制动组合,实现 4 个前进挡及一个倒挡。

拉威娜式行星齿轮机构由三组离合器、两组制动器和一组单向离合器构成。三组离合器分别为 C_1 连接输入轴和小太阳轮、C_2 连接输入轴与行星架、C_3 连接输入轴与大太阳轮;两套制动器分别为 B_1 连接行星架与壳体(用于固定行星架)、B_2 连接大太阳轮与壳体(用于固定大太阳轮);单向离合器 F_0 用于防止行星架逆时针方向旋转。大众 01M 四挡拉威娜行星齿轮变速器换挡元件名称及作用见表 5-2,大众 01M 四挡拉威娜式行星齿轮变速器各挡位执行元件工作情况见表 5-3。

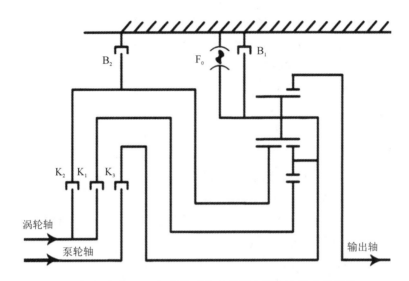

图 5-28 大众 01M 四挡拉威娜式行星齿轮变速器传动简图

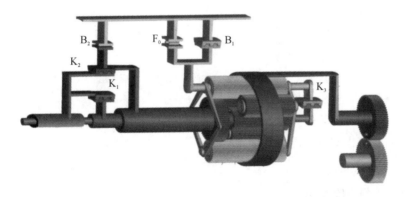

图 5-29 大众 01M 四挡拉威娜式行星齿轮变速器传动原理图

表 5-2 大众 01M 四挡拉威娜式行星齿轮变速器换挡元件名称及作用

元件代号	名称	作用
K_1	前进挡离合器	可使动力由输入轴传给小太阳轮
K_2	倒挡离合器	可使动力由输入轴传给大太阳轮
K_3	高挡离合器	可使动力由输入轴传给行星架
B_1	1挡、倒挡制动器	固定行星架
B_2	超速挡和2挡制动器	固定大太阳轮
F_0	1挡单向离合器	锁止行星架逆时针转动

表 5-3 大众 01M 四挡拉威娜式行星齿轮变速器换挡执行元件工作情况

变速杆位置	挡位	K_1	K_2	K_3	B_1	B_2	F_0
R	倒挡		○		○		
D	D1	○					○
	D2	○				○	
	D3	○		○			
	D4			○		○	

注:"○"表示离合器、制动器或单行、离合器工作。

各挡传动路线如下:

D1 挡传动路线:涡轮轴→离合器 K_1→小太阳轮→短行星轮→长行星轮(此时 F_0 的作用是限制行星轮架逆转)→齿圈→输出齿轮。

D2 挡传动路线:涡轮轴→离合器 K_1→小太阳轮→短行星轮→长行星轮(此时 B_2 工作,大太阳轮制动)→齿圈→输出齿轮。

D3 挡传动路线:K_1、K_3 同时工作,使得两太阳轮成一体,长短行星轮成一体,因此两排成一体。离合器 K_1 接合,驱动小太阳轮,离合器 K_3 接合,驱动行星架,小太阳轮和行星架同时作为输入。长、短行星轮的自转被限制,整个行星齿轮机构一起转动,齿圈与输入轴同速同向旋转,形成直接挡,传动比为 1。其动力传动路线为:涡轮轴→离合器 K_1 和 K_3→小太阳轮和行星架→长行星轮→齿圈(此时 B_2 工作,大太阳轮制动)→齿圈→输出齿轮。

D4 挡传动路线:涡轮轴→离合器 K_3→行星架→长行星轮(由于 B_2 工作,使得大太阳轮固定)→齿圈→输出齿轮。

R 挡传动路线:涡轮轴→离合器 K_2→大太阳轮→长行星轮(由于 B_1 工作,制动行星架)→长行星轮→齿圈→输出齿轮。

4. 液压控制系统

1) 液压控制系统概述

液压控制系统以电动机提供动力基础,使用液压泵将机械能转化为压力,推动液压油,通过控制各种阀门改变液压油的流向,从而推动液压缸做出不同行程、不同方向的动作,完成各种设备不同的动作需要。液压控制系统主要控制各执行元件的工作,控制换挡。

(1) 液压控制系统的基本组成。

① 动力源。液压控制系统的动力源是油泵(或称为液压泵),它是整个液压控制系统的工作基础。油泵提供满足需求油量和油压)的自动变速器油给各种阀体、换挡执行元件。

② 执行机构。执行机构主要由离合器、制动器、油缸等组成。其功用是在控制油压的作用下实现离合器的接合和分离、制动器的制动和松开动作,以便得到相应的挡位。

③ 控制机构。控制机构包括阀体和各种阀（主调压阀、副调压阀、手动阀、换挡阀等）。

液压控制系统还包括一些辅助装置,如用于防止换挡冲击的蓄能器、单向阀等。

(2) 液压控制系统的基本原理。

ECU 接收节气门开度信号、车速信号及换挡控制手柄的位置信号,进而控制电磁阀工作,实现液力变矩器离合器的锁止与分离,液压使不同的离合器及制动器工作,实现行星齿轮机构不同的传动路线,从而实现换挡。

2) 液压控制系统的主要元件

(1) 油泵。

① 功用。

油泵是液压控制系统的动力源,其功用是产生一定压力和流量的自动变速器油,供给液力变矩器、液压控制系统和行星齿轮机构。

自动变速器上常见的油泵有三种:内啮合齿轮泵、转子泵和叶片泵。目前内啮合泵应用最广泛。

② 结构及原理。

常见的油泵为内啮合齿轮泵,其结构及原理如图 5-30 所示。它主要由主动齿轮、从动齿轮、月牙板、壳体等组成。主动齿轮为外齿轮,从动齿轮为内齿轮。在壳体上有一个月牙板,把主、从动齿轮不啮合的部分隔开,并形成两个工作腔,分别为进油腔和出油腔。进油腔与泵体上的进油口相通,出油腔与泵体上的出油口相通。主动齿轮内径上有两个对称的凸键,与液力变矩器后端油泵驱动毂的键槽或平面相配合。因此,只要发动机转动,油泵便转动并开始供油。

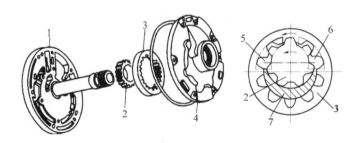

图 5-30　内啮合齿轮泵的结构和原理

1—泵盖；2—主动齿轮；3—从动齿轮；4—壳体；5—进油腔；6—出油腔；7—月牙板

在油泵的工作过程中,主动齿轮带动从动齿轮转动,在齿轮脱离啮合的一端(进油腔),容积不断变大,产生真空吸力,把自动变速器油从油壳底经滤网吸入油泵。在齿轮进入啮合的一端(出油腔),容积不断减小,油压升高,把自动变速器油从出油腔挤压出去。这样,油泵不断地运转,就形成了具有一定压力的油液,供给自动变速器工作。

这种油泵要求具有严格的加工制造精度。因为齿轮之间、齿轮与泵体之间,过大的磨损和间隙会导致油泵的性能下降,油压过低,而油压对于自动变速器的正常工作是非常重要的。

③ 注意事项。

a. 发动机不工作,油泵不转,自动变速器无油压,即使在 D 位和 R 位,也不能靠推车启动发动机。

b. 长距离拖车时,由于发动机不转,油泵也不转,齿轮系统没有润滑油,磨损会加剧,因此要求车速慢、距离短。如:丰田车系要求拖车车速不高于 30 km/h,距离不超过 80 km;奔驰车系要求拖车车速不高于 50 km/h,距离不超过 50 km。如果长距离拖车,应将驱动轮提起,或断开传动轴。

(2) 主调压阀。

① 功用。主调压阀是主油路压力调节阀的简称,也称为第一调压阀。其功用是根据车速、节气门开度和选挡杆位置自动控制主油压(管道压力),保证液压系统油压稳定。

前面已经提及,油泵是由发动机驱动的,随着发动机转速的增加,油泵输出油量和油压就会增加,反之亦然。但自动变速器的正常工作需要相对稳定的油压。如果油压过高,会导致离合器、制动器接合过快而出现换挡冲击。如果油压过低,又会导致离合器、制动器接合不紧而打滑、烧毁,所以必须要有油压调节装置。

② 结构及原理。主调压阀的结构如图 5-31 所示。当发动机转速增加时,油泵输出油压会升高,作用在阀体上部 A 处的油压升高,使阀体向下移动,回油通道的截面面积增大,从回油口排出的油液增加,使主油压下降;反之,阀体向下移动,主油压升高。

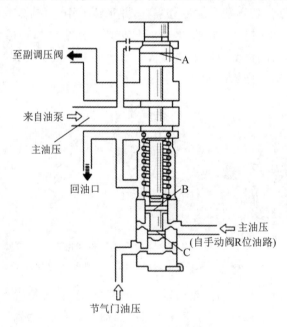

图 5-31 主调压阀的结构

当发动机负荷(节气门开度)增加时,由于传递的转矩增加,因此需要较大的油压才能保证离合器、制动器的正常工作。此时,随着节气门开度的增加,节气门油压也会增加,作用在主调压阀下端的节气门油压使阀体向上移动,使主油压升高。

当选挡杆置于 R 位时,来自手动阀的主油压作用在阀体的 B 和 C 处,由于 B 处的面积大于 C 处的面积,阀体受到向上的力的作用,阀体向上移动,主油压升高,满足倒挡较大传动比的要求。

总结:节气门开度增加,主油压增加;倒挡油压高于前进挡油压;车速增大,节气门油压会降低,从而导致主油压降低。

(3)换挡阀。

① 功用。换挡阀的功用是根据换挡控制信号,切换挡位油路,以实现两个挡位的转换。换挡阀直接与换挡控制元件(离合器、制动器)相通,当换挡阀动作后,会切换相应的油道以便给相应挡位的离合器和制动器供油,得到所需要的挡位。换挡阀的数量与自动变速器前进挡的个数有关。一般来说,四挡自动变速器需要三个换挡阀,即 1-2 挡换挡阀、2-3 挡换挡阀和 3-4 挡换挡阀。

② 结构及原理。现以 2-3 挡换挡阀为例进行介绍。图 5-32(a)所示为 2 挡时的情况,此时在节气门油压、速控油压及弹簧作用下,2-3 挡换挡阀处于下方位置,主油压不能到达离合器 C_2,所以自动变速器处于 D2 挡;当车速增加到一定程度,速控油压大于节气门油压和弹簧伸张力之和时,2-3 挡换挡阀上移至上方位置,如图 5-32(b)所示,此时主油压经过 2-3 挡换挡阀到达离合器 C_2,自动变速器换至 D3 挡。

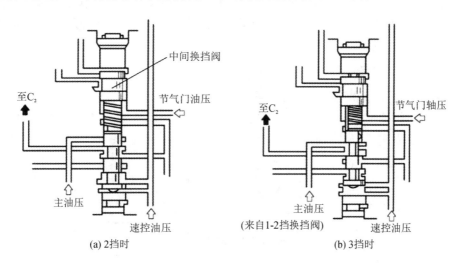

图 5-32 2-3 挡换挡阀

(4)手动阀。

手动阀又称为手控阀或手动换挡阀,与驾驶室内的选挡杆相连,其功用是控制各挡位油路的转换。如图 5-33 所示,当驾驶员操纵选挡杆时,手动阀会移动,使主油压通往不同的油道。如当选挡杆置于 P 位时,主油压会通往 P、R 和 L 位油道;当选挡杆置于 R 位时,油液会同时通往 P、R、L 位与 R 位油道;当选挡杆置于 N 位时,手动阀会将主油压进油道切断,这样就不会有主油压通往各换挡阀;当选挡杆置于 D 位时,主油压会通往 D、2 和 L 位油道;当选挡杆置于 2 位时,主油压会同时通往 D、2 和 L 位油道与 2 和 L 位油道;当选挡杆置于 L 位时,主油压会同时通往 D、2 和 L 位油道与 2 和 L 位油道及 P、R 和 L 位油道。

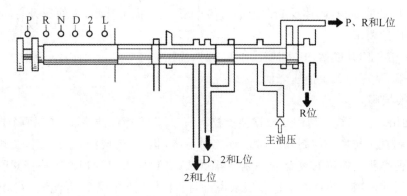

图 5-33 手动阀的结构

5. 冷却滤油装置

自动变速器油在自动变速器工作过程中会因冲击、摩擦产生热量，并且还要吸收齿轮传动过程中所产生的热量，油温将会升高。油温升高导致自动变速器油黏度下降，传动效率降低，因此必须对自动变速器油进行冷却，保持油温在 80～90 ℃。自动变速器油是通过油冷却器与冷却水或空气进行热量交换的。自动变速器工作中各部件磨损产生的机械杂质，由滤油器从油中过滤分离出去，以减小机械磨损，防止堵塞液压油路和控制阀卡滞。

6. 电子控制系统

1）电子控制系统的组成与工作原理

与其他电子控制系统一样，自动变速器的电子控制系统也包括传感器、电控单元（ECU）和执行器三部分，如图 5-34 所示。

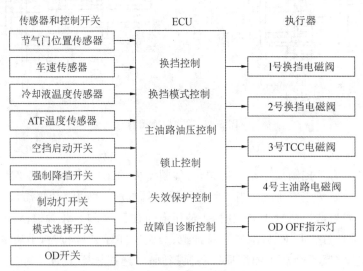

图 5-34 自动变速器电子控制系统的组成

电控自动变速器自动换挡主要取决于发动机负荷和车速，采用节气门位置传感器和车速传感器来感知发动机负荷和车速的情况,并将这两个信号发送给自动变速器 ECU,ECU 根据存储器中的换挡程序决定升挡或降挡,然后再给换挡电磁阀发出控制信号,换至相应挡位。自动变速器的换挡等控制还要取决于冷却水温、自动变速器油油温等信号。如果水温、油温过低,自动变速器则不会升挡。

如果自动变速器在工作过程中满足了锁止离合器的工作情况,自动变速器 ECU 就会给锁止离合器(TCC)电磁阀(一般称为 3 号电磁阀)通电,切换油路使锁止离合器工作。

在换挡过程中,为了防止换挡冲击,自动变速器还会通过 4 号电磁阀控制换挡油压。

自动变速器 ECU 具有自诊断功能,如果电子控制系统出现故障,ECU 会将故障码存储在存储器中,以便读取;另外,ECU 还会点亮 OD OFF 指示灯(或故障指示灯),提示自动变速器出现故障,并可通过 OD OFF 指示灯的闪烁读取故障码。如果自动变速器出现故障,除了 OD OFF 指示灯等会点亮外,一般自动变速器还会锁挡,即既不会升挡,也不会降挡,锁挡一定有故障码。

自动变速器 ECU 主要完成换挡控制、锁止离合器控制、油压控制、自诊断及失效保护等功能。

传感器部分主要包括节气门位置传感器、车速传感器、水温传感器、油温传感器、空挡启动开关、强制降挡开关、制动灯开关、模式选择开关、OD 开关等。

执行器部分主要包括 4 个电磁阀和 OD OFF 指示灯等。

2) 传感器和控制开关

(1) 节气门位置传感器。

a. 功用。节气门位置传感器安装在节气门体上,用于检测节气门开度的大小,并将数据传送给 ECU,ECU 根据此信号判断发动机负荷,从而控制自动变速器的换挡、调节主油压和锁止离合器的接合与断开。节气门位置信号相当于液控自动变速器中的节气门油压信号。

b. 结构及原理。节气门位置传感器一般采用线性输出型节气门位置传感器,也称为可变电阻式传感器,其结构及原理如图 5-35 所示,节气门位置传感器实际上是一个滑动变阻器,E 是搭铁端子,IDL 是怠速端子,V_{TA} 是节气门开度信号端子,V_C 是 ECU 的供电端子,系统提供 5 V 恒定电压。当节气门开度增加时,节气门开度信号触点逆时针转动,V_{TA} 端子输出电压也线性增大。如图 5-36 所示,V_{TA} 端子输出电压与节气门开度成正比。当怠速时,怠速开关闭合,IDL 端子电压为 0 V。

由于滑动电阻中间部分容易磨损,使其阻值无法正确反映节气门开度,测量电阻时欧姆表会产生波动,同时输出电压也会过高或过低。当输出电压高时,会导致升挡滞后,不能升入超速挡,同时会导致主油压过高,出现换挡冲击。当输出电压低时,会导致升挡提前,汽车行驶动力不足,同时会导致主油压过低,使离合器、制动器打滑。

(2) 车速传感器。

① 功用。车速传感器用于检测自动变速器输出轴转速,自动变速器 ECU 根据车

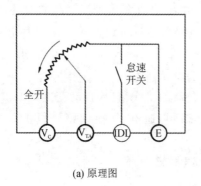 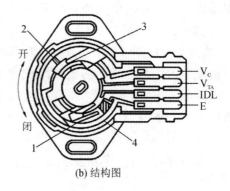

(a) 原理图　　　　　　　　　(b) 结构图

图 5-35　节气门位置传感器的结构和原理
1—怠速信号触点；2—电阻器；3—节气门开度信号触点；4—绝缘体

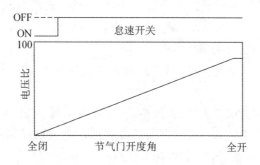

图 5-36　V_{TA} 端子输出电压与节气门开度的关系

速传感器输入的信号计算出车速，并以此信号控制自动变速器的换挡和锁止离合器的锁止。

② 类型。常见的车速传感器有电磁式、舌簧开关式及光电式三种形式。一般自动变速器装有两个车速传感器，分别为 1 号和 2 号车速传感器。2 号车速传感器一般为电磁式，它装在变速器输出轴附近的壳体上，为主车速传感器；1 号车速传感器一般为舌簧开关式，为副车速传感器，它装在车速表的转子附近，负责车速的传输，它同时也是 2 号车速传感器的备用件，当 2 号车速传感器失效后，由 1 号车速传感器代替工作。

③ 电磁式车速传感器的结构和原理。下面以常见的电磁式车速传感器的结构及原理。电磁式车速传感器主要由永久磁铁、电磁感应线圈、转子等组成，如图 5-37 所示。转子一般安装在变速器输出轴上，永久磁铁和电磁感应线圈安装在变速器壳体上。当输出轴转动时，转子也转动，转子与传感器之间的空气间隙发生周期性变化，使电磁感应线圈中磁通量也发生变化，从而产生交流感应电压，并输送给 ECU。交流感应电压随着车速（输出轴转速）具有两个响应特性：一是随着车速的增加，交流感应电压增高；二是随着车速的增加，交流感应电压脉冲频率也增加。ECU 是根据交流感应电压脉冲频率的大小计算车速，并以此控制自动变速器的换挡的。车速传感器信号相当于液控自动变速器中的速控油压信号，电控自动变速器没有速控阀。

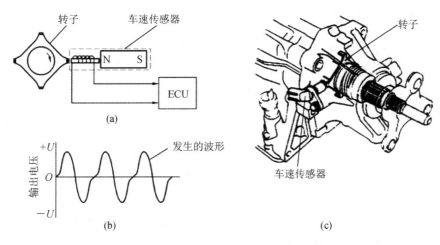

图 5-37 电磁式车速传感器的结构和原理

(3) 冷却液温度传感器。

① 功用。冷却液温度传感器安装在发动机缸体上,它的信号不仅用于发动机的控制,还用于自动变速器的控制。当发动机冷却液温度低于设定温度(如60℃),发动机 ECU 会发送一个信号给自动变速器 ECU 的 OD_1 端子,以防止自动变速器换入超速挡,同时锁止离合器也不能工作。当发动机冷却液温度过高时,自动变速器 ECU 会让锁止离合器工作,以帮助发动机降低冷却液的温度,防止变速器过热。

如果水温传感器故障,发动机 ECU 会自动将冷却液温度设定为 80℃,以便发动机和自动变速器可以工作。

② 结构及原理。水温传感器一般都有一个负温度系数的热敏电阻,即温度升高,电阻下降。如图 5-38 所示,发动机 ECU 的 THW 端子接收到一个与冷却液温度成正比的电压,从而得到冷却液温度信号。

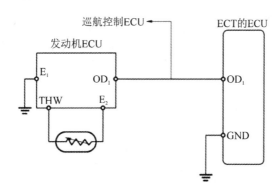

图 5-38 水温传感器线路图

(4) 变速器油温度传感器。

变速器油温度传感器用于检测自动变速器液压油的温度,其内部有一个负温度系数半导体热敏电阻,温度愈高,电阻愈低。

汽车在起步或低速大负荷工作时，液力变矩器的效率低，液力变矩器内发热严重，最高温度可达 190 ℃，自动变速器内阀体处的温度可达 110～120 ℃。当变速器油温度传感器检测到电阻值变低时，表明油温变高，如果油温高于一定值时，说明自动变速器内负荷过大或散热不良或油液过少，为防止自动变速器内部元件损坏，变速器 ECU 根据传感器采集的油温信息和汽车行驶状况发出控制信息（如控制变矩器锁止离合器提前接合、进行换挡控制、进行油压控制等）来控制变速器油的温度。

(5) 模式选择开关。

① 功用。模式选择开关是供驾驶员选择所需要的行驶或换挡模式的开关。大部分车型都具有常规模式（N 或 NORM）和动力模式（P 或 PWR），有些车型还有经济模式（E 或 ECO）。自动变速器 ECU 根据所选择的行驶模式执行不同的换挡程序，控制换挡和锁止。选择动力模式，自动变速器会推迟升挡，以提高动力性，而选择经济模式，自动变速器会提前升挡，以提高经济性，常规模式介于二者之间。

② 结构及原理。图 5-39 所示为常见的具有常规和动力两种模式的模式选择开关线路图。当开关接通 NORM（常规模式），仪表盘上 NORM 指示灯点亮，同时自动变速器 ECU 的 PWR 端子的电压为 0 V，ECU 从而知道选择了常规模式。当开关接通 PWR（动力模式）时，仪表盘上 PWR 指示灯点亮，同时自动变速器 ECU 的 PWR 端子的电压为 12 V，ECU 从而知道选择了动力模式。

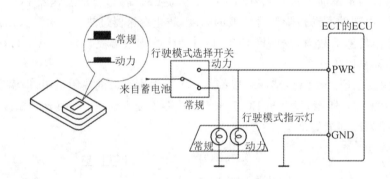

图 5-39　模式选择开关线路图

(6) 空挡启动开关。

① 功用。空挡启动开关有两个功用：一是给自动变速器 ECU 提供挡位信息；二是保证只有当选挡杆置于 P 或 N 位时才能启动发动机。

② 结构及原理。如图 5-40 所示，当选挡杆置于不同的挡位时，仪表盘上相应的挡位指示灯会点亮。当 ECU 的端子 N、2 或 L 与端子 E 接通时，ECU 便分别确定变速器位于 N、2 或 L 位；否则，ECU 便确定变速器位于 D 位。只有当选挡杆置于 P 或 N 位时，端子 B 与 NB 接通，才能给发动机通电，使发动机启动。

(7) OD 开关。

① 功用。OD 开关（超速挡开关）一般安装在选挡杆上，由驾驶员操作控制，可以使自动变速器有或没有超速挡。如果超速挡开关打开，变速器操纵手柄又处于 D 挡，则自动变速器随着车速的提高而升挡时，可升到最高挡（即超速挡）；而开关关闭时，无论车

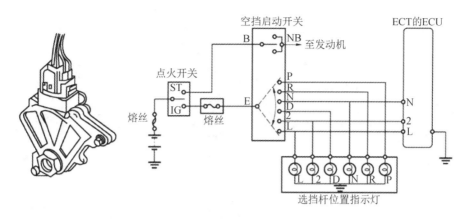

图 5-40 空挡启动开关线路图

速怎样高,自动变速器最多只能升至次高挡。

OD 开关(超速挡开关)一般安装在选挡杆上,由驾驶员操作控制,可以决定自动变速器是否有超速挡。

② 原理。如图 5-41 所示,当按下 OD 开关(ON)时,OD 开关的触点实际为断开,此时 ECU 的 OD_2 端子的电压为 12 V,自动变速器可以升至超速挡,且 OD OFF 指示灯不亮。

当再次按下 OD 开关时,OD 开关会弹起(OFF),OD 开关的触点实际为闭合,此时 ECU 的 OD_2 端子的电压为 0 V,自动变速器不能升至超速挡,且 OD OFF 指示灯点亮。

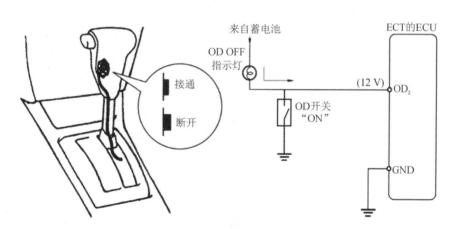

图 5-41 OD 开关 ON 的线路图

(8)制动灯开关。

① 功用。自动变速器 ECU 通过制动灯开关检测是否踩下制动踏板,如果踩下制动踏板,ECU 会取消锁止离合器的工作。

② 原理。如图 5-42 所示,制动灯开关安装在制动踏板支架上。当踩下制动踏板时,开关接通,ECU 的 STP 端子电压为 12 V;当松开制动踏板时,开关断开,STP 端子电压为 0 V。ECU 根据 STP 端子的电压变化了解制动踏板的工作情况,同时点亮制动

灯,制动灯开关线路图如图 5-43 所示。

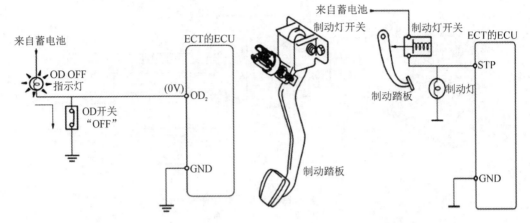

图 5-42　OD 开关 OFF 的线路图　　　　图 5-43　制动灯开关线路图

(9) 强制降挡开关。

在蓄电池正极与自动变速器 ECU 的 KD 端子之间一般有一个强制降挡开关（KD 开关），当节气门开度超过 85% 时,KD 开关闭合,自动变速器 ECU 在 KD 端子得到 12 V 电压,此时自动变速器电脑会控制换挡电磁阀,使自动变速器自当前挡位降一挡。

3) 执行器

电控系统的执行器主要指电磁阀和故障指示灯,这里只介绍电磁阀。电磁阀根据功能的不同可以分为换挡电磁阀、锁止离合器电磁阀和油压电磁阀。作为执行器的电磁阀根据工作原理的不同,可以分为开关式电磁阀和占空比式(脉冲线性式)电磁阀。

不同的自动变速器使用的电磁阀数量不同,一般为 3~8 个不等。例如,上海通用的 4T65-E 自动变速器电控系统有 4 个电磁阀,其中 2 个是换挡电磁阀,1 个是油压电磁阀,1 个是锁止离合器电磁阀。而一汽大众的 01M 自动变速器电控系统则采用 7 个电磁阀。

(1) 开关式电磁阀。

① 功用。开关式电磁阀的功用是开启或关闭液压油路,通常用于控制换挡阀和部分车型锁止离合器的工作。

② 结构及原理。开关式电磁阀由电磁线圈、衔铁和阀芯等组成,如图 5-44 所示。当电磁阀通电时,在电磁吸力作用下衔铁和阀芯下移,关闭泄油口,主油压供给到控制油路。当电磁阀断电时,在复位弹簧的作用下衔铁和阀芯上移,打开泄油口,主油压被泄掉,控制油路压力很小。

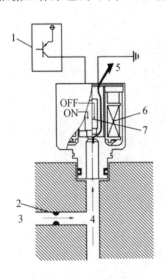

图 5-44　开关式电磁阀图
1—ECU；2—节流口；3—主油路；4—控制油路；
5—泄油口；6—电磁线圈；7—衔铁和阀芯

③ 电控换挡阀的工作原理。图 5-45 所示为电控制换挡阀的工作原理。当换挡电磁阀断电时,阀芯及球阀在复位弹簧的作用下升起,主油压不能到达换挡阀的左侧,换挡阀阀芯处于左端位置,主油压经过换挡阀给换挡执行元件供油,得到相应的挡位,如图 5-45(a)所示。当换挡电磁阀通电,电磁吸力使阀芯及球阀下移,主油压经过换挡电磁阀到达换挡阀的左侧,换挡阀阀芯右移,主油压到达换挡阀后被截止,不能给换挡执行元件供油,得到另外的挡位,如图 5-45(b)所示。

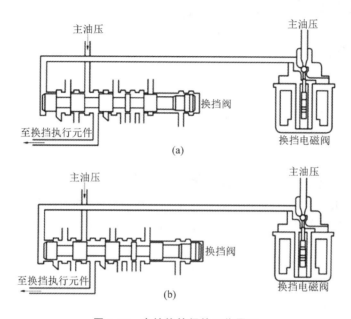

图 5-45 电控换挡阀的工作原理

(2) 占空比式电磁阀。

① 概念。占空比是指一个脉冲周期中通电时间所占的比例(百分数),如图 5-46 所示。

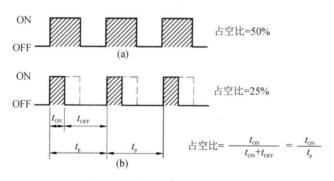

图 5-46 占空比

② 结构及原理。占空比式电磁阀与开关式电磁阀类似,也是由电磁线圈、滑阀、弹簧等组成,如图 5-47 所示。它通常用于控制油路的油压,有的车型的锁止离合器也采用此种电磁阀控制。与开关式电磁阀不同的是,控制占空比式电磁阀的电信号不是恒定

不变的电压信号,而是一个固定频率的脉冲电信号。在脉冲电信号的作用下,电磁阀不断开启、关闭泄油口。

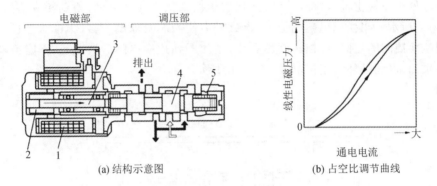

图 5-47 占空比式电磁阀

1—电磁线圈;2—滑阀;3—滑阀轴;4—控制阀;5—弹簧

占空比式电磁阀有两种工作方式:一种占空比越大,经电磁阀泄油越多,油压就越低;另一种是占空比越大,油压越高的工作方式。

4)电控单元

自动变速器 ECU 具有换挡控制、锁止离合器控制锁、换挡平顺性控制、故障诊断及失效保护等功能。

(1)换挡控制。

自动变速器换挡时刻的控制是 ECU 最重要的控制内容之一。汽车在某个特定工况下都有一个与之对应的最佳换挡时刻,能使汽车发挥出最好的动力性和经济性。在汽车行驶过程中,自动变速器 ECU 根据模式选择开关信号、节气门开度信号、车速信号等参数来打开或关闭换挡电磁阀,从而打开或关闭通往离合器、制动器的油路,使变速器升挡或降挡。图 5-48 所示为常见四挡自动变速器自动换挡时节气门开度与车速的关系。

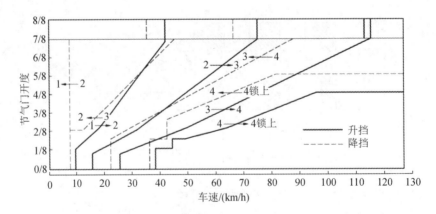

图 5-48 常见四挡自动变速器自动换挡时节气门开度与车速的关系

换挡控制的特点如下:

① 随着节气门开度的增加，升挡或降挡车速也增加。以 2 挡升 3 挡为例，当节气门开度为 2/8 时，升挡车速为 35 km/h，降挡车速为 12 km/h；当节气门开度为 4/8 时，升挡车速为 50 km/h，降挡车速为 25 km/h。所以在实际换挡操作过程中，一般可以采用"收油门"的方法来快速升挡。

② 升挡车速高于降挡车速，以免自动变速器在某一车速附近频繁升挡、降挡而加速自动变速器的磨损。

(2) 锁止离合器控制。

自动变速器 ECU 将各种行驶模式下锁止离合器的工作方式编程存入存储器，然后根据各种输入信号，控制锁止离合器电磁阀的通电、断电，从而控制锁止离合器的工作。

① 锁止离合器工作的条件。满足以下五个条件，自动变速器 ECU 会接通锁止离合器电磁阀，使锁止离合器处于接合状态。

  a. 选挡杆置于 D 位，且挡位在 D2、D3 或 D4 挡。

  b. 车速高于规定值。

  c. 节气门开启（节气门位置传感器 IDL 触点未闭合）。

  d. 冷却液温度高于规定值。

  e. 未踩下制动踏板（制动灯开关未接通）。

② 锁止的强制取消。符合以下条件中的任何一条，ECU 就会给锁止离合器电磁阀断电，使锁止离合器分离。

  a. 踩下制动踏板（制动灯开关接通）。

  b. 发动机怠速运转（节气门位置传感器 IDL 触点未闭合）。

  c. 冷却液温度低于规定值（如 60 ℃）。

  d. 当巡航系统工作时，车速降至设定车速以下至少 10 km/h。

在早期的电控自动变速器中，控制锁止离合器的电磁阀采用开关式电磁阀，即通电时锁止离合器接合，断电时锁止离合器分离。目前许多新型电控自动变速器采用占空比式电磁阀作为锁止离合器电磁阀，ECU 在控制锁止离合器接合时，通过改变脉冲电信号的占空比，让锁止离合器电磁阀的开度缓慢增大，以减小锁止离合器接合时所产生的冲击，使锁止离合器的接合过程变得更加柔和。

(3) 换挡平顺性控制。

自动变速器改善换挡平顺性的方法有换挡油压控制、减少转矩控制和 N-D 换挡控制。

① 换挡油压控制。自动变速器在升挡和降挡的瞬间，ECU 会通过油压电磁阀适当降低主油压，以减少换挡冲击，使换挡顺滑。也有的自动变速器是在换挡时通过电磁阀来减小蓄能器背压，以减缓离合器或制动器油压的增长率，来减少换挡冲击。

② 减少转矩控制。在自动变速器换挡的瞬间，通过推迟发动机点火时刻或减少喷油量，减小发动机输出转矩，以减少换挡冲击和输出轴的转矩波动。

③ N-D 换挡控制。当选挡杆由 P 位或 N 位换至 D 位或 R 位时，或由 D 位或 R 位换至 P 位或 N 位时，通过调整喷油量，把发动机转速的变化减少到最小限度，以改善换挡。

(4) 故障自我诊断。

电控自动变速器ECU具有内置的自我诊断系统,它不断监控各传感器、信号开关、电磁阀及其线路,当有故障时,ECU使OD OFF指示灯闪烁,以提醒驾驶员或维修人员,并将故障内容以故障码的形式存储在存储器中,以便维修人员读取故障码。

当故障排除后,OD OFF指示灯将停止闪烁,不过故障码仍然会保留在ECU存储器中。当OD开关置于ON时(OD开关断开),如果有故障,OD OFF指示灯将点亮而不是闪烁。

(5) 失效保护。

当自动变速器出现故障时,为了尽可能使自动变速器保持最基本的工作能力,以维持汽车行驶,便于汽车进厂维修,电控自动变速器ECU具有失效保护功能。

① 当传感器出现故障时,ECU采取如下失效保护措施:

a. 节气门位置传感器出现故障时,自动变速器ECU根据怠速开关的状态进行控制。当怠速开关断开时(加速踏板被踩下),按节气门开度为1/2进行控制,同时节气门油压为最大值;当怠速开关接通时(加速踏板完全放松),按节气门处于全闭状态进行控制,同时节气门油压为最小值。

b. 车速传感器出现故障时,自动变速器ECU不能进行自动换挡控制,此时自动变速器的挡位由选挡杆的位置决定。在D位和2位时固定为超速挡或3挡,在L位时固定为2挡或1挡;或不论选挡杆在任何前进挡位,都固定为1挡,以保持汽车最基本的行驶能力。

c. 冷却液或自动变速器油温度传感器出现故障时,ECU按温度为80 ℃的设定进行控制。

② 电磁阀出现故障时,ECU会采取如下失效保护措施:

a. 换挡电磁阀出现故障时,ECU一般会将自动变速器锁挡,挡位与选挡杆的位置有关。

b. 锁止离合器电磁阀出现故障时,ECU会停止锁止离合器的控制,使锁止离合器始终处于分离状态。

c. 油压电磁阀出现故障时,ECU会停止油压的控制,使油路压力保持为最大。

【任务实施】

1. 电控液力自动变速器的拆装检修

下面以丰田A341E为例讲解自动变速器的拆装检修。

1) 基本零件的拆卸

丰田A341E自动变速器基本零件分解如图5-49所示,拆卸步骤如下。

(1) 清洁自动变速器外部。

(2) 拆除所有安装在自动变速器壳体上的零部件,如加油管、空挡启动开关、车速传感器、输入轴转速传感器等。

(3) 从自动变速器前方取下液力变矩器。

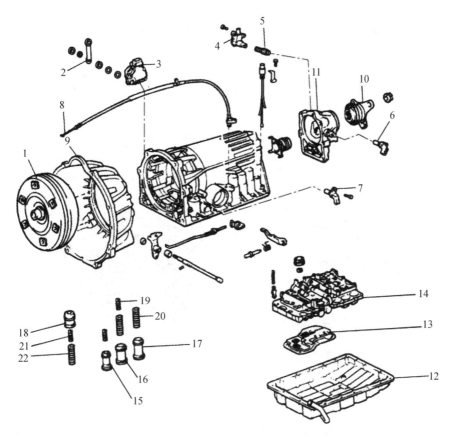

图 5-49　丰田 A341E 自动变速器零件分解图

1—油泵；2—控制轴杠杆；3—空挡启动开关；4—1 号转速传感器；5—转速表从动齿轮；
6—2 号转速传感器；7—OD 直接挡离合器转速传感器；8—节气门拉索；9—变速器壳；
10—输出法兰；11—加长壳体；12—油底壳；13—滤油器；14—阀体；
15,16,17,18—蓄压器活塞；19,20,21,22—弹簧

(4) 松开紧固螺栓，拆下自动变速器前端的液力变矩器壳。

(5) 拆除输出轴凸缘和自动变速器后端壳，从输出轴上拆下车速传感器的转子。

(6) 将变速器安装到变速器翻转架上。

(7) 拆下 19 只油底壳连接螺栓后，用专用工具的刃部插入变速器与油底壳之间，切开所涂密封胶（注意不要损坏油底壳凸缘）。

(8) 检查油底壳中的颗粒，拆下磁铁。观察收集的金属颗粒，若是钢（磁性）材料，则说明轴承、齿轮和离合器钢片存在磨损；若是黄铜（非磁性）材料，则说明衬套磨损。

(9) 翻转变速器，拆下连接在阀板上的所有线束插头。

(10) 拆下 4 个电磁阀，拆下与节气门阀连接的节气门拉索。

(11) 用螺丝刀将液压油管小心地撬起取下。

(12) 松开进油滤网与阀板之间的固定螺栓，从阀板上拆下进油滤清器。

(13) 拆下阀体与自动变速器壳体之间的连接螺栓，取下阀板总成。

(14) 取出自动变速器壳体油道中的止回阀和弹簧。

（15）取出自动变速器壳体油道中的蓄压器活塞和弹簧。方法是：用手指按住蓄压器活塞，从蓄压器活塞周围相应的油孔中吹入压缩空气，拆下蓄压器活塞和弹簧，如图 5-50 所示。

（16）拆下手控阀拉杆和停车闭锁爪，必要时也可卸下手控阀操纵轴。

（17）拆卸油泵总成。方法是：拆下 7 个油泵固定螺栓，用专用工具（SST）拉出油泵总成，如图 5-51 所示。

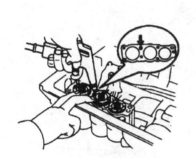
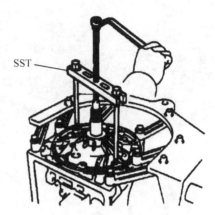

图 5-50　拆下蓄压器活塞和弹簧　　图 5-51　用专用工具拉出油泵总成

2）行星齿轮变速器的拆卸

行星齿轮变速器的零件分解如图 5-52 所示，拆卸步骤如下。

（1）从自动变速器前方取出超速挡行星架和超速挡离合器组件，拆下超速挡齿圈。

（2）检查超速挡制动器活塞行程，方法如下。

① 如图 5-53 所示，安装专用工具 SST 和百分表。

② 如图 5-54 所示，充入 0.4～0.8 MPa 的压缩空气，测量活塞行程，标准值应为 1.75～2.05 mm。如不符合标准，应进行调整。

（3）拆卸超速挡制动器 B0。用旋具拆下超速挡制动器卡环，取出超速挡制动器钢片和摩擦片。拆下超速挡制动器支架的卡环，松开固定支架的螺栓，用专用工具 SST 拉出超速挡制动器支架，如图 5-55 所示。

（4）检查 2 挡滑行制动器 B1 活塞杆行程。用专用工具 SST 充入 0.4～0.8 MPa 的压缩空气，检查活塞杆的行程。

（5）拆卸 2 挡滑行制动器活塞总成。方法是：先从外壳上拆下制动器盖的弹性挡圈，然后向油孔充入压缩空气，拆下 2 挡滑行制动器盖、活塞和弹簧，再从盖上拆下两个 O 形圈。

（6）拆下前进挡离合器 C_1 和直接挡离合器 C_2 总成。方法是：从壳体上拆下带直接挡离合器的前进挡离合器，再从前进挡离合器上拆下直接挡离合器。

（7）拆下 2 挡滑行制动器 B1 制动带。方法是：先拆下制动带销轴，然后从壳体上取出制动带。

（8）拆下前行星排。方法是：取出前排齿圈，将自动变速器立起，用木块垫住输出轴,拆下前排行星架上的卡环。从壳体上拆下输出轴,拆下前排行星架和行星轮组件。

(9) 取出前后太阳轮组件和1号单向离合器。

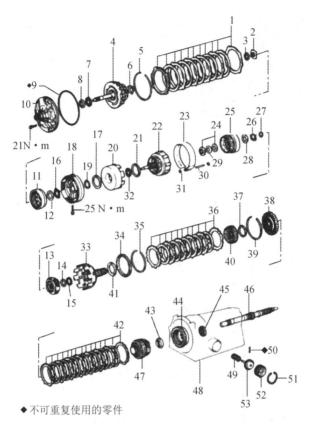

◆不可重复使用的零件

图 5-52 行星齿轮变速器的零件分解

1—O/D制动单元;2,6,8,12,14,19,24,26—轴承圈;3,7,15,16,28,29,32—轴承;
4—O/D行星齿轮直接挡离合器和单向离合器;5,27,35,39,51—弹性挡圈;9—O形圈;10—油泵;
11—O/D行星齿轮;13—前行星齿轮;17—止推轴承;18—O/D支架;20—直接挡离合器;21,37,41—止推垫圈;
22—前进挡离合器;23—2挡制动圈;25—前行星齿轮;30—销;31—E形圈;33—太阳轮;34—活塞衬套;
36—第二挡制动单元;38—第二挡制动鼓;40—1号单向离合器;42—1挡和倒挡制动单元;
43,45—轴承和轴承圈总成;44—后行星齿圈;46—输出轴;47—后行星齿轮和2号单向离合器;48—变速器壳体;
49—弹簧;50—制动鼓密封垫;52—2挡制动器盖;53—2挡制动器活塞

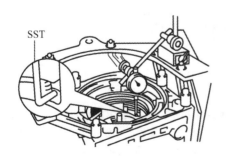

图 5-53 安装专用工具 SST 和百分表

图 5-54 充入压缩空气测量活塞行程

145

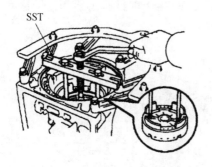
图 5-55 用 SST 拉出超速挡制动器支架

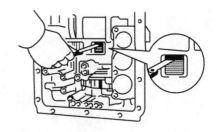
图 5-56 检查 2 挡制动器的间隙

(10) 检查 2 挡制动器 B_2 的间隙。如图 5-56 所示,用塞尺测量卡环和压盘之间的间隙,标准值应为 0.62～1.98 mm。如果不符合标准,应检查 2 挡制动器。

(11) 拆卸 2 挡制动器。方法是:拆下卡环,取出 2 挡制动器的所有摩擦片、钢片及压盘。

(12) 检查低、倒挡制动器 B_3 的间隙,标准值为 0.70～1.22 mm。如果不符合要求,应检查制动器。

(13) 拆卸输出轴,后行星排,低、倒挡制动器和 2 挡制动器鼓组件。方法是:拆下卡环,取出输出轴,后行星排,低、倒挡制动器和 2 挡制动器鼓组件。

2. 换挡执行元件的拆装与检查

丰田 A341E 自动变速器内部主要由类似的三组行星齿轮机构组成,在此主要介绍超速行星排、超速挡离合器、超速挡单向离合器、超速挡制动器的分解、检查和装配。

1) 超速行星排、超速挡离合器和超速挡单向离合器

(1) 超速行星排、超速挡离合器和超速挡单向离合器的分解。超速行星排、超速挡离合器和超速挡单向离合器的零件分解如图 5-57 所示。

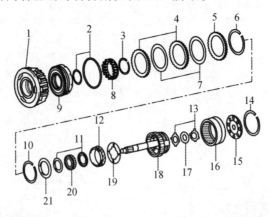

图 5-57 超速行星排、超速挡离合器和超速挡单向离合器的零件分解
1—OD 直接挡离合器鼓;2—O 形圈;3,6,10,14—弹性挡圈;4—离合器片;5—法兰;7—离合器摩擦片;8—活塞回位弹簧;9—OD 直接挡离合器活塞;11—单向离合器内圈;12—单向离合器外圈;13—轴承圈;15—齿圈法兰;16—OD 行星齿圈;17—轴承;18—OD 行星齿轮;19—止推垫圈;20—OD 单向离合器;21—隔离片

① 检查单向离合器的工作情况。握住超速挡离合器鼓转动输入轴,输入轴应顺时针方向转动自如而逆时针方向转动锁止。

② 从超速行星排上拆下超速挡离合器总成。

③ 检查超速挡离合器活塞行程。将油泵放到变矩器上,然后将超速挡离合器总成放到油泵上。用 SST 和百分表测量超速挡离合器活塞行程,如图 5-58 所示,充入压缩空气的压力为 0.4~0.8 MPa。活塞标准行程为 1.45~1.70 mm,如果不符合标准,应检查离合片。

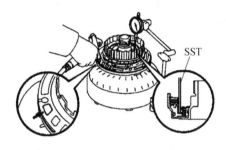

图 5-58 测量超速挡离合器活塞行程

④ 分解离合片。从超速挡离合器鼓上拆下卡环,然后拆下压盘和离合器摩擦片各 2 个。

⑤ 拆下活塞回位弹簧。如图 5-59 所示,用 SST 压缩回位弹簧并拆下卡环,拆下回位弹簧。

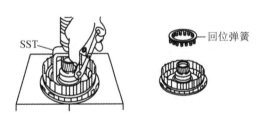

图 5-59 拆下活塞回位弹簧

⑥ 拆下超速挡离合器活塞。将油泵放到变矩器上,然后将超速挡离合器放到油泵上。用手握住超速挡离合器活塞,向油缸充入压缩空气以拆下超速挡离合器活塞。

⑦ 拆下齿圈法兰。拆下齿圈法兰外侧的卡环,然后取下齿圈法兰。

⑧ 拆下单向离合器。先拆下单向离合器外侧的卡环,然后取下隔离片、单向离合器和止推垫圈。

(2) 超速行星排、超速挡离合器和超速挡单向离合器的检查。

① 检查离合片。检查离合器摩擦片和压盘是否磨损或烧坏,必要时要更换。

② 检查超速挡离合器活塞。摇动活塞时,单向球阀应松动。充入低压压缩空气时球阀不应泄漏。

③ 检查超速挡离合器回位弹簧。用游标卡尺检查包括弹簧座在内的弹簧自由长

度,标准长度为 15.8 mm。

④ 检查超速挡离合器鼓衬套。用百分表测量离合器鼓衬套的内径,如图 5-60 所示。最大内径应为 27.11 mm,如果内径超过最大值,应更换离合器鼓。

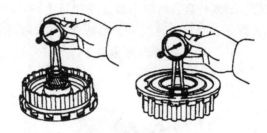

图 5-60 测量超速挡离合器鼓衬套的内径

⑤ 检查超速行星排行星齿轮衬套。用百分表测量行星齿轮衬套内径,应不大于 11.27 mm,否则应更换行星齿轮总成。

⑥ 测量行星齿轮的止推间隙,如图 5-61 所示,用塞尺测量行星齿轮的止推间隙,标准间隙应为 0.2～0.6 mm,最大间隙不应超过 1.0 mm,否则应更换行星齿轮总成。

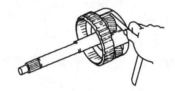

图 5-61 用塞尺测量行星齿轮的止推间隙

(3) 超速行星排、超速挡离合器和超速挡单向离合器的装配。按照超速行星排、超速挡离合器和超速挡单向离合器分解的相反步骤进行装配。

2) 超速挡制动器

超速挡制动器的零件分解如图 5-62 所示。

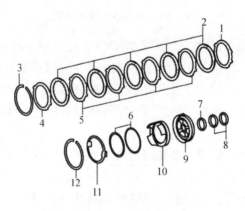

图 5-62 超速挡制动器的零件分解

1,4—法兰;2,5—制动片;3,12—弹性挡圈;6—O 形圈;7—止推垫圈;
8—油封;9—OD 支架;10—制动活塞;11—活塞回位弹簧

(1) 超速挡制动器的分解。

① 检查超速挡制动器活塞的运动。将超速挡制动器支架放到制动器总成上,向油道内充入压缩空气,检查超速挡制动器活塞的动作是否平稳。

② 从超速挡制动器支架上取下离合器鼓止推垫圈和油封圈。

③ 拆下活塞回位弹簧。将 SST 放到弹簧座上并压缩回位弹簧,拆下弹性挡圈,取下活塞回位弹簧。

④ 拆下超速挡制动器活塞。将超速挡制动器支架放到制动器总成上,用手握住超速挡制动器活塞,向油道内充入压缩空气,拆下超速挡制动器活塞。

(2) 超速挡制动器的检查。

① 检查离合片。检查离合器主从动片和压盘是否磨损或烧坏,必要时更换。

② 检查超速挡制动器活塞回位弹簧。用游标卡尺检查弹簧的自由长度(含弹簧座),标准长度为 17.23 mm。

(3) 超速挡制动器的装配。

① 安装油封圈。将超速挡制动器支架的两个油封圈涂上自动变速器油,并安装到超速挡制动器支架上。

② 安装超速挡制动器活塞。将两个新的 O 形圈涂上自动变速器油并装到超速挡制动器活塞上,然后将活塞用手压入超速挡制动器支架。

③ 安装活塞回位弹簧。安装活塞回位弹簧,并用 SST 压缩回位弹簧,装上卡环。

④ 安装离合器鼓止推垫圈,并检查超速挡制动器活塞的运动情况。

3. 自动变速器的装配

自动变速器装配按照拆卸相反的顺序进行。

(1) 将所有零件清洗干净,按序摆放。

(2) 更换的离合器和制动器摩擦片应该放在盛有自动变速器油的容器中浸泡 30 min 以上再进行装配。

(3) 认准各种推力轴承和密封圈、油封的编号及安装位置,推力轴承涂上凡士林,密封圈、油封刃口涂上自动变速器油。

(4) 装配自动变速器时应遵循从后向前逐次装配的原则。

(5) 将自动变速器壳体前端向上,依次装配行星齿轮变速机构,并调整各执行元件之间的间隙。

(6) 安装油泵、阀体、油底壳及前后自动变速器壳体。

(7) 安装液力变矩器和所有外围零件。

(8) 按照与从车上拆下的相反顺序将自动变速器装车,连接操纵机构和电气线路。

学习任务 5.2　电控无级自动变速器检修

1. 无级变速器概述

无级变速器(continuously variable transmission,CVT)采用传动带和工作直径可变的主、从动轮相配合来传递动力,可以实现传动比的连续改变,从而实现传动系统与发动机工况的最佳匹配。无级变速器是连续改变传动比的变速器,相比传统自动变速器,其结构更简单,体积更小,零件更少。它既没有手动变速器的众多齿轮副,也没有自动变速器复杂的行星齿轮组,靠主、从动轮和金属带或滚动盘来实现速比的变化,与电控液力自动变速器相比,运行效率更高,油耗更低。

1) 传动方式

无级变速器可采用液体传动、电力传动和机械传动三种方式。

(1) 液体传动。

无级变速器的液体传动有两种类型:一种是液压式,由泵和电动机或阀门和泵组成的变速传动装置进行变速传动,适用于中小型动力传动。另一种是液力式,采用液力耦合器或液力变矩器进行变速传动,适用于大功率(几百千瓦到几千千瓦)传动。液压传动的主要特点是:调速范围宽、减震防过载、传动效率高、使用寿命长、易自动化、制造精度高、价格高、扭矩输出恒定、转差率大、运行时易漏油。

(2) 电力传动。

无级变速器的电力传动方式基本上分为三类。

① 电磁滑动式。该电力传动方式是通过改变安装在异步电动机中的电磁滑动离合器的励磁电流,实现反向调速。其特点设备是结构简单,成本低,操作维护方便,但滑动摩擦大,效率低,发热严重,不适合长时间带负荷运行,所以一般只用于小功率传输。

② 直流电动机传动方式。该方式可以通过改变磁通或电枢电压来实现调速。其特点是调速范围大,精度高,但设备复杂,成本高,维护困难。一般用于中等功率范围(几十千瓦到几百千瓦),已逐渐被交流电动机传动式方式取代。

③ 交流电动机传动式。该方式可以通过变极、调压、变频来调节速度。最实际的应用是变频调速,即利用变幅杆获得变幅电源,然后驱动电动机变速。其特点是调速性能好、范围广、效率高、自动控制、体积小、适用功率范围广。其机械特点是减速段扭矩恒定,低速时效率低运行不稳定,价格高,维修专业。近年来,变频器作为一种先进优秀的传动装置发展迅速,对机械式变速器产生了一定的影响。

(3) 机械传动。

机械传动的主要特点是:转速稳定,滑动率低,运行可靠,动力机械特性恒定,传动效率高;设备结构简单,维修方便,价格相对便宜;但零件对加工和润滑要求较高,承载能力较低,抗过载和冲击能力较差,一般适用于中低功率传动场合。

2）组成

下面以常见的金属带式无级变速器为例讲解无级变速器的组成。金属带式无级变速器一般由起步离合器、行星齿轮机构、无级变速机构、控制系统和中间减速机构组成。

(1) 起步离合器。

起步离合器的主要作用是使汽车以足够大的牵引力平顺地起步,提高驾驶舒适性,必要时切断动力传输。目前用于汽车起步的装置主要有三种:湿式离合器、电磁离合器和液力变矩器。

(2) 行星齿轮机构。

无级变速器的行星齿轮机构用以实现前进挡和倒挡之间的切换操作,采用双行星齿轮机构,行星架上固定有内、外行星齿轮,其中,外行星齿轮和齿圈啮合,内行星齿轮和太阳轮啮合。前进挡时,太阳轮主动旋转,行星架随太阳轮同速旋转,即整体同步旋转;倒挡时,太阳轮主动旋转而齿圈不动,此时行星架与太阳轮反向旋转。

(3) 无级变速机构。

无级变速机构由金属带、主动轮组、从动轮组组成。其中,主动轮组和从动轮组都由可动锥盘和固定锥盘组成。

(4) 控制系统。

控制系统用来实现无级变速器传动比无级自动变化,多采用机-液控制系统或电-液控制系统。机-液控制系统主要由油泵、液压调节阀(用以调节传动比和传动带与轮之间压紧力)、传感器(油门和发动机转速)、主从动轮的液压缸及管道组成;而电-液控制系统则是在机-液控制系统的基础上加装一些电子控制单元、电磁阀和传感器而组成的,提高了对无级变速器控制的效率和精确度。

(5) 中间减速机构。

由于无级变速器可以提供的传动比变化范围为 2.6~0.445,不能完全满足整车传动比变化范围的要求,因而设有中间减速机构。经过中间减速机构,无级变速器的传动比变化范围到 0.8~5.0。

3）工作原理

金属带式无级变速器主要是通过改变主、从动轮和金属带的接触半径(即工作半径)来实现传动比的连续变化的。前面已经讲过,主、从动轮组都由可动锥盘和固定锥盘组成,可动锥盘可以在主、从动轴上沿轴向移动。可动锥盘与固定锥盘之间形成的 V 形槽与 V 形金属带相啮合。主动轮组的油缸控制主动轮组的可动锥盘沿轴向移动时,主动轮组一侧的金属带随之沿 V 形槽移动,由于金属带的长度固定,因此从动轮组一侧的金属带则沿 V 形槽向相反的方向移动,从动轮组的油缸此时则控制从动轮组的可动锥盘沿轴向移动,以保持金属带的张紧力,保证来自发动机的动力得到高效可靠的传递。金属带沿 V 形槽方向移动时,其在主动轮组和从动轮组上的回转半径发生变化,从而实现传动比的连续变化。

2. 典型无级变速器

图 5-63 所示为奥迪 01J 无级自动变速器的结构,该无级变速器是由电控系统部分、液压部分、双质量飞轮或扭转减振器(不采用液力变扭器)、双行星轮换向行星排、前进

挡离合器、倒挡制动器组成的换向机构,以及主从双锥体(带轮)及传动钢链组成。链轮装置是由发动机通过辅助减速齿轮驱动,发动机转矩通过传动链传递到链轮装置,并由此传给主减速器。每个链轮装置中的一个链轮可沿轴向移动,调整传动链的跨度尺寸和改变传动比。两组链轮装置必须同时进行调整,以保证传动链始终处于张紧状态和有足够的盘接触传动压力。

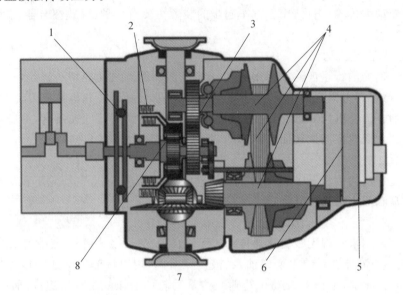

图 5-63　01J 无级变速器的结构

1—飞轮减振器；2—倒挡制动器；3—辅助减速齿轮挡；4—传动链变速器；
5—变速箱控制单元；6—液压控制单元；7—前进挡离合器；8—行星齿轮系

奥迪 01J 无级自动变速器通过行星齿轮机构实现前进挡和倒挡的改变,通过金属带与不同半径的带轮传动改变传动比,从而获得不同的扭矩。如图 5-64 所示为 01J 无级变速器传动示意图。行星齿轮换向机构采用一个双行星轮行星排,主要作用是实现前进挡和倒挡的转换。制动器 B 和离合器 K 均采用湿式摩擦片,工作时要有相应的制动器缸和离合器缸控制。前进挡时,离合器 K 接合,行星架直接输出动力,双行星轮行星排不改变传动比。倒挡时,制动器 B 制动内齿圈,太阳轮输入顺时针方向的力矩,内行星轮逆针转动,外行星轮顺时针转动,由于内齿圈不动,行星架逆时针转动,倒挡双行星轮行星排改变传动比,使车辆减速。

01J 变速器没有用变扭器作为发动机和变速器之间的动力传递,而采用双质量飞轮作为传力装置和减振装置。图 5-64 中的倒挡制动器接合时为倒挡,前进挡离合器接合为前进挡,两者都不接合时为空挡或驻车挡。油泵轴带动油泵泵油,电控单元(在阀体后部)和人右手共同控制阀体(液控单元),从而控制前进挡离合器、倒挡制动器工作及双锥体半径的大小。

当上坡或挂车导致离合器压力过高时,离合器系统进行安全切断保护。在上坡或挂车,或频繁起步和制动导致离合器温度升高时,离合器进行过载保护。01J 无级变速器可通过有级 6 挡实现控制和调速,各挡的最高车速如表 5-4 所示。

电控自动变速器检修 项目5

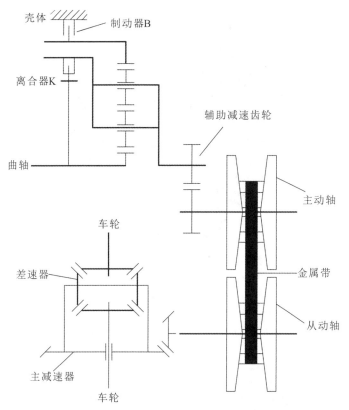

图 5-64 奥迪 01J 无级变速器传动示意图

表 5-4 奥迪 01J 变速器各挡的最高车速

01J(DZN)	变速器变速比	总变速比	最高车速/(km/h)	备注
1 挡	2.40	12.713	约 55	速度是通过轮胎周长1930 mm 计算得出（轮胎 205/55-16）。最高车速为 235 km/h。标注 * 号为理论车速
2 挡	约 1.42	约 7.50	约 92	
3 挡	约 0.98	约 5.20	约 134	
4 挡	约 0.76	约 4.00	约 174	
5 挡	约 0.55	约 2.90	* 约 239	
6 挡	0.400	2.119	* 约 337	

图 5-65 所示为奥迪 01J 变速器双活塞结构。双活塞缸是指一个压力缸，一个分离缸。压力缸的特点是工作时所需压强小，但作用面积大，因此压力大。压力缸的作用是保持链和锥盘的接触压力，保证传递的扭矩。分离缸的特点是工作时所需压强大，但作用面积小，调整油量小，效率高。分离缸的作用是改变压力平衡，调整速比。为阻止压力缸建立起离心动态压力，在输出轴侧带轮的压力缸右侧设计了飞溅式油罩盖。

图 5-66 所示为带月牙板的两隙自调高效率内啮合齿轮泵结构。为了提高油泵的工作效率，设计上必须减小油泵齿轮和月牙板内侧的间隙，同时也要减小油泵齿圈和月牙

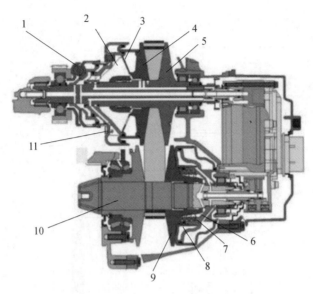

图 5-65 双活塞缸结构
1—扭矩传感器；2,8—压力缸；3—膜片弹簧；4—变速器锥面链轮1；5—链轮装置1；
6,11—分离缸；7—螺旋弹簧；9—变速器锥面链轮2；10—链轮装置2

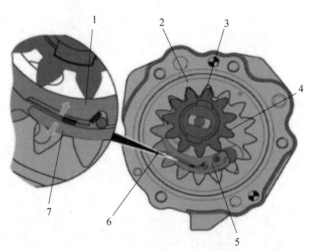

图 5-66 带月牙板两隙自调高效率内啮合齿轮泵结构
1—内扇区；2—齿圈；3—齿轮；4—吸油区；5—月牙形密封；6—压油区；7—外扇区

板外侧的间隙，两间隙越大，吸油区和压油区的连通区域越大，油泵效率越低。为了实现两间隙自调为零的目的，半月牙板采用了内扇区和外扇区组合的形式，将内扇区和外扇区中间的密封腔与压油区连通，消除了两间隙，理论上两间隙可为零。

01J 无级变速器的控制单元为如图 5-67 所示的 J217 变速器控制单元，其位于变速器内，基本上是浸于油中，控制单元集成了大量的传感器，执行器（电磁阀）采用了插接式结构，安装方便，从而省略了大量线束。奥迪 01J 变速器传感器作用、失效替代和仪表故障显示如表 5-5 所示。

电控自动变速器检修 项目5

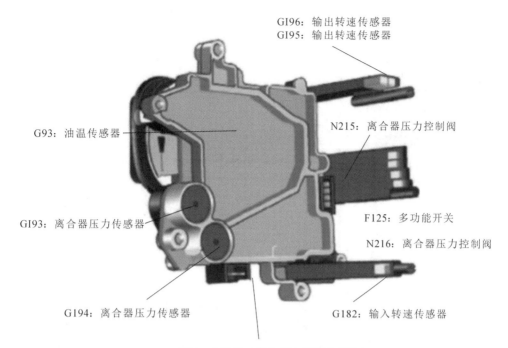

图 5-67　01J 无级变速器控制单元

表 5-5　奥迪 01J 变速器传感器的作用、失效替代和仪表故障显示

传感器代号	传感器	失效状况	失效替代	仪表故障显示
G182	输入转速传感器	微量打滑和离合器匹配控制功能失效	发动机转速信号	无
		起步-加速过程可利用固定参数完成		
G195	输出转速传感器1	坡路停车功能失效	G196	无
G196	输出转速传感器2	坡路停车功能失效	G195	无
G193	离合器压力传感器1	安全阀激活-安全切断		闪烁
G194	离合器压力传感器2	爬行控制匹配功能失效	无	
G93	变速箱油温传感器	离合器匹配控制功能失效	变速箱控制单元	反转
		当油温高于 145 ℃时，发动机输出功率下降	计算得出替代值	闪烁
F125	多功能开关	霍尔传感器 D 损坏，点火功能失效	引入替代程序	闪烁

奥迪01J变速器控制电路如图5-68所示。

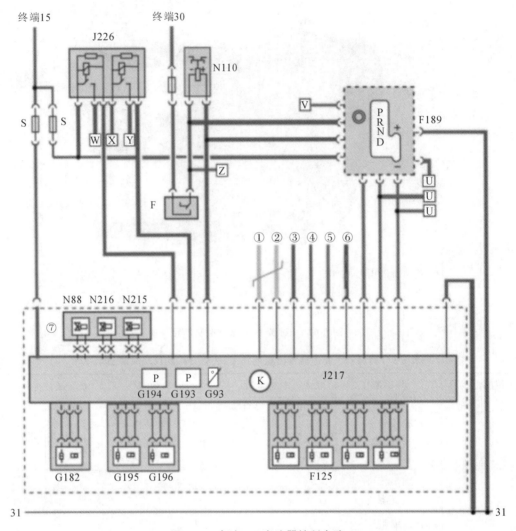

图5-68 奥迪01J变速器控制电路

F—制动灯开关；U—点动转向盘（选装）；V—来自端子58d；W—至倒车灯；
X—来自点火开关50；Y—至启动端子50；Z—至制动灯；
G93——变速箱油温传感器；G182—变速器输入转速传感器；G193—离合器压力传感器1；
G194—离合器压力传感器2；G195—变速器输出转速传感器1；G196—变速器输出转速传感器2；
N88—电磁阀1（离合器冷却/安全切断）；N215—离合器压力控制阀1；
N216—离合器压力控制阀2；N110—换挡杆锁止电磁阀；
F125—多功能开关；F189—手自一体开关；
J226—启动和倒车继电器；J217—无级变速器ECU；
①—低速CAN总线；②—高速CAN总线；③—换挡指示（输出）；④—车速（输出）；
⑤—发动机转速信号（输入）；⑥—K诊断线（双向）

变速器开关结构如图5-69所示。

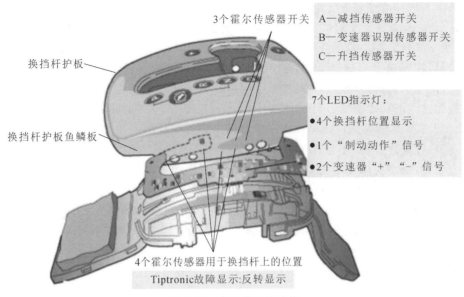

图 5-69 变速器开关结构

【任务实施】

电控无级自动变速器的检修

1）检查自动变速器油位

自动变速器油位检查的前提条件：

(1) 变速器不允许处于紧急运转状态。

(2) 车辆需要处于水平位置。

(3) 发动机需要处于怠速运转状态。

(4) 需要关掉空调与暖风机。

(5) 开始检查前，自动变速器油的温度不允许超过 30 ℃，必要时先冷却变速器。

2）无级变速器检修

(1) 问诊。

通过询问车主可以获取更多信息，这样做有助于诊断故障信息的来源，确认故障发生时间、故障现象等。这是故障维修的第一步。

(2) 基本检查。

基本检查主要是指一些外围的检查，包括发动机怠速检查，自动变速器油液面高度检查，油质检查，换挡操纵机构的检查等。

(3) 自诊断检查。

【知识小结】

1. 电控液力自动变速器主要由液力变矩器、行星齿轮变速器、液压控制系统、电子控制系统和冷却滤油装置等组成。

2. 电控液力自动变速器电子控制系统通过各种传感器,将发动机转速、节气门开度、车速、发动机水温、自动变速器油温等参数转变为电信号,并输入 ECU。ECU 根据这些信号,按照设定的换挡规律,向换挡电磁阀、油压电磁阀等发出电子控制信号,换挡电磁阀、油压电磁阀再将 ECU 的电子控制信号转变为液压控制信号,阀板中的各个控制阀根据这些液压控制信号,控制换挡执行元件的动作,实现自动换挡。

3. 无级变速器是能使传动比在一定范围内连续变化的变速器。其没有具体的挡位概念,传动比是连续的,不会产生跳跃换挡的现象,因此动力传输连续顺畅,但动力传递能力有限,目前多应用在中、小功率的车辆上。

4. 无级变速器原理:发动机扭矩从变矩器传送到变速器。钢带将来自主动滑轮组件的力传送到从动滑轮组件。然后,扭矩通过带多片离合器的单行星齿轮系统被传送到内部轴。最后,通过齿轮中间轴,扭矩被传送到差速器。差速器将驱动力均匀地分配给车轴。

5. 无级变速器主要组件

(1) 起步离合器。

起步离合器的主要作用是使汽车以足够大的牵引力平顺地起步,提高驾驶舒适性,必要时切断动力传输。目前用于汽车起步的装置主要有三种:湿式离合器、电磁离合器和液力变矩器。

(2) 行星齿轮机构。

无级变速器的行星齿轮机构用以实现前进挡和倒挡之间的切换操作,采用双行星齿轮机构,行星架上固定有内、外行星齿轮,其中,外行星齿轮和齿圈啮合,内行星齿轮和太阳轮啮合。前进挡时,太阳轮主动旋转,行星架随太阳轮同速旋转,即整体同步旋转;倒挡时,太阳轮主动旋转而齿圈不动,此时行星架与太阳轮反向旋转。

(3) 无级变速机构。

无级变速机构由金属传动带、主动轮组、从动轮组组成。其中,主动轮组和从动轮组都由可动锥盘和固定锥盘组成。

(4) 控制系统。

控制系统用来实现无级变速器传动比无级自动变化,多采用机-液控制系统或电-液控制系统。机-液控制系统主要由油泵、液压调节阀(用以调节传动比和传动带与轮之间压紧力)、传感器(油门和发动机转速)、主从动轮的液压缸及管道组成;而电-液控制系统则是在机-液控制系统的基础上加装一些电子控制单元、电磁阀和传感器而组成的,提高了对无级变速器控制的效率和精确度。

(5) 中间减速机构。

由于无级变速器可以提供的传动比变化范围为 2.6~0.445,不能完全满足整车传动比变化范围的要求,因而设有中间减速机构。经过中间减速机构,无级变速器的传动比变化范围到 0.8~5.0。

思考题

1. 安装有自动变速器的汽车能够依靠推车起动吗?为什么?

2. 若自动变速器的油压系统压力低,自动变速器还能正常工作吗？为什么？

3. 一辆奥迪 A62.4 轿车,搭载 GHL 型无级变速器。由于变速器进水,该车在其他修理厂进行了变速器大修,但大修后出现了变速器入 D 挡反应慢,加速时有冲击的现象。请分析原因。

练习题

1. 填空题

(1) 电控自动变速器主要由_____、齿轮变速机构、_____、液压控制系统和电子控制系统组成。

(2) 电控自动变速器的换挡执行机构包括_____、制动器和_____三种。

(3) 按齿轮变速器类型的不同,电控液力自动变速器可分为_____和平行轴式自动变速器。

(4) 无级变速器是传动比可以在一定范围内_____的变速器。

(5) 无级变速器采用_____和工作直径_____的主、从动轮相配合来传递动力。

(6) 目前常见的无级变速器是_____无级变速器。

(7) 无级变速器的关键部件是_____,它是由一层层带有_____的金属片通过柔性的钢带所组成,靠金属片传递动力,而柔性钢带则只起支撑与保持作用。

(8) 无级变速传动的控制系统以发动机的_____作为反馈信号,以_____等作为控制输入信号,来控制带轮的压力。

2. 问答题

(1) 电控液力自动变速器的控制原理是什么？
(2) 电控液力自动变速器可分为哪几类？
(3) 液力变矩器的工作原理是什么？
(4) 液力变矩器中单向离合器的工作特性是什么？
(5) 自动变速器控制系统故障代码如何读取？
(6) 车速传感器和输入轴转速传感器的检修方法有哪些？
(7) 钢带式无级自动变速器如何实现无级变速？
(8) 无级变速器如何实现倒挡和空挡？
(9) 为什么冷却前进挡离合器没有给行星齿轮泵提供润滑？

3. 论述题

(1) 简述单排行星齿轮机构传动原理。
(2) 简述典型的辛普森式行星齿轮系统结构特征及各挡动力传递路线。
(3) 简述倒挡制动器的液压控制过程。

4. 故障诊断

(1) 倒挡离合器的供油路线是怎样的？
(2) 怎样检修油压传感器？

项目 6

无人驾驶汽车底盘控制系统检修

【案例导入】

2014—2015 年,谷歌无人驾驶汽车发生过 272 次故障。如果驾驶员不干预,那么这些无人驾驶汽车将发生 13 次事故(事故的定义:需要驾驶员介入修正汽车的行为)。

谷歌无人驾驶汽车发生的 272 次故障涉及汽车的多个元件,故障包括传感器读数错误、转向和制动系统发生故障。不过在这些故障发生时,汽车能提供声音和可视信号,告知驾驶员需要人工处理。根据上述现象,请思考下列问题:

(1) 无人驾驶汽车有哪些功能?

(2) 无人驾驶汽车故障的特点是什么?

【学习任务】

学习任务 6.1　无人驾驶汽车体系认知

学习任务 6.2　无人驾驶汽车运动控制系统检修

课件 6

学习任务 6.1　无人驾驶汽车体系认知

【学习目标】

知识目标

1. 掌握无人驾驶汽车的结构;
2. 掌握无人驾驶汽车的工作原理。

能力目标

1. 能够识别无人驾驶汽车的结构;
2. 能够检修无人驾驶汽车;
3. 能够分析和诊断无人驾驶汽车的故障。

情感目标

1. 培养学生对事负责、与人合作的精神,严谨细致的作风,坚持不懈的奋斗精神;
2. 培养学生勇于探索的精神和诚实守信、吃苦耐劳的职业品质;
3. 培养学生爱岗敬业的职业道德意识;
4. 培养学生分析问题、解决问题的能力;
5. 培养安全意识和环保理念。

【理论知识】

无人驾驶汽车通过感知技术探测车辆行驶环境,并依据所得到的道路信息、障碍信息,有效地控制车速及其行进方向,从而确保车辆的安全稳定行驶。

1. 无人驾驶的分类

按照技术层次,无人驾驶可以分为驾驶辅助、部分自动驾驶、高度自动驾驶、完全自动驾驶几级,如图6-1所示。辅助驾驶为车辆有安全行驶预警功能,无自动干预措施。部分自动驾驶为部分场景下可以实现自动驾驶,如自动巡航系统。高度自动驾驶为大多场景下汽车成为行驶主导,驾驶员辅助。无人驾驶为车辆完全自主行驶,无须驾驶员干涉。

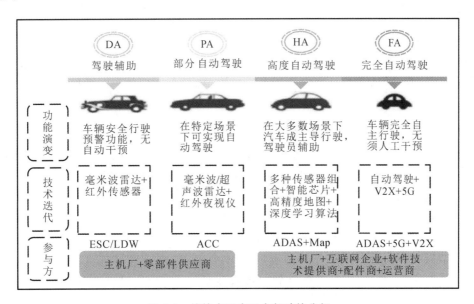

图6-1 按技术层次无人驾驶的分级

美国汽车工程师协会(SAE)将无人驾驶划为 Level 0～Level 5 六级,如图6-2所示。没有任何自动驾驶功能为 Level 0,即"无自动";Level 1 是指车上有一定的驾驶辅助设备,可以解放驾驶员的双脚;Level 2 指有部分自动驾驶功能,可以解放驾驶员的双手;Level 3 为有条件自动化,可以解放驾驶员的双眼;Level 4 为高度自动化,可以解放驾驶员的大脑;Level 5 则是完全自动化,可以完全解放驾驶员。

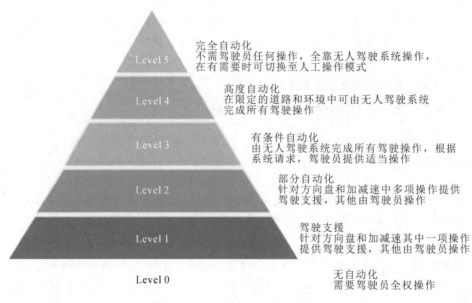

图 6-2　SAE 的无人驾驶的分级

Level 3 是无人驾驶技术的一个转折点，展示了自动辅助驾驶和无人驾驶的区别。Level 2 具有目前常见的高级智能驾驶辅助（ADAS）技术，包括自适应巡航（ACC）、紧急制动刹车（AEB）和车道偏离预警系统（LDWS）的辅助驾驶功能，但是车辆的驾驶者还是驾驶员本人。Level 3 允许驾驶员在行驶过程中放开方向盘，甚至在关键时刻由 AI 取代驾驶员来驾驶汽车。Level 4 和 Level 5 最大的区别在于：Level 4 适用于天气晴朗和路况良好的情况，而 Level 5 对外部条件没有限制，无论外界情况有多复杂都能顺利地完成自动驾驶。

2. 无人驾驶系统的构成

无人驾驶系统总体包括环境感知、决策规划和运动控制三大部分，具有环境感知、定位（自车状态）及路径规划、行为决策、车辆控制等功能，如图 6-3 所示。

1）环境感知系统

无人驾驶汽车在道路上行驶离不开对车辆状态及行驶环境的感知。无人驾驶汽车利用安装在汽车上的各类环境传感器，在汽车行驶过程中随时感应周围的环境，通过采集数据，进行静态、动态物体的辨识、侦测与追踪，并结合导航仪地图数据进行系统的运算和分析，使汽车预先察觉到可能发生的危险，有效增加汽车的舒适性和安全性。

汽车通过近距离检测障碍的超声波传感器及红外线传感器、探测目标位置的激光雷达、测远距离的毫米波雷达等设备，探测光、热、压力或其他用于监测汽车状态的信息，从而实现汽车感知周围环境，发现潜在危险。通过汽车行车电控单元（ECU）控制汽车跟踪行驶、减速避让、主动刹车等行为，实现汽车安全行驶。目前应用于汽车环境感知技术的系统包括：高级智能驾驶辅助系统（ADAS）、自适应巡航（ACC）系统、倒车警示（CTA）系统和车道变换辅助（LCA）系统等，如图 6-4 所示。

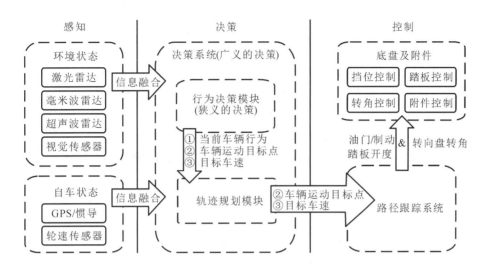

图 6-3　无人驾驶系统

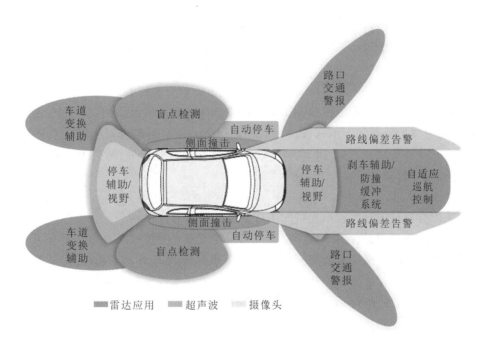

图 6-4　无人驾驶汽车环境感知系统

2）决策规划系统

汽车的决策规划系统是集智能学习、高速计算于一体的中央控制系统,用于进行定位及路径规划、行为决策。汽车在城市道路上行驶时,驾驶场景复杂多变,交通参与者的行为难以预测,需要决策规划系统对环境感知系统发来的各个传感器数据进行计算、分析,通过各类交通场景算法,接收决策规划层的指令并控制车辆响应,保证控制精度,对目标车速、路径等进行跟踪,从而完成无人驾驶汽车的运动规划和自动控制。

(1) 定位。

定位系统提供车辆的位置信息,是路径导航和行驶的基础,主要利用航迹推算技术、惯性导航技术、卫星导航定位技术、路标定位技术、地图匹配技术和视觉定位技术等。

GPS又称为全球定位系统,是一种卫星导航定位技术。GPS测量技术能够快速、高效、准确地提供点、线、面要素的精确三维坐标以及其他相关信息,包括相对定位、绝对定位和组合定位。

相对定位:主要依靠里程计、陀螺仪等本体传感器,通过测量无人驾驶汽车相对于初始位置的位移确定无人驾驶汽车的当前位置。

绝对定位:主要采用导航信标、主动或被动标识、地图匹配或全球定位系统进行定位。

组合定位:组合定位方案一般有GPS+地图匹配、GPS+航迹推算、GPS+航迹推算+地图匹配、GPS+GLONASS+惯性导航+地图匹配等。

(2) 路径规划。

路径规划是指在具有障碍物的环境中,按照一定的评价标准,寻找一条从起始状态到目标状态的无碰撞路径。其主要原理是通过无人驾驶汽车在未知环境中从一个未知位置开始移动,在移动过程中根据位置估计和地图进行自身定位,同时根据在自身定位的基础上与城市地图进行匹配,实现自我位置定位和感知,然后根据目的地信息实现自身位置到目的地的路径规划策略,最后选择快捷方便的路线行驶。

路径规划需要高精度地图和动态交通信息。高精度地图是无人驾驶汽车的重要辅助工具,能够使车辆获知车辆行驶的方向和路况。动态交通信息指通过互联网和GPS获取的实时交通信息。车载ECU对动态交通信息进行分析处理,判断道路拥堵的程度,并选择最佳行驶路径,对车辆进行导航。

(3) 行为决策。

无人驾驶汽车的行为包括保持车道行驶和变更车道行驶等。

保持车道行驶包括自由车道保持模式和跟驰车道保持模式。自由车道保持是指在没有障碍约束情况下以期望速度行驶。自由车道保持状态下,车辆的行为准则是保持与两侧标记线距离相等以及维持最高可能车速。跟驰车道保持是指除了要保持与两侧标记线距离相等,还要与前面车辆保持一定的安全距离。也就是在自由车道保持基础上,盯住前车,调整自车。

对于变道的过程,在无人驾驶汽车策略中,常常被划分成3个阶段:产生变道意图阶段、分析变道可能性阶段、变道执行阶段。3个阶段执行完毕后,车辆重新恢复到车道保持模式。

产生换道意图:变更车道行驶,按照产生变道意图的来源不同,分成强制变更车道和主动变更车道。强制变更车道是在道路上遇到了不能继续以保持车道模式正常通行的情况,无人驾驶汽车不得不变更车道。主动变更车道则是基于无人驾驶汽车尽可能以最高车速行驶的理念进行的变道。

分析变道可能性:变更车道的原则就是避免换道过程中,与目标车道和原车道的车辆发生碰撞。变道执行之前,要求测量得到前后车的相对速度和加速度,预测变道耗费时间,计算变道后前后车距并评价车距是否合理。如果在自身性能范围内变道问题无法得到合理解决,则必须暂时放弃变道。

> **安全规则**
> 无人驾驶汽车按照交通规则在路口等待绿灯通行。按照自身设定的安全规则,当有车辆或行人在车辆侧面一定距离以内时,车辆不得启动。

变道执行阶段:变道执行阶段,主要考虑变道轨迹的影响,是否影响舒适性、平稳性等要求。执行变道的是汽车的控制系统和执行机构。控制系统发出转速、转矩和转向角度命令,油门、制动、转向机构执行指令。

3) 运动控制系统

运动控制系统是汽车行为中心,可以根据传感器、定位系统、汽车运动状态的信息,控制汽车加速、减速、转向、跟随等运动方式,确保汽车安全行驶。

3. 无人驾驶系统的组成

无人驾驶系统的组成包括激光测距仪(激光雷达)、视觉摄像头(相机)、车载雷达(毫米波雷达)、微型传感器、ECU 处理系统、电脑资料库等,如图 6-5 所示。

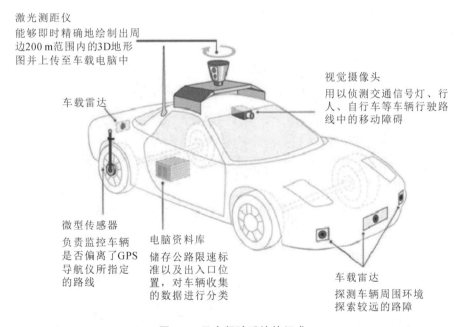

图 6-5 无人驾驶系统的组成

无人驾驶汽车需要感知车辆和周围物体间的距离,车顶安装能够发射激光射线的激光雷达,通过激光从发射到接触物体反射回来的时间,车载 ECU 便可计算出车辆和物体间的距离。视觉摄像头具有人工智能中的图像识别功能,可以实现对驾驶员状态、障碍物以及行人的检测和交通标志、路标的识别等功能。

在无人驾驶汽车底部也装有雷达、超声波、相机等设备，能够检测出车辆行驶方向的角速度、加速度等一些重要数据，再利用卫星定位系统 GPS 传输的数据经过整合处理，精确计算行驶车辆的具体位置。安装在车辆的传感器能够监控车辆是否偏离 GPS 导航仪指定的行驶路线，而道路的宽度、交通信号灯以及车辆行驶的道路信息是通过车载相机捕获的图像进行判断分析处理的。

车辆为了能够避开路障和提前做出应对，需要用车载雷达探测行驶中车辆周围的固定路障。雷达采用的毫米波的波长为 1～10 mm，其频率为 30～300 GHz，具有非常强的穿透力。为了更好地探测路障，车载雷达的布局方式采用前三后一的安装格局。安装在车后方的雷达可探测在车辆变换车道时左右后方是否有车，由于车顶的激光测距仪的激光反射具有盲点区域，车后雷达正好可弥补这一不足，达到防止车辆发生侧面撞击，同时在车辆倒车时，判断车辆的倒车距离，防止发生倒车碰撞。安装在车前的三个车载雷达能够探知车前方是否有路口以及是否有车刹车动作，雷达把探测信息传递给车载 ECU，系统对探测信息进行判断和处理，并作出相应指示操作。

如图 6-6 所示，为保障无人驾驶汽车在道路上正常行驶，且符合交通法规，必须在车头安装摄像头，以便对道路地面进行分析判断，避免发生占道、偏离路线以及行驶错道等。车辆在通过交叉路口时，要利用车载雷达对人、车、物进行分析判断，避免发生交通事故。车辆对交通信号的判断是通过车载摄像机捕获的实时图像，再结合雷达测量的路口距离，分析处理后对车辆做出停车、行驶、加速、减速等指示，从而提高交通效率，达到无人驾驶的目的。

图 6-6　无人驾驶汽车在道路口的判断

【任务实施】

1. 无人驾驶汽车测试方法

无人驾驶汽车测试方法主要包括软件在环(software-in-loop, SIL)、硬件在环(hardware-in-loop, HIL)、车辆在环(vehicle-in-loop, VIL),再到最后的整车场地、道路测试等方法。

在测试内容方面,主要包括传感器、执行器、算法、人机界面测试以及整车功能测试等内容,测试过程中应记录如下内容:

① 车辆控制模式;
② 车辆速度、加速度等运动状态;
③ 环境感知与响应状态;
④ 车辆灯光、信号实时状态;
⑤ 车辆外部360°视频监控情况;
⑥ 反映测试驾驶人和人机交互状态的车内视频及语音监控情况。

2. 无人驾驶汽车测试分类

无人驾驶汽车的测试,需要验证系统的功能、性能、安全性、稳定性和鲁棒性。按测试目的,可将自动驾驶汽车测试分为以下几种。

(1) 功能测试:包括是否能够正确响应各类道路交通设施、是否能够遵守交通规则、是否能够按照自动驾驶功能的设计指标正确响应道路上的车辆、非机动车、行人等交通参与者,是否能在设定的ODD之外正常退出并提示驾驶员接管,以及是否能够正确完成在功能设计时规划的其他自动驾驶功能。

(2) 性能测试:测试内容包括各项车辆运动数据(如速度、加速度、行驶路线),对交通参与者的识别正确率、响应速度、识别范围,对各类光照、气候环境的适应能力,驾驶员、乘员的主观体验(如是否感到迷惑、紧张、不安,车辆自动驾驶时的各项驾驶操作是否舒适、自然)。

(3) 安全测试:测试内容包括功能失效概率,功能安全场景的通过情况和预期功能安全场景的通过情况。

(4) 稳定性测试:主要验证是否能稳定运行。

(5) 鲁棒性测试:鲁棒性是在异常和危险情况下系统生存的关键,主要测试系统的抗打击能力,验证在复杂场景下遇到问题时,系统能否及时恢复,把问题严重性降低。例如,计算机软件在输入错误、磁盘发生故障、网络过载或遭遇有意攻击等情况下,系统是否不死机、不崩溃。

3. 场地测试主要测试内容

一是基本交通管理设施检测与响应能力测试,测试内容应包含GB 5768《道路交通标志和标线》、GB 14887《道路交通信号灯》、GB 14886《道路交通信号灯设置与安装规范》等标准要求的道路交通设施的识别。

二是前方车道内动静态目标(机动车、非机动车、行人、障碍物等)识别与响应能力测试,测试内容应包含感知识别不同目标(非机动车、行人、障碍物)的类型和状态、跟随不同交通参与者(机动车、非机动车、行人)行驶、车速车距控制等内容。

三是遵守规则行车能力测试,测试内容应包含超车、并道、通过交叉口等。

四是安全接管与应急制动能力测试,测试内容应包含靠边停车与起步、应急车道内停车、人工接管等。

五是综合能力测试,综合考察自动驾驶汽车的交通语言认知能力、安全文明驾驶能力、复杂环境通行能力、多参与对象协同行驶能力、网联通信能力等。

4. 自动驾驶汽车测试步骤

1)停障功能测试

点开自动驾驶 TEST 页面的停障测试按钮,车辆驱动轮开始转动,在车辆正前方 3 m 左右,进行行人穿越测试。

当有行人闯入时,车辆会启动停障功能,驱动轮停止转动,行人离开,驱动轮继续转动,测试成功。若不成功,则需要检查设备的安装是否正确、线束连接是否正常。

2)避障功能测试

车辆支起后,点开自动驾驶 TEST 页面的避障测试按钮,车辆转向轮开始转向、驱动轮开始转动,在车辆正前方 3 m 左右,进行行人站立测试。

当有行人站立时,车辆会进行转向避障,驱动轮继续转动,行人离开,转向轮回到正向,测试成功。若不成功,则需要检查设备的安装是否正确、线束连接是否正常。

学习任务 6.2　无人驾驶汽车运动控制系统检修

【学习目标】

知识目标

1. 掌握环境感知系统的组成及工作原理;
2. 掌握激光雷达的分类及工作原理;
3. 掌握相机的分类及工作原理;
4. 掌握毫米波雷达的分类及工作原理;
5. 掌握定位与导航系统的工作原理;
6. 掌握运行控制系统的组成及功用。

能力目标

1. 能够标定激光雷达;
2. 能够标定相机;
3. 能够测试激光雷达性能;
4. 能够检修运动控制系统。

情感目标

1. 培养学生对事负责、与人合作的精神,严谨细致的作风,坚持不懈的奋斗精神;
2. 培养学生勇于探索的精神和诚实守信、吃苦耐劳的职业品质;
3. 培养学生爱岗敬业的职业道德意识;
4. 培养学生分析问题、解决问题的能力;
5. 培养安全意识和环保理念。

【理论知识】

1. 环境感知系统构成

无人驾驶汽车环境感知系统主要包括激光雷达、视觉传感器(相机)以及毫米波雷达、超声波雷达等。通常情况下,激光雷达可以通过对周围环境的三维空间感知实现60%~75%信息的获取;其次是视觉传感器(相机)获取的图像信息;再次是毫米波雷达获取定向目标距离信息,以及GPS定位及惯性导航获取的无人驾驶汽车位置及自身姿态信息;最后是其他超声波传感器、红外线传感器等其他光电传感器获取其他环境信息。

1) 激光雷达

(1) 激光雷达的测距原理。

激光雷达可以获取环境空间的三维尺寸信息。激光雷达使用远距测量技术,通过向目标发射光线并且分析反射光来完成距离的测量。

如图6-7所示,激光雷达测距的基本原理是通过测算激光发射信号与激光回波信号的往返时间,从而计算出目标的距离。首先,激光雷达发出激光束,激光束碰到障碍物后被反射回来,被激光接收系统进行接收和处理,从而得知激光从发射至被反射回来并接收之间的时间,即激光的飞行时间,根据飞行时间,可以计算出障碍物的距离。

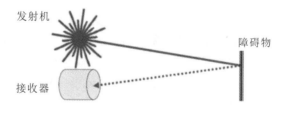

图 6-7 激光雷达的测距原理

飞行时间就是根据激光遇到障碍物后的折返时间,计算目标与自己的相对距离。激光光束可以准确测量视场中物体轮廓边沿与设备间的相对距离,这些轮廓信息组成所谓的点云并绘制出3D环境地图,精度可以达到厘米级别,从而提高测量精度。

在高级智能驾驶辅助系统(ADAS)中,激光雷达通过透镜、激光发射及接收装置,基于飞行时间原理获得目标物体位置、移动速度等特征数据并将其传输给数据处理器;同时,汽车的速度、加速度、方向等特征数据也将通过CAN总线传输到数据处理器;数据处理器对目标及汽车本身的信息数据进行综合处理并根据处理结果发出相应的被动警告指令或主动控制指令，以实现辅助驾驶功能。

（2）激光雷达的分类。

激光雷达有单线（亦称单层、二维）和多线（亦称多层、三维）两种。多线雷达能够增加一定角度的俯仰，实现一定范围内的面扫描。一般无人驾驶汽车会结合两种激光雷达实现障碍物探测和指导汽车安全通过道路。单线雷达主要用于自适应巡航系统、前向碰撞预警系统等；多线雷达主要用于无人驾驶，具有高精度电子地图和定位、障碍物识别、可通行空间检测等功能。

激光雷达的安装位置有两种。一种是无人驾驶汽车的四周，另一种是无人驾驶汽车的车顶。安装在无人驾驶汽车四周的激光雷达，其激光线束数目一般小于 8 线，常见的有单线激光雷达和四线激光雷达。安装在无人驾驶汽车车顶的激光雷达，其激光线束数目一般不小于 16 线，常见的有 16 线、32 线、64 线激光雷达。

单线激光雷达是成本最低的激光雷达，其工作原理如图 6-8 所示。

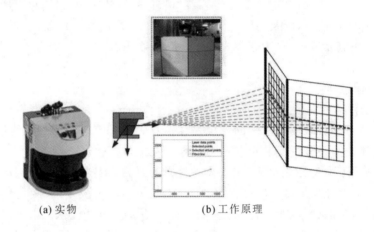

(a) 实物　　　　　　　　(b) 工作原理

图 6-8　单线激光雷达

单线激光发射器在激光雷达内部进行匀速的旋转，每旋转一个小角度即发射一次激光，轮巡一定的角度后，就生成一帧完整的数据。因此，单线激光雷达的数据是同一高度的一排点阵。单线激光雷达的数据缺少维度，只能描述线状信息，无法描述面状信息。假设单线激光雷达的前方有一块纸板，通过测试可以知道这块纸板相对激光雷达的距离，但是不能获得这块纸板的高度信息。

4 线激光雷达如图 6-9 所示，不同的颜色代表不同的激光发射器。

4 线激光雷达用四个激光发射器进行轮巡，一个轮巡周期后，得到一帧的激光点云数据。4 条点云数据可以组成面状信息，这样就能够获取障碍物的高度信息。另外，根据单帧的点云坐标可以得到障碍物的距离信息；根据多帧的点云坐标，对距离信息做微分处理，可以得到障碍物的速度信息。

16/32/64 线的激光雷达如图 6-10 所示。3 款激光雷达的技术参数如表 6-1 所示。

(a) 实物　　　　　　　　　　　(b) 激光数据效果图

图 6-9　4 线激光雷达

图 6-10　16/32/64 线的激光雷达

表 6-1　3 款激光雷达的技术参数和成本

特性	HDL-64	HDL-32	HDL-16
售价	8 万美元左右	2 万美元左右	7999 美元
激光线束数目	64	32	16
范围	120 m	100 m	100 m
精度	±2 cm	±2 cm	±3 cm
数据类型	距离/密度	距离/校准发射率	距离/校准发射率
数据频率	1.3×10^6 像素/秒	700000 像素/秒	300000 像素/秒
垂直角度	26.8°	40°	30°
水平角度	360°	360°	360°
功率	60 W	12 W	8 W
尺寸(直径×高度)	203 mm×284 mm	86 mm×145 mm	104 mm×72 mm
重量	15 kg	1 kg	0.83 kg

16/32/64线激光雷达为多线旋转式激光雷达,主要由激光发射器、光学接收器、伺服电动机、圆光栅、倾斜镜等构成,如图6-11(a)所示。

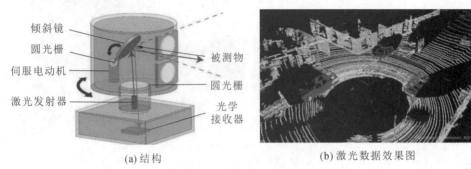

(a) 结构　　　　　　　　　　　(b) 激光数据效果图

图6-11　多线旋转式激光雷达

激光发射器将电脉冲变成光脉冲发射出去,光学接收器再把从目标反射回来的光脉冲还原成电脉冲,将连续检测获取的360°环境信息进行数据处理,得到环境的点云信息,如图6-11(b)所示。高频激光发射器可以在1 s内获得$1\times10^6 \sim 1\times10^7$个数量级的位置点云信息,并根据这些信息进行三维建模。除了获得位置信息外,还可以通过激光信号的反射率区分不同的材质,用于车道线的识别。图中的每一个圆圈都是一个激光束产生的数据,激光光束越多,扫描频率越快,对环境中物体轮廓的获取就越全面,对物体的检测效果越好。16/32/64线的激光雷达只能提供原始的点云信息,不能直接输出障碍物的检测结果,需要通过进一步的数据处理,分辨出环境中目标的类型、运动状态、三维尺度等较为全面的信息。

2) 视觉传感器

视觉传感器是指利用光学元件和成像装置获取外部环境图像信息的仪器,其能够获取彩色环境影像信息,是无人驾驶汽车获取环境信息的第二来源,具有车道线识别、障碍物检测、交通标志和地面标志识别、交通信号灯识别、空间检测等功能,如图6-12所示。

图6-12　视觉传感器功能

(1) 视觉传感器的组成。

广义的视觉传感器主要由光源、镜头、图像传感器、模数转换器、图像处理器、图像存储器等组成,如图 6-13 所示。

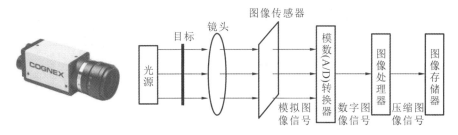

图 6-13　视觉传感器的组成

狭义的视觉传感器是指图像传感器,它将镜头所成的图像转变为数字或模拟信号输出,是视觉检测的核心部件,主要有 CCD 图像传感器和 CMOS 图像传感器两种。

CCD(charge-coupled device)为电荷耦合元件。CCD 图像传感器主要是由一个类似马赛克的网格、聚光镜片以及垫于最底下的电子线路矩阵所组成,其外形如图 6-14 所示。

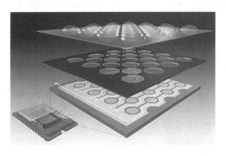 

图 6-14　CCD 图像传感器

CCD 是一种特殊的半导体器件,能够把光学影像转化为数字信号。CCD 上植入的微小光敏物质称作像素。一块 CCD 上包含的像素数越多,它提供的画面分辨率也就越高。CCD 上有许多排列整齐的光电二极管,能感应光线,并将光信号转变成电信号,经外部采样放大及模数转换电路转换成数字图像信号。目前大多数数码相机采用的视觉传感器都是 CCD 图像传感器。

CMOS(complementary metal-oxide semiconductor)为互补金属氧化半导体,如图 6-15 所示。CMOS 图像传感器是利用 CMOS 工艺制造的图像传感器,主要利用半导体的光电效应,和 CCD 的原理相同。CMOS 图像传感器可用于自动控制、自动测量、摄影摄像、视觉识别等各个领域。目前,车载应用一般使用 CMOS 传感器。

图 6-15　CMOS 图像传感器

CCD 与 CMOS 的性能差异如表 6-2 所示。

表 6-2 CCD 与 CMOS 性能差异

传感器种类	CCD	CMOS
设计	单一感光器	感光器连接放大器
灵敏度	同样面积下灵敏度高	感光开口小,灵敏度低
解析度	连接复杂度低,解析度高	解析度低
噪点比	单一放大,噪点低	百万放大,噪点高
功耗比	需外加电压,功耗高	直接放大,功耗低
成本	线路品质影响程度高,成本高	CMOS 整合集成,成本低

（2）视觉传感器工作原理。

视觉传感器技术的实质就是图像处理技术,通过对摄像机拍摄到的图像进行处理,计算目标物体的特征量,例如面积、重心、长度、位置等,并输出数据和判断结果。

视觉传感器具有从一整幅图像捕获光线的数以千计的像素的能力。图像的清晰和细腻程度通常用分辨率来衡量,以像素数量表示。在捕获图像之后,视觉传感器将其与内存中存储的基准图像进行比较,以做出分析。例如,若视觉传感器被设定为辨别正确地插有八颗螺栓的机器部件,则传感器能够辨别只有七颗螺栓的部件,或者螺栓未对准的部件。

（3）视觉传感器的分类。

视觉传感器主要包括单目相机、双目立体相机、三目相机和全景相机。

单目相机利用摄像头采集车辆前方路况信息,并依靠数据库中保存的物体标志性特征轮廓识别前方物体,从而依靠独立的算法计算出物体与车辆的距离和接近速率。单目相机由一个摄像机和一个镜头组成,是只能使用一套光学系统及固体成像器件、连续输出图像的相机,如图 6-16 所示。通常对无人驾驶汽车的单目相机要求能够对其实现实时调节光积分时间、自动白平衡,甚至能够完成开窗口输出图像功能。单目摄像头的优点是成本低廉,能够识别具体障碍物的种类,识别准确;缺点是镜头的焦距短,单目相机的测距精度也低,对于远处的物体,其测试结果不佳。

图 6-16 单目相机

图 6-17 双目相机

双目相机可以通过接收的视频信号计算出汽车与其他物体间的距离。如图 6-17 所示,其采用两个相机,依据人类视觉识别的原理,两个相近的相机同时拍摄物体时,通过成像平面上的偏移量,推算物体的距离。双目相机能够对视场范围内目标进行立体成像,其设计是建立在对人类视觉系统研究的基础上,通过双目立体图像处理而获取场景的三维信息。双目相机的优点是功能较单目相机更强大,探测更准确,探测距离更远;缺点是两个镜头的安装位置会影响测距的误差,标定复杂。

三目相机由三个不同焦距的单目相机组成,如图 6-18 所示。由于焦距不同,三个相机的感知范围也不同,这样分配可以解决相机的视野和距离的矛盾,因此在无人驾驶汽车中应用较为广泛。其缺点和双目相机一样是对安装位置的测量精确度高,标定复杂。

 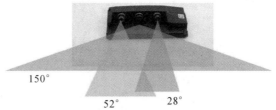

图 6-18 三目相机

全景相机由完全相同的 6 个相机对上方和 360°全周进行同时成像,然后再进行 6 幅图像矫正和拼接,以获得同时成像的全景图像。使用全景相机的无人驾驶汽车可以同时获得车辆周围环境的全景图像,并进行处理和目标识别。使用鱼眼镜头的单目相机也能呈现全景图像,虽然原始图像的畸变较大,但其计算任务量相对较小,且价格低廉。

3）毫米波雷达

为了解决相机测距、测速不精确的问题,人们一般选择毫米波雷达作为无人驾驶汽车的测距和测速传感器。毫米波雷达工作频率选在 10～200 GHz 频域,由于其波长为 1～10 mm,即毫米波段,因此处于该频率范围的电磁波被称为毫米波。

如图 6-19 所示,毫米波位于微波与远红外波相交叠的波长范围内,所以毫米波兼有这两种波谱的优点。与微波相比,毫米波的分辨率高,指向性好,抗干扰能力强,探测性能好。与红外波相比,毫米波的大气衰减小,对烟雾灰尘具有更好的穿透性,受天气影响小。这些特质决定了毫米波雷达具有全天时全天候的工作能力。

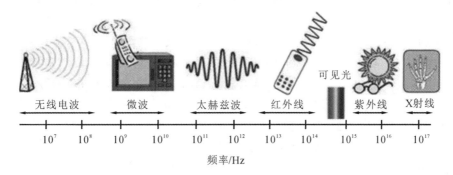

图 6-19 电磁波谱

(1) 分类。

根据毫米波雷达的有效探测范围,车载毫米波雷达可以分为长、中、短距离雷达。长距离和中距离雷达通常安装在车辆前方,用于监测前方比较远范围内的目标;短距离雷达通常安装在车辆四个角的位置,用于监测前方、侧方等范围内的目标,如图6-20所示。

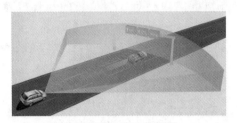 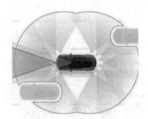

(a) 长距离雷达安装位置　　(b) 短距离雷达安装位置

图 6-20　毫米波雷达安装位置

应用在自动驾驶领域的毫米波雷达主要有 3 个频段,分别是 24 GHz、77 GHz 和 79 GHz,如图 6-21 所示。

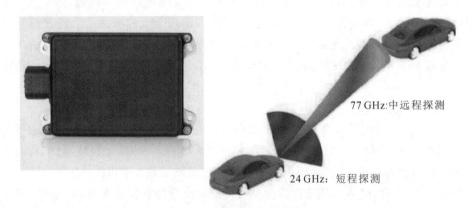

图 6-21　毫米波雷达频段

24 GHz 频段的毫米波雷达为短距离雷达,其检测距离有限,因此常用于检测近处的障碍物(车辆),能够实现盲点检测、变道辅助、自动泊车辅助等功能,为换道决策提供感知信息。

77 GHz 频段的毫米波雷达为中/远距离雷达,最大检测距离可以达到 160 m 以上,主要用于 100～250 m 的中、远程检测,因此常被安装在前保险杠,正对汽车的行驶方向,实现诸如自适应巡航(ACC)、前碰撞预警(FCW)、高级紧急制动(AEB)等功能。

79 GHz 频段也为中/远距离雷达,用于长距离的测量。但与 77 GHz 频段雷达相比,其分辨率更高,因此在距离、速度、角度上的测量精度高,是未来的发展趋势。

(2) 毫米波雷达的结构及工作原理。

毫米波雷达系统结构如图 6-22 所示,主要包括天线、收发芯片、信号处理芯片等。

天线以高频印制电路板的方式集成在基板上,如图 6-23 所示。雷达的收发芯片通常使用一种特殊的半导体,如硅锗(SiCe)双极晶体管、CMOS。基于硅锗双极晶体管的 77 GHz 毫米波雷达系统占用了大量集成电路板的空间,成本高,而 CMOS 可以在低电压下工作,功耗低,应用越来越广泛。

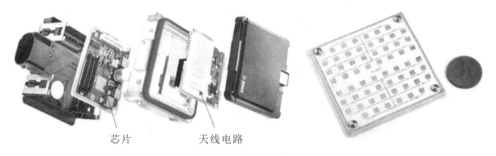

图 6-22 毫米波雷达结构　　　　　　　图 6-23 毫米波雷达的天线

如图 6-24 所示,毫米波雷达由发射天线发出电磁波,接收天线接收到雷达回波并调解后,雷达处理芯片对模拟信号进行数字采样,并进行相应的滤波,应用快速傅里叶变换(FFT)算法将信号转换为频域信号,然后再寻找信号中的特定特征,例如信号强度、频率变化等,获取目标的位置以及速度等信息,并对目标进行编号和跟踪。

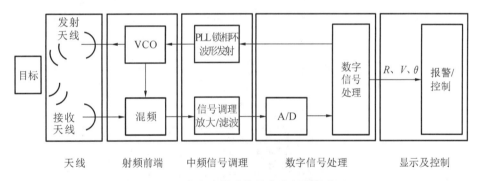

图 6-24 毫米波雷达信号收发与数据处理

4)超声波雷达

频率高于人类听觉上限频率(约 20000 Hz)的声波称为超声波。超声波雷达是在超声频率范围内将交变的电信号转换成声信号或者将外界声场中的声信号转换为电信号的能量转换器件。其结构简单,体积小,信息处理简单可靠,并且可以进行实时控制。

(1)超声波雷达的特点。

超声波雷达是汽车最常用的一种传感器,可以有效检测到车辆周围近距离的障碍物,广泛应用于倒车检测、自动停车、盲区检测等系统,其探测范围如图 6-25 所示。由于探测范围有限,可以通过多个超声波雷达的排列,检测距离车辆较近的障碍物情况,帮助驾驶人消除盲点和视线模糊缺陷,从而提高行车安全性。

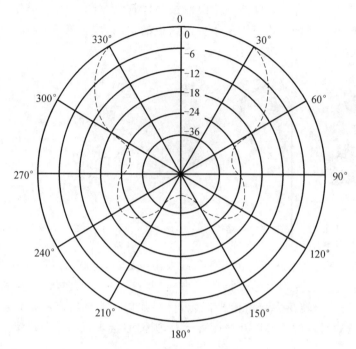

图 6-25 超声波雷达探测范围

注：图中距离单位为 cm。

超声波的传播速度仅为光波的百万分之一，并且指向性强，能量消耗缓慢，因此可以直接测量较近目标的距离，一般测量距离小于 10 m，如图 6-26 所示。

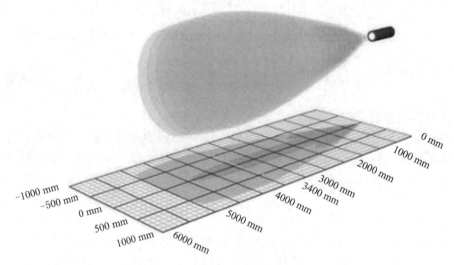

图 6-26 超声波雷达测量距离

超声波对色彩、光照度不敏感，适用于识别透明、半透明及漫反射差的物体。同时，超声波对外界光线和电磁场不敏感，可用在黑暗、有灰尘或烟雾、电磁干扰强、有毒等恶劣环境中。

知行合一

在自然界中超声波也是广泛存在的,只是人耳听不见而已。许多动物能发射和接收超声波,其中以蝙蝠最为突出,它能利用微弱的超声回波,在黑夜中飞行并捕捉小昆虫。人们通过发射和接收超声波也能像蝙蝠那样发现目标或采集信息。

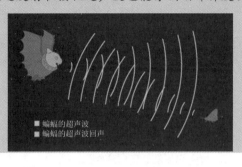

(2) 超声波雷达的结构。

超声波雷达利用超声波发生器产生超声波,然后利用接收探头接收障碍物反射的超声波,并根据超声波反射接收的时差计算出与障碍物的距离。常用探头的工作频率有 40 kHz、48 kHz 和 58 kHz 三种。一般来说,频率越高灵敏度越高,但水平与垂直方向的探测角度就越小。目前应用比较广泛的是 40 kHz 的超声波探头。

超声波雷达典型结构如图 6-27 所示,它采用双晶振子(压电晶片),即把双压电陶瓷片以相反极化方向黏在一起,在长度方向上,一片伸长另一片就缩短。在双晶振子的两面涂覆薄膜电极,上面用引线通过金属板(振动板)接到一个电极端,下面用引线直接接到另一个电极端。双晶振子为正方形,正方形的左右两边由圆弧形凸起部分支撑,这两处的支点就成为振子振动的节点。金属振动板的中心有圆锥形振子,发送超声波时,圆锥形振子有较强的方向性,因而能高效地发送超声波;接收超声波时,超声波的振动集中于振子的中心,所以能产生高效率的高频电压。超声波雷达采用金属或塑料外壳,其顶部有屏蔽栅。

 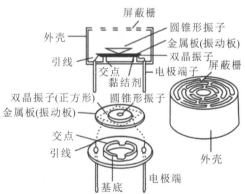

图 6-27 超声波雷达典型结构

超声波雷达有一个发射头和一个接收头,安装在同一面上,如图 6-28 所示。在有效的检测距离内,发射头发射特定频率的超声波,超声波遇到检测面时会有部分反射回来;接收头接收返回的超声波,由芯片记录声波的往返时间,并计算出距离值。超声波雷达可以通过模拟接口和IIC(集成电路总线)接口两种方式将数据传输给控制单元。

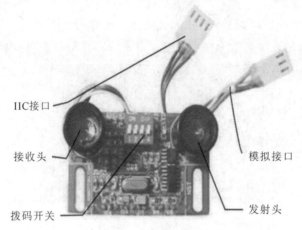

图 6-28 超声波雷达接口

(3) 超声波测距原理。

超声波的发声原理是:利用压电陶瓷具有沿电压方向膨胀和收缩的特征,将电信号转换为陶瓷振动,通过陶瓷的反复膨胀和收缩使空气振动,并发出超声波,如图 6-29 所示。

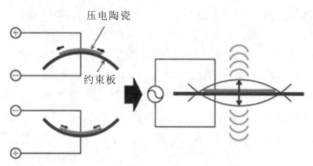

图 6-29 超声波发声原理

如图 6-30 所示,超声波雷达测距原理是超声波发射头发出的超声波脉冲,经介质(空气)传到障碍物表面($v \approx 340 \text{ m/s}$),反射后通过介质(空气)传到接收头,测出超声脉冲从发射到接收所需的时间 t,根据介质中的声速,求得从探头到障碍物表面之间的距离 $L = vt/2$。

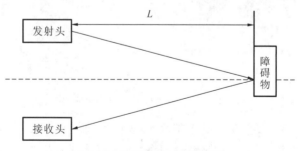

图 6-30 超声波雷达测距原理

2. 智能车辆定位技术

智能车辆定位技术是让车辆确定其自身绝对位置以及自身位置信息的技术,包括基于信号的定位、基于自身位置的定位、基于传感器与地图的定位。

1)基于信号的定位

基于信号的定位包括卫星定位系统(GNSS)和磁导航定位系统。

卫星定位系统主要包括美国的GPS、中国的北斗BDS、俄罗斯的格洛纳斯GLONASS、欧盟的伽利略(GaLiLeo)卫星系统。GPS是由美国国防部研制的全球首个定位导航服务系统,空间段由平均分布在6个轨道面上的24颗导航卫星组成,采用WGS-84坐标系;北斗卫星导航系统BDS是我国自主研发、独立运行的全球卫星定位与通信系统,空间段包括5颗静止轨道卫星和30颗非静止轨道卫星,采用CGCS 2000坐标系。卫星定位系统的精度对比如图6-31所示。

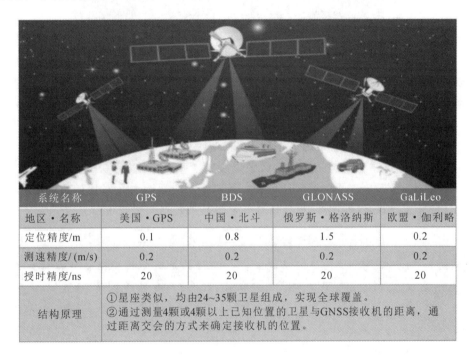

系统名称	GPS	BDS	GLONASS	GaLiLeo
地区·名称	美国·GPS	中国·北斗	俄罗斯·格洛纳斯	欧盟·伽利略
定位精度/m	0.1	0.8	1.5	0.2
测速精度/(m/s)	0.2	0.2	0.2	0.2
授时精度/ns	20	20	20	20
结构原理	①星座类似,均由24~35颗卫星组成,实现全球覆盖。②通过测量4颗或4颗以上已知位置的卫星与GNSS接收机的距离,通过距离交会的方式来确定接收机的位置。			

图6-31 卫星定位精度对比

GPS系统包括太空中的32颗GPS卫星、地面上1个主控站、3个数据注入站和5个监测站及作为用户端的GPS接收机。卫星定位系统GNSS使用三角定位法来测量距离。通过3颗以上的卫星确定用户端在地球上所处的位置及海拔高度,如图6-32所示。在实际应用中,GPS接收装置利用4个以上卫星信号,定位出用户端所在的位置及高度。

三角定位的原理是:假设测量到被测物与第一颗卫星的距离为18000 km,将当前可能位置范围限定在离第一颗卫星18000 km的地球表面。假设测量到被测物与第二颗卫星的距离为20000 km,进一步把当前位置范围限定在距离第一颗卫星18000 km和

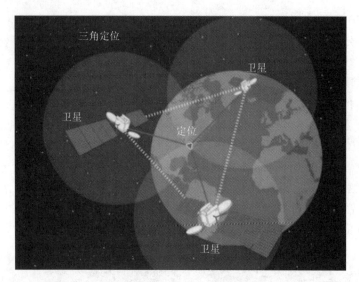

图 6-32 GPS 定位原理

距离第二颗卫星 20000 km 的交叉区域。再对第三颗卫星进行测量,通过三颗卫星的距离交汇点定位出当前的位置。通常,GPS 接收器会使用第四颗卫星的位置对前三个卫星的位置测量结果进行确认以达到更好的效果。

卫星定位系统全部依靠远距离在轨卫星发射来的弱小的无线电信号,但是在无线电信号不能到达的环境中,例如隧道、城区建筑物密集地区和山谷中,通过卫星定位系统是无法准确定位的。在许多使用场景中,例如城区的智能无人驾驶车辆在建筑群、高大植被、大桥,以及隧道等场景,卫星信号非常容易被遮挡而引致定位失败。

> **工匠精神**
>
> 差分 GPS:卫星距离测量存在着卫星钟与传播延迟导致的误差等问题。利用差分 GPS 技术,可以消除或者降低这些误差,让 GPS 达到更高的精度。差分 GPS 的运作原理十分简单:如果两个 GPS 接收机都相当接近对方,那么两者的信号将具有几乎相同的误差,如果能精确地计算出第一个接收机的误差,就可以对第二个接收机的结果进行修正。

磁导航定位系统通过将磁条、磁钉或无线电频率识别装置预先铺置在地面上,车辆通过后会感应路径上的电磁信号,从而获得车辆偏离预定轨道的误差,掌握车辆的位置,如图 6-33 所示。磁导航非常稳定,不受气候变化的影响,但是在复杂的场景,磁导航不够灵活,路线更新需要重新铺置。

2)基于自身位置的定位

基于自身位置的定位系统包括航迹推算定位系统和惯性导航定位系统。航迹推算技术是一种基于先前位置信息和当前预估速度、方向和时间评估下一步位置的方法,目前广泛应用于车辆导航中。惯性导航定位系统(IMU)通常使用陀螺仪(见图 6-34)和加速度计测量角速度和加速度信息,陀螺仪形成一个导航坐标系,使加速度计的测量轴稳

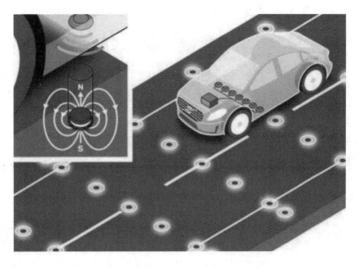

图 6-33 磁导航定位

定在这个坐标系中,并且测量载体的角速度,其精度高于航迹推算。

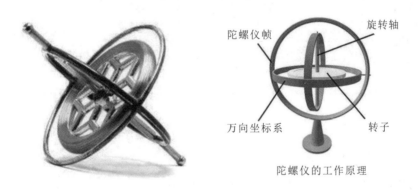

图 6-34 陀螺仪

GPS 与惯性导航系统都是全球、全天候、全时间的导航系统,这两者的组合不仅能实现优势互补,所以 GPS/IMU 组合导航在自动驾驶领域得到了广泛应用。

3) 基于传感器与地图的定位系统

基于传感器与地图的定位包括视觉定位、激光雷达定位和高精度地图定位。

视觉定位是通过识别图像中拥有语义信息的无变动特征,并将其与地图匹配,来寻找车辆的位置和方向。线下生成的 3D 特征图是视觉定位算法的基础,定位算法的核心是图像检测和特征匹配,最终数据融合能够整合卫星定位、视觉定位和惯性导航数据,改善定位结果,并提供高频输出。

激光雷达定位能够实现精准测距。激光雷达能够对长度、角度、反射强度以及反射回来的信息进行处理,获得物理世界的二维或三维球坐标。激光雷达用于检测环境中的人工或自然道路标志和功能,以形成相对的区域位置。

高精地图是智能车辆定位系统的必备组件,能将车辆精准地定位于车道上,帮助车辆更准确、高效、全面地定位交通状况，并制定最佳方案，如图 6-35 所示。

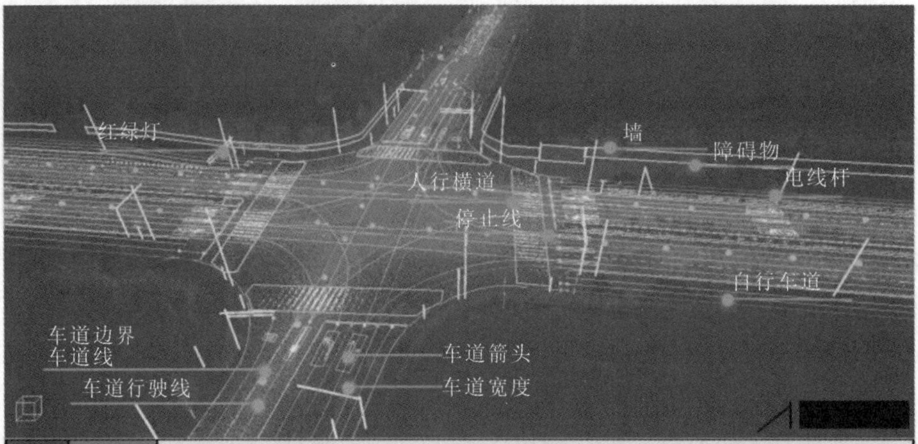

三大功能	地图匹配	由于存在各种定位误差，电子地图坐标上的移动车辆与周围地物并不能保持正确的位置关系。利用高精地图匹配可将车辆位置精准地定位在车道上，从而提高车辆定位的精度
	辅助环境感知	对传感器无法探测的部分进行补充，进行实时状况的监测及外部信息的反馈。作为无人驾驶汽车的眼睛，传感器具有局限性，如易受恶劣天气的影响，此时可以使用高精地图来获取当前位置精准的交通状况
	路径规划	对于提前规划好的最优路径，由于实时更新的交通信息，最优路径可能也在随时发生变化，此时高精地图在云计算的辅助下，能有效地为无人驾驶汽车提供最新的路况，帮助无人驾驶汽车重新规划最优路径

图 6-35　高精度地图定位系统

3. 行为决策系统

无人驾驶汽车行为决策系统包括上下两层。

上层是感知层，包括局部环境信息系统、自车定位信息系统、地理地图信息系统和任务信息系统等。

局部环境信息系统的功能是基于相机、雷达等车载传感器，通过多传感器目标检测与融合等技术，融合处理各传感器数据，获取车辆周边环境态势，输出关键环境信息，交由决策系统处理。

自车定位信息系统的功能是基于 GPS/惯性导航系统、高精度地图定位、即时定位与地图构建（simultaneous localization and mapping，SLAM）等方法，对车辆进行高精度定位。

地理地图信息和任务信息系统的功能是处理全局路径、道路高精地图、交通标志信息等。

无人驾驶汽车行为决策系统的下层是运动规划模块，主要控制车辆行为、车辆运动局部目标点与目标车速等。典型的运动规划包括车道保持辅助系统和自动泊车系统等。

1）车道保持辅助系统

（1）车道保持辅助系统的作用。

车道保持辅助系统（lane keeping assist system，LKA）如图 6-36 所示，可以将车辆保持在原车道上行驶，在车辆行驶时借助摄像头识别行驶车道的标识线，如果汽车在行驶中靠近了某条车道边界线，表明车辆可能即将要驶离车道，那么系统就会发出灯光信号预警，或者方向盘会发生振动，从而对驾驶员进行提醒。

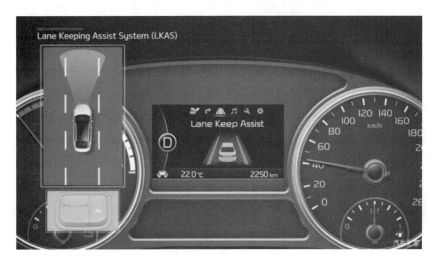

图 6-36　车道保持辅助系统

（2）车道保持辅助系统的构成。

车道保持辅助系统的构成如图 6-37 所示，由识别前方道路形状的摄像 ECU、控制和管理 LKA 的 LKA-ECU、电动助力转向系统 ESP、蜂鸣器（振动电动机）等构成。

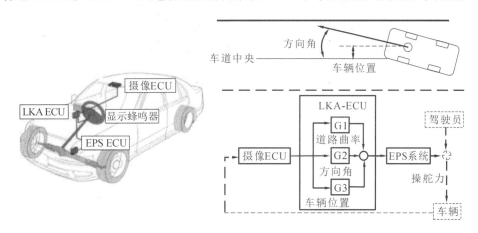

图 6-37　车道保持辅助系统的构成

车辆的行驶状态由行车 ECU 提供，车道线的形状由安装在车内后视镜上的摄像头拍摄，如图 6-38 所示。

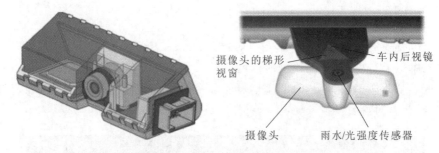

图 6-38　车内后视镜上的摄像头

摄像头拍摄的前方道路情况由影像处理软件进行分析,如图 6-39 所示。

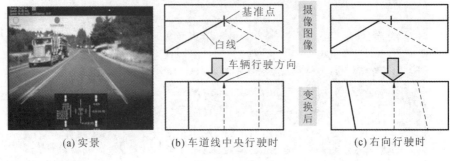

(a) 实景　　　　(b) 车道线中央行驶时　　　　(c) 右向行驶时

图 6-39　影像处理

为了去除摄像头视窗上的水雾和冰冻,车道保持辅助系统还在前挡风玻璃上装备了电阻加热膜,如图 6-40 所示。

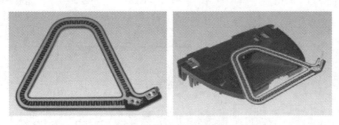

图 6-40　电阻加热膜

带振动电动机的多功能方向盘安装在方向盘右下辐条内,如图 6-41 所示。若电动机损坏必须更换整个方向盘,每次振动警告大约持续 1 s。

图 6-41　方向盘内振动电动机

(3) 车道保持辅助系统的工作原理。

车道保持辅助系统主要由信息采集单元、ECU、执行单元组成，在系统工作期间，驾驶员接收车道偏离的报警信息，并选择对转向系统（方向盘）和制动系统（刹车踏板）进行控制，也可以选择全部交由车道保持辅助系统完全控制，如图6-42所示。

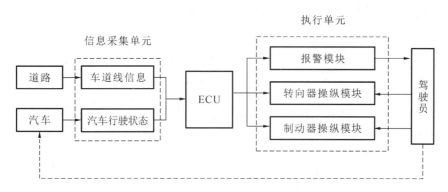

图6-42 车道保持辅助系统工作原理

作为横向控制的辅助系统，车道保持辅助系统LKA根据汽车行驶状态提供两个功能，即车道线维持辅助功能、偏离车道线警报功能，如图6-43所示。车道保持辅助系统会根据条件的变化切换两种功能的使用。

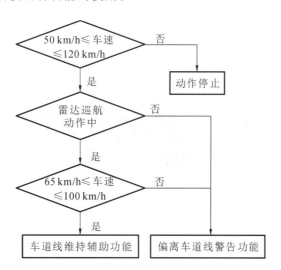

图6-43 功能切换条件

车道线维持辅助功能：系统会检测道路形状和车道线内汽车的行驶状态，对方向盘进行操控，使车辆维持在车道中央附近行驶。当车辆偏离车道线中央时，系统施加与驾驶员同样的操舵力，引导车辆在车道线中央行驶。

偏离车道线警告功能：系统会一直监视车辆行驶是否偏离车道线。当车辆偏离车道线时，在蜂鸣器或方向盘振动预警的同时，系统会在方向盘上短暂地施加操舵力，防止车辆继续偏离。但此时系统只提供轻微的辅助力，不会控制方向盘，驾驶员仍然为主要控制源。

工匠精神

车道保持辅助系统LKA是靠识别白线信息进行控制的系统,存在不能识别或错误识别白线的问题。

不能识别白线:在系统工作时,若出现不能识别的白线,系统将停止动作,等到白线再次可以识别后,系统才会一、再自动地动作运行。

错误地识别白线:以下情况系统可能会错误识别车道线。

- 道路施工等没有清除彻底的线;
- 带状的雪;
- 和车道线平行的护栏;
- 车辙残留水;
- 轮胎打滑的痕迹。

错误识别发生时,系统会错误地给车辆施加操舵力。考虑道路的形状不会急变,当检测出与以往的识别结果不同的变化时,推断为识别错误,停止系统的动作;然后再检测白线,当识别稳定后,系统同样会自动地再动作。

有一些车道保持辅助系统还具有变道提醒功能以及开灯变道功能。变道提醒功能用于监测两侧车道后方来车情况,如果有车通过,则通过后视镜亮灯或其他方式提醒,如图6-44(a)所示。开灯变道功能以辅助驾驶系统为基础,当驾驶员打开转向灯时,车辆可利用此功能自主变换到旁边车道上,如图6-44(b)所示。

(a) 变道提醒功能

(b) 开灯变道功能

图 6-44 其他功能

2) 自动泊车系统

(1) 自动泊车系统分类。

自动泊车系统包括自动泊车系统和自主泊车系统。自动泊车系统又包括被动式泊车系统、半自动泊车系统、全自动泊车系统。

被动式泊车系统通过安装的倒车雷达和倒车影像(见图6-45)为驾驶员提供停车辅助功能。对于小型轿车,在8 m范围内,通过后视镜驾驶员完全无法看到图中的竖杆,且车型越大视野盲区越大。倒车雷达和倒车影像能有效减小视野盲区,驾驶员倒车时,在倒车影像上有倒车辅助线,并且在汽车即将撞上障碍物时,系统会给出声音和影像提示。一般来说,报警声频率越高代表距离障碍物越近。

半自动泊车系统:驾驶员需要将车辆开到待泊车位置附近,在操作面板上指定泊车

图 6-45　倒车影像

位置后,中央控制系统就会计算出最佳行驶路径,然后将信息发送至操纵执行机构,随后驾驶员根据系统提示,变换挡位或踩下刹车踏板,系统就能够控制方向盘与车速,将汽车泊入停车位。半自动泊车辅助系统无法实现自动挂挡、自主制动,需要车主控制挡位和加减速,并时刻关注周围情况。

全自动泊车系统:全自动泊车系统通过车载传感器和车载处理器,可以实现自动识别可用车位、自动挂挡、自动制动、自动打方向盘,全程无持驾驶员介入就可以控制汽车自动地停入或驶出车位。

自主代客泊车:驾驶员将车驶入停车场后,将汽车投放在指定区域,并使用智能手机启动自动泊车操作,系统可以自主寻找车位,并控制汽车泊入,还可以使用智能手机控制车辆泊出,返回指定的取车区域。

(2) 自动泊车系统结构及工作原理。

自动泊车系统主要由外部环境感知模块、中央控制单元、转向执行机构和人机交互模块四部分组成,如图 6-46 所示。

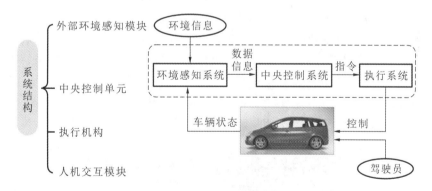

图 6-46　自动泊车系统组成

外部环境感知模块是自动泊车系统的基础部分,用于检测车位,由超声波传感器、摄像头、轮速传感器组成如图 6-47 所示。其通过传感器将距离信息发送给中央控制单元,经过处理后得到车位信息和障碍物位置。利用图像采集检测(如摄像头)和距离探测(如超声波),采集在泊车过程中周边环境信息以及停车位空间参数。系统通过轮速传感器、加速度传感器、陀螺仪,获取车辆实时行驶状态信息和车身运动状态。

对于多个短距超声波雷达和长距超声波雷达来说,前者探测距离近,在泊车过程中

| 超声波传感器 | 摄像头 | 轮速传感器 |

图 6-47　外部环境感知模块

检测车身周边的障碍物,避免剐蹭;后者探测距离远,在泊车开始前进行车位的探测以及在泊车过程中提供侧向障碍物信息,如图 6-48 所示深色方块为超声波雷达的安装位置。

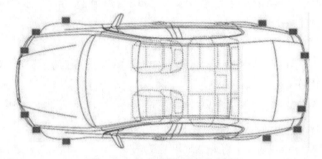

图 6-48　超声波雷达安装位置

中央控制单元处理接收距离信息并实时控制车辆,计算分析目标停车位的距离信息,进行最优泊车路径的规划,将泊车过程中所需的转向力矩、转角信号发送给执行机构。同时在收到警告信息后,发送给人机交互模块,提示驾驶员进行相应操作。

执行机构一般是指电动助力转向系统和汽车发动机电控系统(纵向控制),其中后者包括发动机、变速器、制动系统。根据中央控制系统的决策指令,转向系统控制汽车方向盘进行转向操作,发动机管理系统控制汽车的挡位、车速,最后完成泊车过程。

人机交互模块主要用于启动和关闭系统以及接收中央控制单元的有效车位信息进行显示,如图 6-49 所示,并且当车辆与障碍物之间的距离小于安全距离时,发出警告信号进行实时预警,提示驾驶员安全泊车入位。

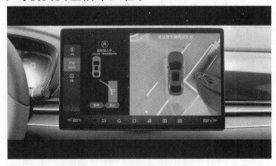

图 6-49　人机交互模块

【任务实施】

1. 车道保持辅助系统常见故障类型

车道保持辅助系统的开关按键一般位于方向盘左侧拨杆上或者多功能方向盘上，如图 6-50 所示。

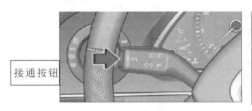 

图 6-50　车道线维持辅助功能主控开关

图 6-51 是彩色显示屏上图像的种类，包括车道保持辅助系统、自适应巡航系统 ACC 等 6 种图像。

车道保持辅助系统已关闭，ACC 系统已关闭

车道保持辅助系统已接通并已激活（会有振动预警），并提醒左侧车道预警

车道保持辅助系统已关闭，ACC 系统已打开

车道保持辅助系统已接通，但未激活（不会有振动预警）

车道保持辅助系统已接通并已激活（会有振动预警）

车道保持辅助系统已接通并已激活（会有振动预警），并提醒左侧车道预警

图 6-51　彩色显示屏图像

车道保持辅助系统的指示灯如图 6-52 所示。

图 6-52 彩色显示屏图像

组合仪表上的指示灯如果呈黄色亮起,其原因如下:
- 只有一条车道边界线或根本没有车道边界线。
- 没能识别出车道边界线(例如因雪、脏污、潮湿或者逆光)。
- 车辆正在行驶的车道上的边界线多于两条(例如道路施工时的白色和黄色边界线)。
- 车速低于 65 km/h。
- 车道宽度小于 2.5 m 或大于 5 m。
- 转弯太急(转弯半径小于 250 m)。

2. 传感器标定

标定传感器是自动驾驶感知的必要环节,其目的是将两个或者多个传感器变换到统一的时空坐标系,是感知决策的关键前提。任何传感器在制造、安装之后都需要通过实验进行标定,以保证传感器符合设计指标,保证测量值的准确性。传感器被安装到自动驾驶汽车上时需要对其进行标定;另外,在车辆行驶过程中,由于振动等原因,会导致传感器位置与原位置产生偏离,因此每隔一定的时间要对传感器重新进行标定,这一过程称为校准。

1) 激光雷达标定

在使用激光雷达之前需要对其内外参数进行标定。内参数标定指的是其内部激光发射器坐标系与雷达自身坐标系的转换关系,在出厂之前已经标定完成,可以直接使用。自动驾驶系统需要进行标定的是外参数,即激光雷达自身坐标系与车体坐标系的关系。

激光雷达与车体为刚性连接,两者间的相对姿态和位移固定不变。为了建立激光雷达之间以及激光雷达与车辆之间的相对坐标关系,需要对激光雷达进行标定,并使激光雷达数据从激光雷达坐标系转换至车体坐标系,如图 6-53 所示。另外,在自动驾驶汽车上,通常在惯性导航单元(IMU)坐标系中对激光雷达进行标定,建立激光雷达与车体坐标系之间的关系。

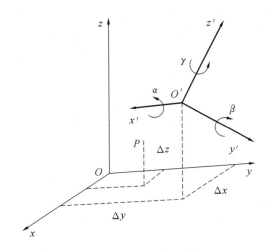

图 6-53 车体坐标系与激光雷达坐标系

对自动驾驶汽车来说,有时会存在多个激光雷达的情况,每一个激光雷达获取的外部环境信息都必须准确地映射到车体坐标系下。因此,当存在多个激光雷达时,需要对多个激光雷达的相对位置进行标定和校准。激光雷达的外参数标定有多种思路,其中较为常用的是通过不同激光雷达与车体之间的坐标转换关系来间接推导出激光雷达之间的坐标转换关系。

(1) 单个激光雷达手动标定主要步骤。

① 找一处地面较大且平整的位置,在激光雷达正前方放置一个规则障碍物;

② 利用点云库(transform point cloud,PCL)对标定后的点云进行转换和显示;

③ 通过观察标定后的点云,手动调整俯仰角 pitch、偏航角 yaw、翻滚角 roll 以及 x_offset、y_offset 等参数。

(2) 单个激光雷达自动标定主要步骤。

① 找一处地面较大且平整的位置,在激光雷达正前方放置一个规则障碍物;

② 确定平整地面的大致坐标(横纵坐标在多少范围内为平整地面);

③ 求取该范围的法向量;

④ 利用法向量确定激光雷达的俯仰角 ptich 和翻滚角 roll;

⑤ 确定障碍物的大致位置,通过障碍物 x 与 y 坐标的反正切值,确定激光雷达的偏航角 yaw;

⑥ x_offset 和 y_offset 参数以及高度手动标定。

(3) 多个激光雷达手动联合标定步骤。

① 找一处视野开阔的场景；
② 手动截取多个激光雷达获取的点云；
③ 利用 ICP 算法估测两帧激光雷达点云图像对应的旋转矩阵；
④ 利用 PCL 对旋转后的点云进行显示，并优化部分参数；
⑤ 手动标定 x_offset、y_offset 参数以及高度。

2）相机的标定

相机与车体为刚性连接，两者的相对姿态和位置也固定不变。相机标定是为了找到相机所生成的图像像素坐标系中的点坐标与相机坐标系中的物点坐标之间的转换关系，从而实现把相机采集到的环境数据与车辆行驶环境中的真实物体对应。相机的标定主要包括内部参数标定和外部参数标定。

内部参数与相机的焦距、主点以及传感器等设计技术指标有关，而与外部因素（如周边环境、相机位置）无关。内部参数在相机出厂时就是确定的。然而由于制作工艺等问题，即使是同一生产线生产的相机，其内部参数都有着些许差别，因此通常需要通过实验的方式来确定相机的内部参数。

外部参数矩阵包括旋转矩阵和平移矩阵，旋转矩阵和平移矩阵用于把点从世界坐标系转换到相机坐标系。在计算机视觉技术中，确定外部参数矩阵的过程通常称为视觉定位。自动驾驶汽车在车载相机安装之后，需要标定在车辆坐标系下的相机位置。

相机标定的步骤如下：
① 准备棋盘格。棋盘格图片可以自行打印，若使用 10×7 方格的棋盘格，交点则为 9×6，棋盘格的大小 1 mm，即 gridsize=1。
② 拍照。拍照的原则是多角度，根据理论至少要以两种角度来拍照，实际中通常会拍 20 张左右。
③ 使用 OpenCV 库提供的角点检测函数 findChessboardCorners 找到棋盘格中的角点，并将每幅图片的角点值存放到 list 中，同时将棋盘格的角点的三维坐标存放到另一个 list。
④ 使用 calibrateCamera 函数获取内部参数矩阵、畸变矩阵、旋转矩阵以及转移矩阵。
⑤ 使用 undistort 函数对畸变的图像进行校正并查看校正后的图片效果。

3）激光雷达与相机的联合标定

在自动驾驶车辆上，激光雷达与无人驾驶汽车为刚性连接，两者间的相对姿态和位移固定不变，因此，激光雷达扫描获得的数据点，在环境坐标系中有唯一的位置坐标与之对应。同样，相机在环境坐标系中也有唯一的位置坐标，因此，激光雷达与相机之间存在着固定的坐标转换关系。激光雷达与相机的联合标定，就是通过提取标定物在单线激光雷达和图像上的对应特征点，完成单线激光雷达坐标、相机坐标、图像像素坐标等多个传感器坐标的统一，实现激光雷达与相机的空间校准。

当完成相机外部参数标定、激光雷达外部参数标定之后，二者之间的关系其实就可以完全确定，激光雷达扫描点可投影到图像像素坐标系。

3. 激光雷达性能测试

1) 车载激光雷达性能要求

① 激光雷达的测距范围应满足设计要求,测距精度应满足±2 cm;

② 激光雷达的重复性误差应小于±2 cm;

③ 激光雷达的温度稳定性应满足±1 ℃;

④ 激光雷达的抗干扰性能应满足抗环境干扰及抗电磁干扰的要求;

⑤ 激光雷达的发射功率应满足设计要求,并保持稳定;

⑥ 激光雷达的工作电压应满足设计要求,并保持稳定;

⑦ 激光雷达的结构应满足设计要求,并具有良好的防水性;

⑧ 激光雷达的可靠性应满足设计要求。

2) 测试方法

① 测距范围及精度测试:用标准参考物体(如矩形钢板),在不同距离下测量激光雷达的测距范围和精度,并记录测量结果。

② 重复性测试:用标准参考物体,在不同距离下测量激光雷达的重复性,并记录测量结果。

③ 温度稳定性测试:将激光雷达置于温度从－20 ℃变化到＋60 ℃的环境中,测量激光雷达的温度稳定性,并记录测量结果。

④ 抗干扰性能测试:将激光雷达置于温度从－20 ℃变化到＋60 ℃,光强从 0 Lux 变化到 100000 Lux,电磁干扰从 0 dBm 变化到 100 dBm 的环境中,测量激光雷达的抗干扰性能,并记录测量结果。

⑤ 发射功率测试:将激光雷达置于标准参考物体上,测量激光雷达的发射功率,并记录测量结果。

⑥ 电压稳定性测试:将激光雷达置于温度从－20 ℃变化到＋60 ℃的环境中,测量激光雷达的工作电压,并记录测量结果;

⑦ 结构及防水性能测试:将激光雷达置于水中,测量激光雷达的结构尺寸,并测试其防水性能,并记录测量结果。

【知识小结】

1. 美国汽车工程师协会将无人驾驶汽车划为 Level 0～Level 5 六级。没有任何自动驾驶能力的车辆为 Level 0,即"无自动";Level 1 是指车上有一定的驾驶辅助设备,可以解放驾驶员的双脚;Level 2 指有部分自动化,解放驾驶员的双手;Level 3 为有条件自动化,可以解放驾驶员的双眼;Level 4 为高度自动化,可以解放驾驶员的大脑;Level 5 则是完全自动化,完全解放驾驶员。

2. 无人驾驶汽车总体上包括环境感知、决策规划和运动控制三大部分,主要包括环境感知、定位(自车状态)及路径规划、行为决策、车辆控制等功能。

3. 汽车通过近距离测障碍的超声波传感器及红外线传感器、探测目标位置的激光雷达、测远距离的毫米波雷达等设备,探测光、热、压力或其他用于监测汽车状态的信息,从而实现汽车周围环境感知,发现潜在危险。通过汽车行车 ECU 控制汽车跟踪行驶、减速避让、主动刹车等行为,实现汽车安全行驶。

4. 目前应用于汽车环境感知的系统包括:高级智能驾驶辅助系统(ADAS)、自适应巡航系统(ACC)、倒车警示(CTA)系统和车道变换辅助(LCA)系统等。

5. 车辆定位系统为车辆提供位置信息,是路径导航和汽车行驶的基础。其主要利用了航迹推算技术、惯性导航定位技术、卫星导航定位技术、路标定位技术、地图匹配技术和视觉定位技术,最常用的技术是卫星导航定位技术。

6. 无人驾驶汽车的组成包括激光测距仪(激光雷达)、视觉摄像头(相机)、车载雷达(毫米波雷达)、微型传感器、ECU 处理系统、电脑资料库等。

7. 在无人驾驶系统底部装有雷达、超声波、相机等设备,能够检测出车辆行驶方向的角速度、加速度等一些重要数据,再利用卫星定位系统传输的数据,经过整合处理,精确计算行驶车辆的具体位置。

8. 激光雷达测距的基本原理是通过测算激光发射信号与激光回波信号的往返时间,从而计算出目标的距离。首先,激光雷达发出激光束,激光束碰到障碍物后被反射回来,被激光接收系统进行接收和处理,从而得知激光从发射至被反射回来并接收之间的时间,即激光的飞行时间,根据飞行时间,可以计算出障碍物的距离。

9. 双目相机可以通过视频接收信号计算出汽车与其他物体间的距离,其采用两个相机,依据人类视觉识别的原理,两个相近的摄像机同时拍摄物体时,通过成像平面上的偏移量,推算物体的距离。双目相机能够对视场范围内目标进行立体成像,其设计是建立在对人类视觉系统研究的基础上,通过双目立体图像处理而获取场景的三维信息。

10. 根据毫米波雷达的有效探测范围,车载毫米波雷达可以分为长、中、短距离雷达。长距离和中距离雷达通常安装在车辆前方,用于监测前方比较远范围内的目标;短距离通常安装在车辆四个角的位置,用于监测前方、侧方等范围内的目标。

11. 卫星定位系统主要包括美国的 GPS、中国的北斗 BDS、俄罗斯的格洛纳斯 GLONASS、欧盟的伽利略 GaLiLeo。GPS 是由美国国防部研制的全球首个定位导航服务系统,空间段由平均分布在 6 个轨道面上的 24 颗导航卫星组成,采用 WGS-84 坐标系;北斗卫星导航系统 BDS 是我国自主研发、独立运行的全球卫星定位与通信系统,空间段包括 5 颗静止轨道卫星和 30 颗非静止轨道卫星,采用 CGCS 2000 坐标系。

思考题

无人驾驶汽车的场地检测应该如何完成?

练习题

1. 填空题

(1) 无人驾驶汽车按照技术层次可以分为_____汽车、辅助驾驶汽车、半自动驾驶汽车、_____汽车、无人驾驶汽车。

(2) 美国汽车工程师协会将无人驾驶汽车划为 Level 0～Level 5 六级。没有任何自动驾驶能力的车辆为 Level 0，即_____；Level 1 是指车上有一定的驾驶辅助设备，可以解放驾驶员的_____；Level 2 指部分自动化，解放驾驶员的_____；Level 3 为有条件自动化，可以解放驾驶员的_____；Level 4 高度自动化，可以解放驾驶员的_____；Level 5 则是完全自动化，完全解放_____。

(3) Level 2 具有目前常见的 ADAS 技术，包括_____、紧急制动刹车和车道偏离预警等辅助驾驶功能，车辆的驾驶者是_____。

(4) 无人驾驶汽车主要具有_____、定位及路径规划、行为决策、_____等系统功能。

(5) 汽车通过安装的_____、_____、激光雷达和超声波雷达等设备，探测光、热、压力或其他用于监测汽车状态的信息，从而实现汽车周围环境感知。

(6) 在无人驾驶汽车底部装有_____、超声波雷达、_____等设备，能够检测出车辆行驶方向的_____、_____等一些重要数据。

2. 问答题

(1) 环境感知技术的组成及功能是什么？
(2) 激光雷达的测试原理是什么？
(3) 无人驾驶系统组成及各部分作用是什么？
(4) 毫米波雷达测试原理是什么？

3. 论述题

(1) 试述无人驾驶汽车的分类及其各自的驾驶特点。
(2) 试述车道保持辅助系统的工作原理。

4. 实践操作

(1) 完成自动驾驶汽车测试。
(2) 完成场地测试主要测试。
(3) 标定激光雷达。
(4) 标定相机。
(5) 完成激光雷达性能测试。

参考文献

[1] 詹德凯.自动驾驶汽车环境感知系统传感器技术现状及发展趋势[J].辽宁省交通高等专科学校学报,2021,23(3):21-26.

[2] 时本强.智能网联汽车技术发展现状及趋势[J].农机使用与维修,2021(3):66-67.

[3] 吴昆伦.车载毫米波雷达目标分类识别技术[J].集成电路应用,2021,38(6):8-9.

[4] 张雷.车用雷达技术发展趋势解析[J].智能网联汽车,2019(2):82-94.

[5] 吴昆伦.车载毫米波雷达目标分类识别技术[J].集成电路应用,2021,38(6):8-9.

[6] 赵伟杰.基于智能网联汽车高级辅助驾驶系统技术的分析[C]//四川省第十四届汽车学术年会论文集,2020.

[7] 刘文.智能汽车辅助驾驶技术分析[J].汽车实用技术,2021,46(2):35-37.

[8] 朱小燕,邹亚强,何寿柏.浅析智能网联汽车技术[J].汽车实用技术,2020(13):3.

[9] 罗宁延.智能网联背景下汽车底盘线控子系统及其集成的综述[J].汽车实用技术,2021,46(4):4.

[10] 崔胜民.智能网联汽车概论[M].北京:人民邮电出版社,2019.

[11] 郝春林.空气悬架系统新技术剖析(一)[J].汽车维修技师.2018(8):29-31.

[12] 宁振华.悬架系统结构原理与维修(五)[J].汽车维修技师.2018(2):36-39.

[13] 张蕾.汽车底盘电控系统原理与检修[M].北京:机械工业出版社,2012.

[14] 李东兵,杨连福.智能网联汽车底盘线控系统装调与检修[M].北京:机械工业出版社,2023.

[15] 李春明.现代汽车底盘技术[M].3版.北京:北京理工大学出版社,2020.

[16] 沈沉,刘宜.汽车底盘电控系统原理与检修一体化教程[M].北京:机械工业出版社,2018.